사무엘상 강해

하나님이 세우신 영적 지도자
———— 사무엘, 사울, 다윗

하나님이 세우신 영적 지도자 : 사무엘, 사울, 다윗

발행	2020년 9월 17일

지은이	박재수
발행인	윤상문
디자인	박진경, 이보람
발행처	킹덤북스
등록	제2009-29호(2009년 10월 19일)
주소	경기도 용인시 기흥구 동백동 622-2
문의	전화 031-275-0196 팩스 031-275-0296

ISBN 979-11-5886-186-5 03230

Copyright ⓒ 2020 박재수
이 책은 저작권법에 따라 보호받는 저작물이므로 무단전재와 복제를 금지하며, 이 책의 내용의 전부 또는 일부를 이용하려면 반드시 저작권자와 킹덤북스의 서면 동의를 받아야 합니다.

※ 잘못된 책은 구입한 곳에서 교환하여 드립니다.
※ 책 가격은 표지 뒷면에 있습니다.

킹덤북스(Kingdom Books)는 문서사역을 통해 하나님의 나라를 확장하고, 한국 교회와 세계 교회를 섬기고자 설립된 출판사입니다.

사무엘상 강해

하나님이 세우신 영적 지도자
―― 사무엘, 사울, 다윗

박재수 지음

킹덤북스

이책은
남병수 장로님의 후원으로
출간되었습니다.

귀한 사랑과 후원에
진심으로 감사드립니다.

"우리가 한 몸에 많은 지체를 가졌으나 모든 지체가 같은 기능을 가진 것이 아니니 이와 같이 우리 많은 사람들이 그리스도 안에서 한 몸이 되어 서로 지체가 되었느니라"(롬 12:4-5).

추천서

이상규 교수(고신대학교 명예 교수, 백석대학교 석좌 교수)

　이번에 박재수 목사님의 사무엘서 강해 설교집을 출판하게 된 것을 축하합니다. 박재수 목사님은 고신대학교 신학과 졸업생으로 그가 학교에 입학했던 1983년 이후 오늘에 이르기까지 40여년 간 그를 알고 있고, 특히 제가 사는 곳에서 가까운 제7영도교회에서 사역하고 있기 때문에 저는 그가 어떻게 사역하고 있는지를 잘 압니다. 그는 2002년 폐쇄 위기에 있는 제7영도교회에 자원하여 부임하여 이름 그대로 지사충성하여 교회를 살리고 부흥시켰을 뿐만 아니라 오늘의 건실한 교회로 발전시켰습니다.

　저는 그의 교회에서 예배드리거나 설교한 일도 있기 때문에 그의 설교와 행정, 성경 공부 등 목회 활동 전반을 보아왔습니다. 늘 남을 배려하고 성도를 섬기는 헌신적인 목회자로 살아왔습니다. 더욱 한 가지 분명한 사실은 그는 늘 공부하고 연구하는 목회자라는 점입니다. 성경을 가르치거나 설교할 때 기도하고 묵상하는 일 외에도 여러 문헌을 참고하여 자료를 만들고 성도들이 성경의 메시지를 쉽게 이해하도록 힘쓰는 분입니다. 그 성실한 연구의 결실이 이번에 출판하는 사무엘상 강론집입니다. 단순한 설교집이 아니라 성경 본문을 그 시대적 상황에서 헤아릴 수 있도록 필요한 지도나 자료, 도표까지 첨가하여 이 책을 통해 사무엘상이 어떤 책인가를 분명하게 보여 줍니다. 이 책은 단순한 설교집이 아니라 개론과 역사 주석을 포함하는 강론집이라는 점입니다. 이런 점에서 이 책은 독자들에게 유익을 줄 것으로 확신합니다. 이 책이 널리 읽혀지기를 기대합니다.

추천서

김성수 교수(고려신학대학원, 구약학)

존경하는 선배 목사님이신 박재수 목사님의 사무엘상 설교집이 출간 되어 정말 반갑다. 박 목사님은 누구보다 하나님의 말씀을 사랑하고 그 말씀을 제대로 전하시기를 열망하시는 목사님이기 때문이다. 박 목사님은 평소에 성경 신학에 관심이 많으셔서 바쁜 목회 가운데서도 별도로 구약 공부를 하여 학위도 받으셨지만, 하나님의 말씀을 배우는 일에 항상 최선을 다하셨다. 몇 년 전에 고려신학대학원의 신학강좌의 일환으로 내가 교역자들을 위해서 했던 욥기와 사무엘서 강의에도 오셔서 집중해서 강의를 들으시던 모습이 생각난다. 이번 설교집에도 그러한 박 목사님의 노력과 헌신이 드러난다. 이번 설교집의 각 설교들은 본문의 역사적 배경이나 지리적 배경을 적절하게 설명할 뿐만 아니라 본문의 의미들을 요약적으로 잘 해설하고 있다. 그런 기본적인 해석 가운데 성도들의 삶에 가장 적절한 예화와 적용을 통해서 각 본문들이 전하는 교훈을 통찰력 있게 전달하고 있다. 본 설교집은 읽기도 참 편하게 되어 있다. 읽으면서 자연스럽게 본문을 이해할 수 있도록 글이 쉽고도 명료하다. 이와 더불어 책의 곳곳에서 교회와 성도들을 향한 간절하고도 따뜻한 사랑의 마음도 느껴진다. 특별히 사무엘서가 담고 있는 교회의 지도자상에 대해 적절하게 교훈하고 적용하고 있다. 사무엘상을 묵상하고 설교하며 공부하기를 원하는 분들에게 정말 유익한 책이 될 것이라 믿는다.

추천 서

윤장운 목사(성안교회 원로 목사)

　박재수 목사님은 저와 함께 성안교회에서 10년 동안 사역하면서 교육 부서와 새가족 양육, 그리고 제자 훈련 사역을 중점적으로 하였습니다. 예전에 박 목사님이 느헤미야의 지도력을 연구하여 우수 논문상(Th. M)을 받은 것을 쉽게 정리하여 『불가능을 넘어서』(쿰람출판사, 2010년)와 여호수아서를 연구하여 『약속의 땅을 정복하라』(킹덤북스, 2018년)를 출판했습니다.

　이번에는 사사기에서 통일 왕국 시대로 넘어가는 과도기의 역사를 기록한 사무엘상을 연구하여 또 한 권의 강해 설교집을 냈습니다. 이 책은 사무엘상에 등장하는 주된 인물 '엘리와 사무엘, 그리고 사울과 다윗의 삶'을 조명하였습니다. 그 당시 지도층이었던 엘리와 사울은 하나님께 버림받은 반면, 평범했던 사무엘과 다윗은 구속사의 주역이 되었습니다. 본서는 그 이유를 '하나님을 존중히 여기는 데 있다는 것'을 거듭 강조하였습니다(삼상 2:30). 이 책은 사무엘상 1-31장까지의 내용을 쉽게 전달하기 위해 적절한 예화와 여러 사례, 그리고 지명과 역사적인 배경을 제시하여 사무엘상을 연구하는 데 도움을 줍니다. 많은 분들이 이 책을 읽고 사무엘상을 깊이 알아가기를 바라는 마음으로 추천합니다.

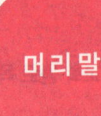

머리말

　사무엘상은 사무엘의 출생부터 사울이 길보아 산에서 죽기까지 (B.C. 1010년) 약 100년에 걸친 내용을 세 인물 중심으로 기록하였습니다. 인물 중심으로 구조를 나누면 사무엘의 출생과 통치(1-7장), 사울의 통치(8-15장), 사울과 다윗 왕국의 설립(16-31장)입니다.

　사무엘상의 핵심은 하나님께서 "나를 존중히 여기는 자를 내가 존중히 여기고 나를 멸시하는 자를 내가 경멸하리라"(2:30)고 하신 말씀입니다. 본서는 하나님을 존중히 여겼던 두 인물과 하나님을 멸시했던 두 인물의 삶을 대조적으로 보여줍니다. 전자는 '사무엘과 다윗'입니다. 이들은 당시 무명의 사람이었지만 하나님을 존중히 여겨서 하나님께서 그들을 구속사(救贖史)의 주역이 되게 한 반면, 후자는 '엘리와 사울'인데 그들은 이스라엘의 사사로, 왕으로 존귀한 지도자였으나 하나님을 멸시하다가 하나님께 버림받았습니다. 이것은 하나님을 존중히 여기는 자는 하나님께서 존중히 여기시지만, 하나님을 멸시하면 경멸히 여김을 받는다는 교훈을 줍니다.

　제가 시무하는 제7영도교회에서 성도들과 사무엘상 공부를 하면서 역사적인 배경, 문화, 인명과 지명 등을 익혔고 수요일에 강해 설교 한 것이 계기가 되어 책을 출판하게 되었습니다. 설교를 한 장씩 하는 것을 원칙으로 하였으나, 본문이 주는 교훈과 분량에 따라 2장을 한편으로 혹은 1장을 두 편으로 나눈 것도 있습니다. 각 장의 도입은 예화나 성경에 나오는 사건을 통해 본문이 말하고자 하는 주제를 제시하였고, 그 다음 본문 해석과 적용을, 마무리는 본문이 주는 교훈으로 어떻게 살것인가? 라는 방법을 제시했습니다.

제가 사무엘상에 관심을 갖게 된 것은 고려신학대학원의 김성수 교수님의 『사무엘서 해설과 설교』라는 제목의 강의를 들었기 때문입니다. 명쾌한 강의에 감명을 받아, 이 책의 추천서를 써 달라고 부탁을 하였습니다. 또 추천서를 써 주신 이상규 교수님과 윤장운 목사님께 감사드립니다. 특히 코로나19로 인해 기업 운영이 어려운데도 책을 출판할 수 있도록 기꺼이 후원해 주신 큐텍코리아(CutechKorea) 대표이신 남병수 장로님께 감사드립니다. 남 장로님은 저를 친 동생처럼 여기면서 기도와 함께 많은 도움을 주셨습니다.

이 책이 나오기까지 저와 함께 주님을 섬기면서 말씀을 나누었던 제7영도교회 성도들의 관심이 있었습니다. 또 제가 주일 학교를 다닐 때 천국에 계신 큰 누님 박화자 권사가 스토리텔러(storyteller)가 되어 사무엘상하를 생생하게 가르쳐 준 것을 잊을 수가 없습니다. 늘 든든한 후원자인 아내 김영아 사모와 아들 사무엘, 그리고 캐나다에 있는 딸 이레와 사위 벤지(Benji), 그리고 교정해 주신 배영철 장로님과 홍옥자 집사님께 감사드립니다. 마지막으로 책이 출판되도록 수고해 주신 킹덤북스(Kingdom Books) 대표 윤상문 목사님께 감사드립니다.

박재수 목사

목 차

추천서 이상규 교수, 김성수 교수, 윤장운 목사   5
머리말   10

제1부
사무엘의 출생과 통치(1-7장)

1. 에브라임 사람 엘가나(삼상 1:1-3)   16
2. 여호와가 임신을 못하게 하시니(삼상 1:1-8)   24
3. 하나님이 한나에게 아들을 주셨다(삼상 1:9-27)   32
4. 한나의 기도송(삼상 2:1-11)   40
5. 여호와를 알지 못하면(삼상 2:12-36)   48
6. 주의 종이 듣겠나이다(삼상 3:1-4:1)   56
7. 언약궤를 빼앗기다(삼상 4:1-22)   64
8. 스스로 싸우시는 하나님(삼상 5-6장)   72
9. 여호와가 여기까지 우리를 도우셨다(삼상 7:1-17)   80

제2부
사울의 통치(8-15장)

10. 우리에게 왕을 세워 주소서(삼상 8:1-22) 88
11. 사울과 사무엘의 첫 만남(삼상 9:1-27) 96
12. 이스라엘 초대 왕으로 세움 받은 사울(삼상 10:1-11:15) 103
13. 사무엘의 은퇴 고별사(삼상 12:1-25) 111
14. 사울의 첫 번째 배척(삼상 13:1-25) 119
15. 여호와의 구원은 사람 숫자에 있지 않다(삼상 14:1-52) 127
16. 사울의 두 번째 배척(삼상 15:1-35) 135

제3부
사울과 다윗 왕국의 설립(16-31장)

17. 다윗이 왕으로 기름 부음을 받다(삼상 16:1-23) 144
18. 다윗이 골리앗을 물리치다(삼상 17:1-54) 152
19. 다윗이 골리앗을 물리친 비결(삼상 17:12-58) 159
20. 다윗과 요나단의 만남(삼상 18:1-5) 167
21. 사울이 다윗을 죽이려고 하다(삼상 18:6-30) 175

22. 요나단과 미갈이 다윗을 돕다(삼상 19:1-24)   184
23. 다윗이 요나단과 헤어지다(삼상 20:1-42)   192
24. 다윗이 제사장 아히멜렉에게로 가다(삼상 21:1-15)   200
25. 이 곤고한 자가 부르짖으매(시 34:1-22)   208
26. 다윗이 아둘람 동굴에 숨다(삼상 22:1-23)   216
27. 다윗이 그일라를 구원하다(삼상 23:1-14)   224
28. 하나님과 한 편인 사람(삼상 23:15-29)   232
29. 다윗이 첫 번째로 사울을 살려주다(삼상 24:1-22)   240
30. 다윗이 나발을 죽이려 하다(삼상 25:1-14)   248
31. 다윗이 아비가일과 결혼하다(삼상 25:15-44)   256
32. 다윗이 두 번째로 사울을 살려주다(삼상 26:1-25)   264
33. 다윗이 블레셋으로 망명하다(삼상 27:1-28:2)   274
34. 사울이 무당을 만나다(삼상 28:1-25)   282
35. 하나님이 다윗을 도와주시다(삼상 29:1-30:31)   290
36. 사울과 요나단의 죽음(삼상 31:1-13)   298

부록 나의 목회를 통해 역사하신 하나님   307
(2013년도 월간 고신 생명나무 신앙 간증 수기 금상 수상)

제1부

사무엘의 출생과 통치

(1-7장)

핵심 단어 : 에벤에셀(삼상 7:12)
장소 : 실로-라마
시대 : 사사 시대(삿 21:25)
출생과 사역: 87년(B.C.1100-1013)

"사무엘이 자라매 여호와께서 그와 함께 계셔서 그의 말이 하나도 땅에 떨어지지 않게 하시니 단에서부터 브엘세바까지의 온 이스라엘이 사무엘은 여호와의 선지자로 세우심을 입은 줄을 알았더라"(삼상 3:19-20)

1  에브라임 사람 엘가나(삼상 1:1-3)

핵심 말씀

"에브라임 산지 라마다임소빔에 에브라임 사람 엘가나라 하는 사람이 있었으니 그는 여로함의 아들이요 엘리후의 손자요 도후의 증손이요 숩의 현손이더라"(1절)

윗물이 맑아야 아랫물도 맑다(上濁下不淨)(1:1)

1960년대 필리핀은 아시아에서 일본 다음으로 잘 살아서 아시아개발은행(ADB)이 필리핀의 수도 마닐라(Manila)에 있을 정도였다. 이렇게 잘 살았던 필리핀이 왜 지금은 못 살까? 매년 수많은 필리핀 여성들이 홍콩과 중동 부국의 가정부로 취업하여 달러를 벌어 필리핀으로 보내고, 그 달러가 필리핀 경제를 지탱하는데 큰 몫을 하고 있다. 필리핀이 이렇게 추락하게 된 것은 독재자 마르크스(페르디난트. E. 마르크스, 1965년-1986년 통치)가 21년 동안 필리핀을 통치하면서 온갖 부정부패를 저질렀기 때문이다. 마르크스는 1986년에 일어난 시민 혁명으로 대통령직을 하야(下野)했을 때 시민들이 대통령 궁에 들어가서 마르크스의 아내였던 이멜다의 3천 켤레 구두와 각종 보석과 사치품을 발견했다. 이것은 마르크스 정권의 부패상을 적나라하게 보여주었다. 어느 나라든지 정권이 부패하면 나라가 망한다. 그러니 항상 윗물이 맑아야 한다.

사무엘상[1]은 "에브라임 산지 라마다임소빔[2]에 에브라임 사람 엘가나라 하는 사람이 있었으니"로 시작한다. 왜 저자는 이스라엘 12지파 중에서 에브라임을 먼저 언급하였으며, 왜 에브라임의 많은 사람 중에서 엘가나를 언급했을까? 그것은 에브라임 지파가 지리적으로 이스라엘 중심부에 위치 하고 있어서 우리나라 서울과 같은 역할을 했기 때문이

다. 서울은 대한민국 수도로 정치와 문화, 교육과 종교, 경제와 인구, 그리고 권력의 중심지다. 청와대에서 어떤 결정을 하게 되면 그것이 우리나라 전체에 영향을 미친다. 그 당시 에브라임도 오늘날 서울과 같은 역할을 하였다. 에브라임은 지리적인 이(利)점과 함께 에브라임

---

1 사무엘상·하는 원래 한 권이었으나 70인역에서 두 부분으로 나누어졌으며, 그 후 여러 번역본에 의해 두 권으로 구분되었다. 개역개정 스터디 바이블, 2016년, 433.

2 라마다임소빔은 '라마'라 불리기도 했다. 예루살렘 북서쪽으로 8km 떨어진 곳에 있었다. 이곳은 사무엘이 태어난 곳으로 사무엘의 활동 중심지였다(8:4, 15:34).

지파 실로(שלה, 평화, 평온)³라는 지역에 성막(聖幕)이 있었다. 이 성막은 이스라엘 신정 정치의 중심지로 이스라엘이 하나님 중심으로 사는데 하나의 구심점 역할을 했다. 성막을 둔 에브라임 사람들이 어떻게 사느냐가 이스라엘 전체 신앙과 도덕적인 삶에 영향을 끼쳤다. 에브라임 사람들이 거룩하게 살면 전 이스라엘이 거룩하게 살기 위해 노력할 것이고, 에브라임의 타락은 전 이스라엘 타락으로 이어졌다. 에브라임은 영적 장자의 역할을 감당할 책임이 있었으나 실망스럽게 정반대의 삶을 살아 이스라엘을 타락시키는 데 앞장을 섰다.

에브라임 지파의 타락상(삿 17-21장, 삼상 1-3)

미가의 타락(삿 17장): 사사기 17장은 에브라임 사람 미가가 그의 어머니의 은 천백 개를 훔친 것과 어머니가 은을 훔쳐 간 자를 저주하였고, 미가는 그 저주가 두려워 은을 어머니에게 돌려 주는 사건이 나온다. 어머니는 저주 대신 미가를 축복한 후 미가를 위하여 은 이백 개로 한 신상(우상)을 만들었다. 또 에봇(ephod)⁴과 드라빔(일종의 가족 우상)을 만든 후 한 아들을 구별하여 제사장을 세웠다. 그때 미가는 베들레헴 출신이었던 한 떠돌이 레위인을 만나 그에게 "자신을 위하여 아버지와 제사장이 되어 달라고 요청한 후 해마다 은 열과 의복 한 벌과 먹을 것을 주겠다"고 약속을 했다(삿 17:10). 실로에 성막이 있었는데도 미가

---

3 실로는 벧엘에서 북동쪽으로 약 16km 거리에 있으며 벧엘과 세겜을 연결하는 주도로에서 약간 동편에 위치한다. 이스라엘이 가나안을 정복할 당시 성막은 길갈에 있었는데, 가나안을 정복한 후 성막을 실로에서 옮겼다. "이스라엘 자손의 온 회중이 실로에 모여서 거기에 회막을 세웠으며, 그 땅은 그들 앞에서 돌아와 정복되었더라"(수 18:1).

4 에봇은 대제사장의 의식용 복장의 일부이다(출 28:6-8, 39:2-5).

개인을 위해 우상을 만들었고, 하나님을 섬겨야 할 레위인이 돈벌이를 위해 미가 개인의 제사장이 된 것은 자기 소견에 옳은대로 행했던 타락한 사사 시대의 전형적인 모습이다.

그때 단 지파가 기업으로 받았던 땅에 강력한 블레셋 족속이 있어서 정착 못하고, 거주할 땅을 찾기 위해 북쪽으로 이동하다가 미가의 집에 있는 신상을 발견하고 강제로 빼앗았다. 동시에 미가 집에 거했던 레위인에게 함께 가서 자신들의 제사장이 되어 달라고 권하자, 레위인이 단 지파를 따라갔다. 단은 북쪽에 있는 라이스(לישׁ, 사자)[5]에 정착한 후 그곳을 단(דן)이라 불렀다. 단 지파가 미가의 신상을 섬기므로 그때부터 단이 우상 숭배지의 온상지가 되었다. 그 우상 숭배의 영향으로 이스라엘이 남북으로 분리되었을 때 북 왕국 여로보암 왕(B.C 998-977년)이 벧엘과 단에 금송아지 우상을 세웠다(왕상 12:29-30). 사사기 저자는 "하나님의 집이 실로에 있을 동안에 미가가 만든 바 새긴 신상이 단 자손에게 있었다"(18:31)는 말로 우려를 표했다.

첩의 시체를 12토막을 낸 레위인(삿 19-21장): 사사기 19장은 어떤 레위인이 첩의 시체를 12토막 내어 이스라엘 전역으로 보내므로 이스라엘이 내전에 시달리게 되는 것을 말하고 있다. 레위인은 하나님의 율법을 가르치고, 성전에서 봉사하는 사람으로 오늘날 목사처럼 가장 도덕적으로 본을 보여야 할 사람이다. 이런 레위인 첩을 들인 것은 극도로 타락한 시대상을 보여준다. 사사기 저자는 타락한 레위인이 바로 에브라임 사람이라고 했다(19:1). 설상가상으로 레위인의

---

5 요단 강 상류 팔레스틴 북부에 있는 성읍이며(삿 18:7-14), 단 지파가 점령하여 '단'이라 칭하였다(수 19:47, 삿 18:29, 렘 8:16). 이것은 '레센'으로 불렸다(수 19:47).

첩이 행음(行淫)을 한 후 유다 베들레헴에 있는 아버지의 집으로 도망 갔다(2절). 레위인이 장인의 집으로 가서 첩을 데리고 에브라임으로 오던 중에 베냐민 지파의 땅 기브아에서 하룻밤을 묵게 되었다. 그때 기브아의 불량배들이 레위인과 동성연애를 하려고 해서 횡포를 부리는 바람에 레위인은 첩을 불량배들에게 내어 주었고 불량배들은 그 첩을 밤새도록 윤간했다. 그 다음날 아침에 레위인은 첩이 죽어 있는 것에 격분하여 그녀의 시체를 12토막을 내어 이스라엘 11지파에게 보내어 기브아의 불량배들의 만행을 알렸다(19:29-30). 여기에 격분한 11지파가 베냐민 지파에게 불량배들을 처단하기 위해 내어 달라고 요구했으나 베냐민이 거부하므로 동족끼리 피비린내 나는 살육전이 벌어졌다. 그 결과 베냐민 지파의 남자 600명만 남고 전부 몰살당하자, 11지파는 베냐민 지파가 사라지는 것을 염려했다(삿 21:6). 여자들을 베냐민 남자들과 결혼시키려고 했으나 그 전에 미스바에서 베냐민 사람에게 딸을 아내로 주지 않겠다고 맹세를 하였기에 딸을 줄 수가 없었다(삿 21:1). 할 수 없이 11지파는 베냐민 남자들과 결혼할 여자를 충당하기 위해 베냐민을 처단하는 전쟁에 참여하지 않았던 야베스 길르앗(Jabeshgilead)을 쳐서 젊은 처녀 400명을 납치하여 베냐민에게 주었다(삿 21:8-12). 그래도 부족하자 매년 여호와의 절기를 지키기 위해 실로로 올라오는 여자 200명을 납치하여 아내를 삼도록 했다. 사사기 저자는 에브라임에 거주했던 한 방탕한 레위인으로 인해 내전이 일어나 베냐민 지파가 몰살당할 뻔한 원인을 "그 때에 이스라엘에 왕이 없으므로 사람이 각기 자기의 소견에 옳은 대로 행하였기 때문이라"고 했다(삿 21:25).

홉니와 비느하스의 타락(삼상 2장): 홉니와 비느하스(삼 1:3)는 에브라임 사람이요, 이스라엘의 제사장으로 성막에서 하나님을 섬기고 있었다. 그들은 이스라엘 최고의 영적 지도자로 하나님을 잘 섬겨 백성들을 영적으로 깨우고 양육하는 막중한 사명이 있었으나 실망스럽게도 정반대로 행했다. 그들은 제사장인데도 여호와를 알지 못했다(2:1). 이것은 하나님 말씀을 전파하는 목사가 하나님을 모르는 것과 같다. 하나님과 예수님도 모르니 사리사욕을 채우기 위해 예수님과 교회를 이용하는 것처럼 홉니와 비느하스가 이와 같이 행했다. 그들은 여호와께 드리는 제사를 멸시했고, 하나님께 드리는 제물을 훔쳤다(삼상 2:17). 또 가나안 종교의 영향을 받아 성막에서 수종 드는 여인들과 동침하여 거룩하신 하나님의 성막(聖幕)을 러브호텔로 만들었다. 그러니 이스라엘은 하나님을 떠나 더욱 타락할 수밖에 없었다.

사사 시대의 풍조를 끊어 버린 엘가나(삼상 1:1-3)

이렇게 에브라임 지도층이 이스라엘을 타락시키고 있을 때 하나님은 타락의 풍조를 끊어 버리기 위해 에브라임 사람 엘가나(אֶלְקָנָה)[6]를 예비하셨다. 엘가나의 조상들은 성막에서 하나님을 찬양했던 찬양 대원이었다(1절, 대상 6:31-35 참조). 그래서 엘가나의 부모는 자기 소견에 옳은 대로 행하면서 방탕하게 살았던 사사 시대의 타락한 풍조를 따라가지 않았다. 그 당시 사람들이 하나님을 떠나 가나안의 신 바알과 아세라를 섬길 때에 엘가나의 부모는 내 아들만큼은 바알의 소유가 아닌 하나님의 소유가 되었으면 좋겠다는 뜻에서 아들의 이

---

6 엘가나는 에브라임 땅을 분배받은 고핫 자손에 속한 레위인으로 보인다(수 21:20-21, 대상 6:22-27). 『개역개정 스터디 바이블』 440, 삼상 1:1의 설명 참조.

름을 엘가나(하나님이 소유하셨다)로 지었다. 엘가나가 "매년 실로에 올라가서 만군의 여호와께 예배하며 제사를 드린 것"(1:3)으로 보아 제사를 중요하게 여기는 경건한 사람이었다.

엘가나는 한나와 결혼했으나 한나가 아이를 낳지 못하자, 아들을 얻기 위해 브닌나를 후처로 두었다. 이것으로 인해 두 아내 사이에 심한 갈등이 일어났다. 마치 아브라함이 하나님의 뜻을 무시하고, 하갈과 동침하여 임신을 하게 되자 하갈이 사라를 무시한 것처럼 엘가나의 집도 두 아내의 갈등 때문에 하루도 편할 날이 없었다. 이것은 성도들이 아무리 어려워도 하나님의 뜻을 지키면서 살아야지, 하나님의 약속을 버리고 인간적인 방법을 쓰면 여러 가지 부작용이 일어난다는 교훈을 준다.

내가 정직하게 살아 윗물을 맑게 하자.

국회에서 장관 청문회를 할 때마다 후보자의 "탈세와 부동산 투기, 다운계약서 작성과 위장 전입과 불법 상속 증여, 그리고 논문 표절 …" 등이 관례로 밝혀졌다. 이것은 우리 사회의 윗물이 깨끗하지 않다는 것을 보여준다. 2019년 7월 11일 자 조선일보에 "18개 정부 부처 장관 가운데 12명(66%)이 자녀를 유학 또는 자사고, 외고, 강남 8학군에 있는 학교에 보냈는데 여당은 그간 자사고와 외고를 '귀족 학교'라고 비판을 했고, 진보 교육감들의 자녀들이 자사고, 외고, 외국 학교를 나왔는데도 지금 자사고 지정을 무더기로 취소하고 있다"라고 했다. 본인의 자녀들은 자사고와 좋은 학교에서 온갖 혜택을 받고 졸업을 하자 자사고를 없애려고 하는 이중성을 지적한 것이다. 진보 교육감들이 평소에 정의를 주장하지만, 그 정의가 자기 이익에 따라 얼마든지 바꾸는 것이 문제이다. 어느 나라를 막론하고 사회 지도층의 타락은 그 나라 전체 타락으로 이어진다. 그러기에 정직하고 성실하게 살면서 국가와 국민을 위해서 일하는 공직자가 절실히 필요하다.

　엘가나의 아들 사무엘이 40년간 이스라엘 사사 직분을 감당하다가 은퇴하면서 백성들에게 "내가 누구의 소를 빼앗았느냐 누구의 나귀를 빼앗았느냐 누구를 속였느냐 누구를 압제하였느냐 내 눈을 흐리게 하는 뇌물을 누구의 손에서 받았느냐 그리하였으면 내가 그것을 너희에게 갚으리라"(삼상 12:3)고 했으나 백성들은 전혀 그런 일이 없다고 했다. 이것은 사무엘의 청렴결백한 삶을 보여준다. 내가 사무엘처럼 거룩한 공직자의 의식을 가지고 살아간다면 위로부터 내려오는 각종 부패의 사슬을 끊어 버리는데 일조할 것이다.

2 여호와가 임신을 못하게 하시니
(삼상 1:1-8)

핵심 말씀

"여호와께서 그에게 임신하지 못하게 하시므로 그의 적수인 브닌나가 그를 심히 격분하게 하여 괴롭게 하더라"(6절)

한나가 불임 때문에 받은 상처(2-8절)

요즘 결혼한 자녀들이 성격차이로 쉽게 이혼을 해서 부모는 자녀를 결혼시켜도 걱정할 것이 많다. 또 결혼한 여성 중에 불임이 많다 보니 부모는 결혼한 딸이 임신을 잘하여 무사히 아이낳기를 원한다. 임신을 통해 한 생명을 탄생시키는 것은 여성만이 가질 수 있는 고유한 특권이다. 그래서 어떤 여성학자는 "'무'에서 '유'를 창조해 내는 위대한 우리 여성의 자궁, 남성은 어느 누구도 체험하지 못하는 '재생산(Reproduction)의 축복. 새 생명이 탄생하는 환희를 원하지 않는 여성은 없으리라. 그러나 한쪽에서는 원치 않는 임신으로 고민을 하고, 다른 한쪽에서는 아기를 갖기 위해 몸살을 앓는다. 그러는 사이에 여성들의 고통이 더욱 커져만 간다"라고 했다.

본문을 보면 '한나(חַנָּה, 은혜)'가 불임으로 괴로워하는 것을 볼 수 있다. 불임의 원인을 여러 가지로 나눌 수 있는데, 한나의 경우 "여호와께서 임신을 못 하게 하셨기에(NIV:'the LORD had closed her womb')(6절)" 임신을 할 수 없었다. 제사장 가문의 대를 이을 아들을 꼭 낳아야 했으나 불임으로 아들을 낳지 못하자 제사장 가문의 대가 끊어지는 것에 대한 한나의 심적 부담이 매우 컸다. 엘가나는 후사를 얻기 위해 브닌나(הננה, 보석)를 첩으로 두었는데, 이것으로 인해 한나의 마음이 더욱 힘들었다. 설상가상으로 브닌나가 여러 명의 자녀를 낳으므로 첫 번째 부인이었던 한나의 입지가 더욱 좁아졌다. 2절은 엘가나의 두 아내를 소개할 때 '브닌나에게 자식이 있고, 한나에게는 자식이 없었다'는 표현은 자녀가 없는 한나가 본부인의 자리에서 밀려난 것을 암시한다.

한 남자의 두 아내가 한집에서 살 때 불화가 일어나는 것은 당연하다. 브닌나는 자녀를 낳자 첩의 신분을 망각하고 한나를 괴롭혔다. "여호와께서 그에게 임신하지 못하게 하시므로 그의 적수인 브닌나가 그를 심히 격분하게 하여 괴롭게 하더라"(6절). NIV는 '적수'를 라이벌(her rival, 경쟁자)로 번역했다. 경쟁자는 어떤 수단과 방법을 쓰더라도 꼭 이겨야 할 대상이다. 브닌나는 자식을 낳았기 때문에 남편에게 당연히 사랑받아야 하는데 한나가 더 사랑받자 한나를 경쟁자로 여기고 더욱 괴롭혔다. 그러니 한나의 고통은 이중삼중으로 배가되었다. 엘가나도 두 아내 사이에 끼어 심적으로 무척 힘들었을 것이다.

창세기 30장을 보면 레아와 라헬이 친자매였으나 남편 야곱의 사랑을 독차지하기 위해 자녀를 더 많이 낳으려고 치열하게 경쟁을 벌였다. 모든 것이 남자 위주로 결정되는 가부장적 사회에서 자녀를 통해 남편에게 사랑받으려고 하는 여인들의 애달픈 마음을 엿볼 수 있다.

"보라 자식들은 여호와의 기업이요 태의 열매는 그의 상급이로다"(시편 127:3)라는 말씀처럼 자녀를 낳은 브닌나가 한나보다 훨씬 유리한 위치에 있었기에 하나님께 감사하면서 한나의 아픔을 헤아려 주면 좋은데 그녀는 그렇지 못했다. 그 당시 불임은 하나님의 징벌로 생각하여 자녀를 낳지 못하면 가정에서 지위가 약해졌고, 남편에게 버림받거나 추방당할 수도 있었다."[1] 브닌나는 한나가 하나님의 저주를 받아 자녀를 낳지 못한다는 말로 격분시켰다(6-7절). 그 말이 아이를 낳지 못하는 한나에게는 큰 비수가 되었지만, 아이를 낳지 못하다 보니 그 폭언을 그대로 받아들일 수밖에 없었다. 설상가상으로 엘가나의 잘못된 처신이 브닌나가 한나를 격분시키는데 한몫을 했다. 5절을 보면 "엘가나가 실로에서 제사를 드린 후 제물의 분깃을 가족들에게 줄 때 한나에게 갑절이나 주었다"고 했다. 성막에서 제사를 드릴 때 자원하여 드리는 화목제사는 제물을 드린 사람이 다시 제물을 받아먹을 수가 있었다. 엘가나가 화목제사를 드리고 받은 제물을 가족들에게 나누어 줄 때, 한나에게 갑절을 주었다. 브닌나의 입장에서는 남편이 자녀를 낳은 자기에게 더 많이 주어야 하는데 아이를 낳지 못했던 한나에게 더 많이 주자 시기심이 발동하여 한나를 더욱 괴롭혔다. 그러니 속이 상한 한나는 울면서 음식을 먹지 않았다(7절).

한나가 임신하지 못한 이유(5-6절)

하나님은 모든 생명의 근원이 되신다. 이런 하나님께서 왜 한나

---

1 존 월튼 외, 『IVP 성경배경 주석 - 신구약 합본』, 한국기독학생회출판부, 2008년, 402.

가 임신을 못 하도록 태를 닫으셨을까? 하나님이 닫으셨기 때문에 한나의 노력으로 자녀를 낳을 수 없다. 한나에게 돈이 없고, 먹을 것과 남편과 가정이 없어서 불행한 것이 아니라 하나님께서 태를 막아 자녀를 낳지 못하게 하신 것이 불행이었다.

세상살이가 아무리 힘들어도 내가 노력해서 되는 것이 있으면 행복하다. 대학 공부가 쉽지 않지만 열심히 노력하면 졸업 학점을 취득할 수 있다. 값비싼 아파트를 사는 것이 쉽지 않지만 근검절약하면 구입이 가능하다. 그러나 내가 아무리 노력해도 내 힘으로 되지 않는 것이 있다. 우리 교회 성도 중에 결혼한 지 5년 되었어도 아이를 낳지 못했다. 여러 번 시험관 시술을 했으나 임신이 되지 않아 초조해하는 것을 보았다. 또 어렵게 임신을 했는데도, 4개월 만에 유산했을 때는 목회자로서 어떤 말로 위로해야 할지 막막하기만 했다.

내가 아무리 열심히 해도 불가능한 것은 하나님이 역사하셔야 한다. 그러니 전능하신 하나님께 맡기고 기도할 수밖에 없다. "만군의 여호와께서 말씀하시되 이는 힘으로 되지 아니하며 능력으로 되지 아니하고 오직 나의 영으로 되느니라"(슥 4:6)라는 말씀처럼, 사람의 노력으로 되지 않는 것은 하나님께 맡기고 왜 되지 않는지를 물어야 한다. 그러면 나의 작은 신음에도 응답하시는 하나님께서 반드시 이유를 가르쳐 주실 것이다. 이런 기도 체험을 하게 되면 "사람이 마음으로 자기의 길을 계획할지라도 그의 걸음을 인도하시는 이는 여호와시니라"(잠 16:9)는 말씀이 나에게 주시는 것임을 깨닫게 된다.

한나의 불임을 통해 주는 메시지(5-6절)

창세기 20장을 보면 그랄 왕 아비멜렉이 아브라함의 아내 사라와 동침하려고 한 것 때문에 하나님이 그에게 속한 여인들의 태를 막으셨다. 그때 "아브라함이 기도하매 하나님이 그랄 왕의 아내와 여종을 치료하사 생산케 하셨다"(창 20:21)고 했다. 이것은 하나님께서 징계 차원에서 태를 닫으신 것이라면 한나의 태를 닫으신 것은 징계 차원이 아니다. 사무엘상 1장은 한나의 기도로 사무엘이 태어난 것을 볼 때 징계 보다 하나님께서 한나의 불임을 통해 그 시대에 말씀하시려는 메시지가 있었다.

먼저, 한나의 불임은 경건하게 살아도 믿음의 사람에게 고난이 있다는 것을 보여준다. 요셉, 모세, 다윗, 사도 바울의 삶도 고난의 연속이었다. 그러나 그 고난 뒤에 하나님께서 정금처럼 사용하는 은혜가 있다. 그래서 시편 34:19은 "의인은 고난이 많으나 여호와께서 그의 모든 고난에서 건지시는도다"라고 했다. 누구나 고난당하면 괴롭다. 특히 믿음으로 사는데 고난이 왔을 때 그 이유를 알고 싶을 것이다. 그러나 하나님께서 고난을 통해 우리를 다양하게 훈련시키시기에 한꺼번에 고난당한 이유를 알 수 없다. 사람이 성장하는데 필요한 과정을 거쳐야 하듯이 믿음이 성장하는데도 여러 가지 훈련 과정이 필요하다. 하나님이 내 믿음 성장을 위해 꼭 필요한 고난을 주시는데 어찌 한꺼번에 그 이유를 다 알 수 있겠는가? 계속 기도하면서 하나님의 뜻을 찾아야 한다.

또 한나의 불임은 이스라엘이 잘못된 방향으로 가고 있음을 가르쳐 주셨다. 불경건한 브닌나가 자녀를 낳은 것은 그 당시 이스라엘이 하나님을 떠나 바알과 아세라를 섬기면서 온갖 죄를 짓고 있는데도 잘 사는 것을 보여 준다면 한나처럼 믿음으로 사는 사람에게 고난이 있음을 보여준다. 그러나 하나님이 한나의 태를 여시어 아들 사무엘이 태어나게 하시어 사사 시대를 종결 시키셨기에 불임으로 고통당했던 한나에게 하나님의 귀한 뜻이 있었다. 이런 차원에서 생각하면 악인의 형통이 결코 좋은 것만 아니다. 시편 73편의 저자는 의인의 고난과 악인의 형통에 대해 고민하다가 성전에 들어갈 때에 하나님의 뜻을 깨달았다고 했다. 그는 악인의 형통이 잠시 잠깐인 것과 하나님께서 의인의 편에 서서 일을 하시는 것을 체험한 후 "내가 항상 주와 함께 하니 주께서 내 오른손을 붙드셨나이다"(시 73:23)라는 고백을 하였다. 불신자들은 하나님의 뜻과 상관없이 살아가기에 믿음의 훈련 차원에서 고난이 없지만, 거룩하게 살아가야 되는 성도들은 믿음의 훈련 차원에서 고난이 필요하다. 그러니 고난이 나를 하나님께 쓰임 받는 사람으로 만들어 가기에 꼭 나쁘다고만 할 수 없다.

무조건 싸운다고 승리하는 것은 아니다

어려움이 닥칠 때 그 환경 자체보다 더 힘들게 하는 것은 주변 사람들의 오해와 괴롭힘이다. 브닌나는 자녀를 낳았기에 한나보다 더 많이 가졌고, 유리한 위치에 있었다. 그녀는 먼저 가진 자로서 한나를 위로할 수도 있었고, 한나의 임신을 위해 중보 기도를 했다면 한나도 큰 위로를 받았을 것인데, 그렇지 못했다. 브닌나의 속 좁고 못된 성격을 그대로 드러냈다.

어느 사회든지 약자보다 유리한 위치에 있는 자들이 그 특권을 약자를 위해 사용하면 온정이 넘치지만, 반대로 사용하면 온갖 불협화음이 생긴다. 최근 일본이 한국에 경제 보복을 하기 위해 일본만 생산하고 한국 기업이 반도체를 제조하는 데 꼭 필요한 핵심 부품에 대해 수출 규제를 했다. 일본이 수출 금지 품목을 확대한다고 하여 한국 산업계가 바짝 긴장하고 있다. 일본은 경제 보복으로 정치적인 목적을 달성할 수 있을지는 몰라도 일본의 산업 구조는 해외로 수출해야만이 정상적으로 돌아가기 때문에 경제 보복으로 일본의 피해도 만만치 않을 것이다. 한국과 일본의 관계가 나빠지면 결국은 전쟁까지 갈 것이고, 전쟁하게 되면 어느 한 편이 승리하는 것이 아니라 둘 다 망한다. 가진 자가 횡포를 부리면 약자만 손해 보는 것이 아니라 다 같이 손해를 본다. 그래서 기독교의 황금률은 "무엇이든지 남에게 대접을 받고자 하는 대로 너희도 남을 대접하라"(마 7:12)는 것이다. 예수님도 "주는 것이 받는 것보다 복이 있다"(행 21:34)고 하셨다. 좋은 것을 나 혼자 독점하지 않고 나누어 쓰는 것이 하나님의 법칙임을 알고서 많이 가질수록 베풀 수 있는 넉넉함이 있어야 한다.

한나는 브닌나의 횡포 앞에 절대로 싸우지 않았다. 만약 브닌나와 싸웠다면 힘을 다 소진했을 것이고, 엘가나도 브닌나의 편이 되어 한나를 미워했을 수도 있다. 한나는 브닌나와 싸운다고 문제가 해결되는 것이 아님을 알았기에, 그녀의 문제를 온전히 해결할 수 있는 하나님께로 가져갔다. "한나가 마음이 괴로워서 여호와께 기도하고 통곡하며 서원하여 이르되 만군의 여호와여 만일 주의 여종의 고통을 돌보시고 나를 기억하사 주의 여종을 잊지 아니하시고 주의 여종에게 아들을 주시면 내가 그의 평생에 그를 여호와께 드리고 삭도를 그의 머리에 대지 아니하겠나이다"(1:10-11).

아들을 주시면 나실인(נָזִיר, 성별된자, 분리된 자)[2]으로 평생 하나님께

---

[2] 나실인(Nazarite 또는 Nazirite)이란 히브리어 성경 민수기 6장 1절에서 21절까지 보면 서원을 자발적으로 한 사람을 말한다. 나실인이란 히브리어 단어 나지르(נָזִיר)인데 의미는 "거룩하게 되는" 또는 "분리된"이란 의미이다. 구약에서 대표적인 사람이 삼손과 사무엘이며, 신약은 세례 요한과 예수님을 들 수 있다. 나실인 서약을 한 사람에게 요구되는 것은 포도주나 술, 독주를 마시지 않는 것이며, 머리를 자르지 않고, 시체 무덤 등에 의해서 부정해서는 안 되기 때문에 만질 수가 없다.

바치겠다고 서원 기도를 했다. 이 서원 기도가 믿음 없는 사람에게는 무모하게 보이겠지만 하나님은 그녀의 기도를 귀하게 보시어 기도 응답 차원에서 아들을 낳게 했다. 한나는 그 아들의 이름을 사무엘(שְׁמוּאֵל, 하나님께서 들으셨다. 하나님의 이름)이라고 지었다. 하나님은 한나에게 사무엘을 주신 것에 만족하지 않고 사무엘 외에 세 아들과 두 딸을 낳게 하시어 한나의 기도에 풍족하게 응답하셨다(삼상 2:21). 우리가 믿는 하나님은 이렇게 풍족하신 분이다. 그러니 한나처럼 불필요한 싸움에 에너지를 소비하지 말고, 하나님의 지혜로 문제를 해결하도록 하자.

3 하나님이 한나에게 아들을 주셨다
(삼상 1:9-27)

핵심 말씀

"서원하여 이르되 만군의 여호와여 만일 주의 여종의 고통을 돌보시고 나를 기억하사 주의 여종을 잊지 아니하시고 주의 여종에게 아들을 주시면 내가 그의 평생에 그를 여호와께 드리고 삭도를 그의 머리에 대지 아니하겠나이다"(11절)

기도로 불임을 극복한 성도

한 성도가 결혼한 딸이 2년이 지났는데도 임신이 되지 않아 많은 의사와 한의사를 찾아갔다. 한의사가 한약을 먹으면 임신한다는 말을 듣고 6개월 동안 먹였지만, 임신이 되지 않았다. 이제는 딸이 너무 뚱뚱해서 임신이 안 된다고 하여 다이어트로 체중을 감소시켰지만, 임신이 되지 않았다. 결국 초음파 검사를 했는데 딸의 자궁에 달걀 크기 정도의 낭물혹 하나가 발견되어 의사가 수술을 권했고, 수술하면 아이를 낳을 수 없다는 말에 큰 충격을 받았다. 대를 이을 손자 손녀를 기다리는 사돈댁을 볼 면목이 없어서 수술은 하지 않았으나 계속 수술해야 한다는 의사의 말이 귓전에 맴돌았다. 그녀는 그것을 잊기 위해 기도와 Q.T를 하다가 "사람은 자녀를 위해 온갖 심혈을 기울이

지만 어떤 자녀를 몇 명 두게 될지는 계획이나 바람처럼 되지 않는다. 무일푼임에도 많은 자녀를 두는 사람이 있는가 하면 큰 부자임에도 슬하에 자식이 없는 사람도 있다. 딸이나 아들을 간절히 원하지만, 뜻대로 되지 않는 사람도 있다"는 내용을 읽고 하나님께 딸의 임신을 맡기기로 했다. 그때부터 편안한 마음을 가지고 열심히 기도하였는데, 어느 날 친구가 딸의 물혹을 수술해야 하고, 수술하지 않으면 임신이 되지 않고, 설령 임신한다고 해도 장애아를 낳을 수 있다고 해서 불안감이 되살아났다. 그래도 딸과 함께 매일 6개월 동안 기도를 했는데, 어느 날 딸로부터 임신했다는 전화를 받았다. 그런데 감사보다 물혹이 있는데 아이를 무사히 낳을 수 있을까? 하는 염려가 앞섰다고 한다. 3개월 후 검사를 했더니 자궁의 물혹이 사라지고 태아의 형체가 잘 이루어졌다는 의사의 말을 듣고 전능하신 하나님을 찬양했다. 그 후 딸이 건강하고 예쁜 손녀를 출산했고, 그 손녀를 안고 하나님께 감사를 드렸다고 한다.

한나 기도의 특징(11-28절)

한나가 아들을 달라고 한 기도가 응답받은 데는 몇 가지 특징이 있다. 그중 하나는 오랫동안 기도했다. "그가 여호와 앞에 오래 기도하는 동안에 엘리가 그의 입을 주목한 즉"(12절). 11절에 한나의 기도는 히브리어로 25단어 밖에 되지 않는다. 이렇게 짧은 내용인데도 오랜 시간이 걸린 것은 그만큼 기도에 몰입한 것으로 기도를 깊이 한 사람은 누구나 이런 경험이 있다.

예를 들면, 성부 하나님에 관하여 기도할 때 '하나님! 당신은 나의 창조주이십니다. 나의 생명의 주인으로 저의 생사화복을 주관하십니다. 저의 언행 심사를 다 알고 계시고, 저의 계획까지도 다 알고 계십니다. 오늘도 살아

갈 힘을 주셔서 감사합니다. …'는 내용으로 오래도록 기도할 수 있다. 한나도 이런 식으로 기도한 것이다. 그러니 기도의 양도 중요하지만, 기도의 질도 중요하다.

두 번째, 한나의 기도에는 눈물이 있었다. 10절에 "통곡하면서 기도했다." 11절에 "만군의 여호와여 만일 주의 여종의 고통을 돌보시고 나를 기억하사 주의 여종을 잊지 아니하시고." 15절에 "여호와 앞에 나의 심정을 통했다." 눈물로 기도한 것은 그만큼 자녀를 낳지 못하는 괴로움을 토해낸 것이다. 사람도 이런 기도에 감동하는데 어찌 하나님께서 감동하지 않으시겠는가?

작가 윤흥길 씨는 80년대 한국 문단을 대표하는 작가 중에 한 분이다. 그는 68년 한국일보 신춘문예에 '회색 면류관'으로 등단한 후, 83년 중편 '꿈꾸는 자의 나성'으로 한국 창작문학상을 받았고 같은 해에 장편 '완장'으로 현대문학상을 받은 중견 소설가이다. 윤 씨는 어린 시절부터 교회 출석을 하였으나 초등학교 시절 그의 무허가 판잣집이 강제로 철거당하는 장면을 목격한 후에 냉혹한 세상 인심에 실망하여, 초등학교 5학년 때 처음 가출을 했다. 그의 가출벽은 중학교 2학년 때까지 계속되었다. 그런데 마지막 가출로 기록된 그 날은 추운 겨울 새벽이었다. 가출 며칠 만에 집을 찾은 그는 어머니 몰래 담을 넘어 마루 밑으로 기어들어 가 방에 불이 꺼지기를 기다렸다. 그때 집 나간 아들을 위해 눈물로 기도하는 어머니의 기도 소리를 들었다. 어머니가 자신 때문에 고통받고 있다는 사실을 깨닫고 가출벽에 종지부를 찍었다. 눈물은 하나님과 사람에게 감동을 주는 힘이 있기에 시편 126:5은 "눈물을 흘리며 씨를 뿌리는 자는 기쁨으로 거두리로다"라고 했다.

세 번째, 한나는 불임의 고통을 남편이나 다른 사람을 통해 해결하려고 하지 않고 오직 하나님을 통해 해결하려고 했다. 왜냐하면 생명의 주인이신 하나님만이 그녀를 임신시킬 수 있다는 것을 알았기 때문이다(10절).

네 번째, 한나는 서원 기도를 하였다. "서원하여 이르되 만군의 여호와여 만일 주의 여종의 고통을 돌보시고 나를 기억하사 주의 여종을 잊지 아니하시고 주의 여종에게 아들을 주시면 내가 그의 평생에 그를 여호와께 드리고 삭도를 그의 머리에 대지 아니하겠나이다"(11절). 자녀가 생긴다면 그 자녀는 한나에게 있어서 가장 소중한 것으로 결코 하나님께 드리기가 쉽지 않다. 그런데도 하나님께 드리겠다고 서원한 것은 우리에게 간구와 동시에 내 기도에 응답하시는 하나님께 희생과 헌신을 할 각오를 해야 한다는 것을 보여 준다. 간구만 있고, 헌신이 없는 기도는 소원 성취만을 위해 기도하는 불신자의 기도와 같다. 하나님께 무엇을 달라고 간구했으면 나도 하나님께 무엇을 드리겠다는 결단이 필요하다. 그래서 시편 76:11은 "너희는 여호와 너희 하나님께 서원하고 갚으라 사방에 있는 모든 사람도 마땅히 경외할 이에게 예물을 드릴지로다"라고 했다.

마지막으로 한나는 그녀의 기도가 응답될 것을 믿었다. 엘리가 한나를 술 취한 여자라고 오해했으나, 한나가 기도하는 이유를 안 후에 "평안히 가라 이스라엘의 하나님이 내가 기도하여 구한 것을 허락하시기를 원하노라"는 말로 축복했다(17절). 엘리의 축복을 받은 한나는 "가서 먹고 얼굴에 다시는 근심 빛이 없었다"고 했다(18절). 제사장이 축복했으니 그대로 이루어진다고 믿었다.

이런 한나에 비해 우리는 기도를 하지 않는 것도 문제이지만 내 기도가 꼭 응답된다는 믿음 없이 기도할 때가 많다. 기도를 안 하자니 답답하고, 불안해서 그냥 기도한다. 기도 응답의 여부보다 기도하는 것에 위안을 둔다. 그러니 기도 응답이 적을 수밖에 없다. 내가 기도한 것을 기도 수첩에다 날짜와 기도 제목을 적은 후 기도 응답의 여부를 체크하면 기도가 다양하게 응답된 것을 확인할 수 있다. 이런 과정을 통해 기도 생활의 기쁨이 배가 될 것이며, 기도 제목도 점점 많아 질 것이다.

사무엘의 이름이 주는 의미(20절)

이스라엘 사람들은 자신이 체험한 하나님이나 고달픈 인생의 운명을 자녀 이름이나 지명을 통해서 고백했다. 사라가 90세가 되도록 불임에 시달리다가 하나님의 은혜로 이삭을 낳았다. 사라는 하나님께서 나에게 아들을 주시어 웃게 하셨다는 뜻에서 '이삭'(יִצְחָק)이라 지었다(창 21:6). 이삭은 하나님이 도저히 아들을 낳을 수 없는 사라의 한(限)을 풀어주시어, 웃게 하셨다는 믿음의 고백에서 나온 것이다.

요셉이 17세의 나이에 형제들에 의해 애굽의 노예로 팔려 가서 온갖 고생을 한 끝에 애굽의 총리가 되어 온의 제사장 보디베라의 딸 아스낫과 결혼하여 두 아들을 낳았다. 장자의 이름은 므낫세라 지었다. 요셉은 "하나님께서 내게 내 모든 고난과 내 아버지의 온 집의 일을 잊어버리게 하셨다"(창 41:51)는 뜻에서 므낫세(מְנַשֶּׁה, 잊어버리게 하셨다)이라 지었다. 차남은 "에브라임"(אֶפְרַיִם, 두 배의 땅)으로 "하나님이 나를 내가 수고한 땅에서 번성하게 하셨다"(창 41:52)는 뜻이다. 요셉은 장남을 통해 과거의 아픔을 잊게 하신 하나님께서 차남을 통해 후손들의 장래가 번성하기를 바랬다. 하나님께서 요셉의 소원대로 에브라임의 장래를 인도하시어 이스라엘이 가나안을 정복할 때 에브라임 지파의 사람 여호수아가 가나안 정복의 주역이 되게 하셨다. 이스라엘이 가나안 땅에 정착한 후 에브라임 지파는 가나안 중부와 북쪽 지역의 중심 세력이 되었다.

한나가 기도 응답에 대한 고백으로 아들의 이름을 '사무엘(שְׁמוּאֵל)'이라 지었는 데, 사무엘은 "하나님의 이름, 하나님께서 내 기도를 들으셨다"는 뜻이다(20절). 한나가 사무엘을 통해 하나님께 신앙 고백을 할 때가 언제였는가? 사사 시대(士師時代)[1]였다. 사사 시대는 사람들이 이스라엘의 왕이신 하나님을 떠나 자기 소견에 옳은 대로 행하면서 온갖 죄를 지을 때였다(삿 21:25). 특히 가나안의 잡다한 우상 숭배의 영향으로 한나처럼 임신 못하는 여성들은 십중팔구 하나님을 찾기보다 가나안의 신 바알과 아세라에게 아이를 달라고 빌었을 것이다. 이런 시대에 한나가 악한 시대의 풍조를 따르지 않고 성막에서 만군의 여호와의 이름을 부르면서 기도하는 믿음의 길을 택했다. 하나님께서 아들을 주시면 그 아들을 하나님께 바쳐 평생 나실인으로 살게 하겠다고 서원을 했는데 이것은 자기 소견에 옳은 대로 방탕하게 살았던 사람들과는 달리 하나님 중심으로 살겠다는 다짐이다. 그녀는 하나님이 생명의 근원자이심을 알고, 아들을 달라고 했는데 어찌 하나님께서 아들을 주시지 않겠는가? 그 결과 사무엘이 태어났고, 한나는 '하나님께서 그녀의 기도를 들으셨다'는 뜻에서 사무엘이라 지었다. 이것은 아무리 시대가 타락해도 하나님께서 기도하는 성도를 귀하게 보시고, 기도를 들어주시는 것을 보여준다. 하나님은 한나가 낳은 사

---

1 사사 시대는 여호수아 이후 이스라엘이 가나안에 정착한 이후부터 사무엘까지 이스라엘에 왕이 없는 상태에서 사사들이 통치하던 시대를 가리킨다. 이때 이스라엘 백성들이 도덕적 혼란과 방종으로 심히 타락하여 극도의 혼란에 빠져 있었다.

무엘을 통해 자기 소견에 옳은 대로 행했던 사사 시대를 종결시켜 버리신 것처럼 지금도 성도들의 기도를 통해 악한 죄악의 풍조를 제거하신다. 그러니 한나가 사무엘의 이름을 통하여 그녀의 기도를 들으신 하나님에 대해 신앙 고백 차원에서 간증을 한 것처럼, 시대를 초월하여 누구나 만군의 여호와 하나님을 찾기만 하면 한나처럼 기도 응답을 받을 수 있고, 사무엘의 이름으로 신앙 고백을 할 수 있다. 인생사에 끊임없이 발생하는 크고 작은 문제들을 해결하기 위해 기도할 때 '하나님께서 내 기도를 들으셨다'는 고백을 할 수 있다는 것이다.

필자는 작년부터 사무엘상 설교집을 출판하기 위해 원고 정리를 했다. 2월 말에 원고 정리를 마치고 추천서까지 받아 놓았지만 문제는 출판비가 없었다. 예전에 남병수 장로님이 출판비를 후원하시겠다고 했지만 2월 말부터 한국 전역으로 확산된 코로나바이러스로 인해 사회 시스템이 거의 마비되다시피 했다. 바이러스의 전염성 때문에 사람과 사람과의 거리두기를 하므로, 경제 활동이 위축되어 사업하시는 분들은 직원들 급료를 제대로 주지 못했다. 이런 상황인데 어떻게 남 장로님에게 출판비를 요청할 수 있겠는가? 요청할 수 없어서 거저 출판비 마련을 위해 기도만 하고 있었는데, 남 장로님이 3월 8일 저녁 7시 30분에 장모님이 소천하셨다는 전화를 주셨다. 30년 전에 그 장모님과 한 집에서 살았기에 친어머니와 같았다. 조문을 마친 후 남 장로님에게 책 출판비에 대해 말씀을 드렸더니 기꺼이 도와주시겠다고 했다. 오랫 동안 출판비를 위해 기도했는데, 하나님께서 남 장로님의 장모상을 통해 나의 기도에 응답하셨다. 그래서 하나님께서 내 기도에 응답하셨다는 사무엘의 하나님에 대해 믿음의 고백을 할 수 있게 되었다.

사무엘의 이름이 주는 또 하나의 의미는 하나님이 생명의 주인이신 것을 보여준다. 사무엘상 1:5, 6에 "하나님이 한나의 태를 닫으셨다"고 했으나 한나가 기도하였을 때 "하나님이 그를 생각하신지라 한나가 임신하고 때가 이르매 아들 사무엘을 낳았다"고 했다(19-20절). 하나님께서 태를 닫기도 하시고 여시기도 하시는 생명의 주인이시다.

이 시대가 진화론과 온갖 불신 사상으로 하나님의 존재를 부인하지만 창세기 1:1은 "태초에 하나님께서 천지를 창조하시니라"는 선포를 통해 이 세상을 창조하신 하나님은 모든 생명의 근원이심을 보여준다. 하나님께서 지금도 수많은 생명을 태어나게 하시고, 죽게 하신다. 이 하나님을 생명의 주인으로 믿고 살아가는 것이 인생이 존재하는 목적이다. 이것 때문에 웨스트민스터 소교리 문답 제1문은 사람의 첫째 되는 목적은 무엇입니까?라는 질문을 한 후 "사람의 첫째 되는 목적은 하나님을 영화롭게 하고(고전 10:31, 롬 11:36) 그분을 영원토록 즐겁게 하는 것입니다"(시편 73:25-28, 벧전 1:8, 롬 15:13)라고 했다. 지금 당신은 이 목적대로 살아가고 있는가?

4 한나의 기도송 (삼상 2:1-11)

핵심 말씀
"여호와는 가난하게도 하시고 부하게도 하시며 낮추기도 하시고, 높이기도 하시는도다"(6절)

어린 아들과 헤어지는 아픔

우리는 한나가 하나님이 아들을 주시면 평생 나실인(Nazarite)으로 바치겠다고 서원(1:11)을 하였기에 사무엘을 젖뗀 후 성막에서 자라게 했다고 쉽게 생각할 수 있다. 그러나 이것은 큰 오산이다. 왜냐하면 아무리 서원을 했어도 엄마에게는 쉽게 어린 아들과 떨어질 수 없는 모정이 있기 때문이다. 특히 사무엘처럼 어렵게 낳은 아들은 더 많은 애착과 사랑이 가는데 어찌 쉽게 떨어질 수 있겠는가? 사무엘도 어렸을 때부터 엄마 품에 자라는 것이 정상이지 성막에서 자라면 부모의 사랑과 훈계를 받지 못해, 마음에 상처가 가득하거나, 비정상적인 성격이 되기 쉽다. 그러기에 한나가 사무엘을 성막에 데리고 가기까지 고민을 많이 하였을 것이다. 사무엘도 어린 나이에 엄마와 떨어지기까지 상당히 많은 아픔이 있었을 것이다. 이런 아픔을 초등학교 2학년 때 한센병에 걸려 어머니와 헤어져야 했던 한 한센병자의 고백을 통해 사무엘을 성막으로 데리고 갔었던 한나의 고충을 이해하는

데 도움이 될 것이다.

처음 한센병에 걸렸을 때는 가족들과 함께 살면서 학교에 갔으나 병세가 심해지자 마을에서 1km 떨어진 뒷산에 움막을 짓고 혼자 지냈다. 매일 엄마가 옷과 먹을 것을 갖다주었으나 밤에 혼자 있는 것이 무섭고 가족들과 친구들이 보고 싶어서 엉엉 울었다. 나는 외로움 때문에 힘들었다면 가족들은 동네 사람들이 마을 뒷산에다 문둥병자를 두면 마을 전체가 전염된다고 나를 소록도로 보내라고 압박을 하는 것 때문에 힘들었다. 심적 부담을 견디지 못한 형수가 이혼을 했고, 큰 형님은 그 충격으로 가출을 했다. 어머니는 아들이 천벌을 받아 문둥병자가 되었다는 말에 큰 죄인이 되어 식음을 전폐할 때가 많았다. 한센병에 좋다는 약을 먹었으나 점점 눈썹이 빠지고 얼굴과 손이 찌그러지고 살이 허물면서 고름과 함께 썩는 냄새가 났다. 그 모습을 본 마을 사람들이 놀라서 어머니에게 더 크게 압박을 했다.

어느 날 어머니가 따뜻한 물을 이고 와서 나를 깨끗이 씻긴 후 고름나는 몸에 소독을 했다. 천으로 얼굴을 가리고 소록도로 가는 부두까지 데리고 가서, 나를 배에 태웠다. 그리고 어머니는 12살밖에 되지 않는 나에게 "이제 너는 부모 형제도 없다. 더는 집에 올 생각을 말고, 소록도에서 잘 살아라"는 말을 히였다. 나는 엄마의 옷사락을 붙잡고 울면서 엄마와 헤어질수 없다고 사정을 했으나 엄마는 냉정하게 뿌리친 후 옷가지와 약간의 돈과 떡을 배에 두고 내렸다. 배가 부두를 떠날 때 나는 수없이 엄마를 불렀고 엄마도 손수건을 흔들면서 눈물을 닦고 계셨다. 그 엄마의 모습이 점점 작아질수록 나를 버린 엄마가 미웠고, 한센병에 걸린 나 자신이 미웠다. 그러나 세월이 흘러 어른이 된 후 건강한 나의 아들과 딸이 학교에서 '문둥병자의 자식'이라는 말을 들을 때마다 한센병 아들을 두었던 어머니의 고통을 이해할 수 있었다. 그렇지만 꿈에라도 좋으니 어머니의 품에 한 번 안겨 보는 것이 소원이라고 했다.

내 마음이 여호와로 말미암아 즐거워하며(1-3절)

한나가 사무엘을 성막에 두고 왔을 때 사무엘은 6-7세였을 것이다. 이때 엄마는 아들이 무엇을 해도 예쁘다. 재롱부리는 것이 예쁘고 밥 먹이고 좋은 옷을 입힌 후에 글자를 가르치고, 아들이 엄마라고 부르면 너무 좋아 토실토실한 아들의 얼굴에 뽀뽀하는 재미로 살아간다. 이런 아들을 성막에 두고 떠나야 했을 때 괜히 서원했다는 생각이 들었을 것이다. 그러나 이것은 본문을 묵상하는 나의 생각이지 결코 한나의 생각이 아니다. 한나가 사무엘을 성막에 두면서 기도를 통해 하나님을 찬양했다. 그 기도송은 한나가 세상 물정을 모르는 산골 아낙네가 아니라, 오랫동안 하나님과 교제를 통해 하나님을 아는 지식이 상당한 수준까지 올라 갔음을 볼 수 있다.

한나는 "내 마음이 여호와로 말미암아 즐거워한다"(1절)는 고백과 함께 먼저 자신에게 아들을 주신 하나님께 감사를 드렸다(1-3절). 1절에서 "내 입이 내 원수들을 향하여 크게 열렸으니"에서 '원수'는 한나를 구박했던 브닌나를 가리킨다. 또 "내가 주의 구원으로 말미암아 기뻐함이니이다"에서 '구원'은 죄에서 구원받은 것보다 그 동안 자녀가 없어서 온갖 천대를 받았는데, 사무엘을 낳으므로 그 천대에서 벗어난 것을 말한다. 하나님께서 사무엘을 통해 한나의 인생을 역전시키셨기에 한나는 "내 뿔이 여호와로 말미암아 높아졌다"고 했다. 여기 '뿔'은 힘, 명예, 권력을 상징한다. 한나의 뿔이 높아진 것은 자녀가 없어서 사람들에게 조롱과 구박받았는데, 이것이 사라지고 명예가 회복된 것을 말한다. 하나님께서 기도하는 한나의 한(恨)을 풀어 주신 것처럼 지금도 자녀를 낳지 못하는 불임 부부에게 이와같은 은혜를 베푸실 때가 있다.

전 총신대학교 신학대학원 신약학 교수였고, 현 대구동신교회를 시무하시는 권성수 목사님이 『고통의 은총』이라는 간증집을 썼다. 그 책에서 한나와 비슷한 기도 체험이 나온다.

"저희 부부가 불임 문제로 케임브리지 아덴 브룩스 병원 산부인과 의사에게 찾아갔을 때 의사는 결혼한 100쌍 부부 중 한 부부는 불임이고 불임 10쌍 부부 중 한 부부는 불임의 이유를 모르는 불임이라고 했습니다. 그런데 우리가 바로 100:1의 불임 부부라고 했습니다. 케임브리지에서 박사 학위 논문을 쓸 때 의사의 절망 선고를 받았을 때는 우리 부부가 이미 5년 동안 자녀를 달라고 기도하고 있었습니다. 우리 부부가 5년 동안 자녀를 주십사고 기도할 때 여러 차례 실망했습니다. 미국에서도 유명한 산부인과 의사를 찾아가고 좋은 약도 먹으면서 기도를 드렸지만, "불러도 불러도 대답이 없는 이름이여!"라고 탄식할 정도로 하나님이 응답하시지 않았습니다. 결혼을 위한 기도도 기적적으로 응답하셨고, 유학 자금을 위한 기도도 기적적으로 응답하신 하나님께서 "그래 해 주마!"라고만 하시면 되는데, 왜 응답이 없는가 답답하기도 했고, 하나님이 야속하기도 했습니다. 그러다가 케임브리지에서 100:1의 최종 임신 불가 선언을 받았을 때, 정말 기가 탁 막혔습니다. 그때 저는 의사에게 "선생님, 감사합니다. 선생님께서 안 된다고 하셨으니까 이제 (손가락으로 위를 가리키면서) 저분이 하실 것입니다"라고 했습니다. 의사는 저의 갑작스러운 행동과 말에 놀란 표정으로 "네, 그렇게 되기를 바랍니다"라고 했습니다. 그때로부터 100일 동안 아내와 약속한 대로 작정 기도를 드린 후에 하나님이 드디어 귀한 생명체를 기적의 선물로 주셨습니다. 그때 우리는 하나님이 응답하실 때까지 낙심하거나 포기하지 말고 집요하게 기다리면서 기도해야 한다는 교훈을 받았습니다."

하나님께서 고통당하는 자와 함께 하신다(4-11절)

한나는 자신에게 아들을 주신 하나님은 온 우주를 창조하신 분이며, 세상 역사를 주관하고 계심을 고백했다(4-8절). "여호와는 죽이기도 하시고 살리기도 하시며 스올에 내리게도 하시고 거기에서 올리기도 하시는도다 여호와는 가난하게도 하시며 부하게도 하시며 낮추기도 하시고 높이기도 하시는도다"(6-7절). 하나님께서 인생의 생사화복을 주관하신다. 성도는 기도를 통해 이런 하나님을 만날 수 있다. 다시 권성수 목사가 기도 체험한 것을 들어보자.

"'무자비한 고통'의 유학 생활 중 저는 아침 점심 저녁으로 기도했습니다. 새벽에 일어나 지하실로 내려가서 거미줄을 치우고 기도했습니다. 학교에서 점심을 먹고 난 후에 사람 키보다 조금 더 큰 나무들이 모여 있는 관목 더미 옆에 몸을 간신히 숨기고 기도했습니다. 저녁에는 송곳으로 쑤시는 것 같은 복통을 느끼면서 소파에 엎드려 기도했습니다.

미국에서 5년 남짓 공부를 한 후 박사 학위 논문을 영국 케임브리지 대학교에서 쓰려고 했는데, 생활비가 7,000불 필요했습니다. 그때 저의 아내는 불임 치료 한약을 구하러 한국으로 나와 있었고, 저는 그 누구에게도 말하지 않고 영국에서 생활할 수 있는 7천 불을 달라고 기도했습니다. 그런데 하나님이 그릿 시냇가에 숨어 있었던 엘리야에게 까마귀를 통해 먹을 것을 공급하여 주셨듯이(왕상 17:6), 저에게 현대판 까마귀의 기적을 체험하게 했습니다. 저의 '현대판 까마귀'가 웨스트민스터 신학교 저의 우편함에 매일 달러를 물어다 주었는데, 어느 날은 100불, 어느 날은 300불, 어느 날은 400불을 갖다 놓았는데, 누가 넣어 두었다고 말하지 않았습니다. 그중에 가장 감격스러우면서도 고통스러웠던 것은 어느 교회가 성도들이 다 떠나 문을 닫으면서 교회의 남은 돈

800불을 어디에 쓸까 하다가 제 생각이 나서 교회 돈 전액 800불을 저의 우편함에 넣어 둔 것을 보고 '세상에 어떻게 이런 일이 있을까?' 싶었습니다. 영국 가기 전 17일 동안 하나님께서 7천 불을 채워주셨습니다. 역대하 16:9에 '여호와의 눈은 온 땅을 두루 감찰하사 전심으로 자기에게 향하는 자들을 위하여 능력을 베푸신다'라는 말씀을 붙잡고 기도했는데, 살아계신 하나님이 그 기도에 응답하셨습니다."

특히 한나는 세상 역사를 주관하시는 하나님께서 각 사람의 운명까지 좌우하신다고 했다.

"여호와는 가난하게도 하시고 부하게도 하시며 낮추기도 하시고 높이기도 하시는도다 가난한 자를 진토에서 일으키시며 빈궁한 자를 거름더미에서 올리사 귀족들과 함께 앉게 하시며 영광의 자리를 차지하게 하시는도다 땅의 기둥들은 여호와의 것이라 여호와께서 세계를 그것들 위에 세우셨도다"(7-8절). 한나가 언급한 '가난하고 자랑할 이유가 없는 불쌍한 자'는 이스라엘 민족을 가리킨다. 늘 이방 민족들에게 압제당하고, 고통당해 아무런 소망이 없는 이스라엘 백성들에게 하나님이 언젠가는 모든 상황을 역전시키실 것을 선포했다. 동시에 가난하고 불쌍한 자는 험한 인생길에서 힘든 삶을 살아온 우리 사신을 말한다. 지나온 삶을 되돌아 보면 하나님께서 우리 삶에 간섭하지 않으신 것이 하나도 없다. 누구나 험한 인생길에서 사는 것이 너무 힘들어 나의 인생이 마지막이라 생각할 때가 많았다. 그런데 그 어려움을 극복하고, 또 극복하면서 여기까지 왔다. 그 이유는 나의 운명을 주관하시고 나의 도움이 되시는 하나님께서 지켜주셨고, 선하게 인도하여 주셨기 때문이다. 그 하나님이 계속 나의 앞길을 인도하여 주실 것이다.

마지막으로 한나는 우주를 주관하시는 하나님이 장차 메시야(기름 부음을 받은 자)를 보내시어 인류를 구원하실 것을 노래했다. "그가 그의 거룩한 자들의 발을 지키실 것이요 악인들을 흑암 중에서 잠잠하게 하시리니 힘으로는 이길 사람이 없음이로다 여호와를 대적하는 자는 산산이 깨어질 것이라 하늘에서 우레로 그들을 치시리로다 여호와께서 땅끝까지 심판을 내리시고 자기 왕에게 힘을 주시며 자기의 기름 부음을 받은 자의 뿔을 높이시리로다 하니라"(9-11절). 10절에서 말하는 '기름 부음을 받은 자'는 앞으로 왕이 될 유다 지파의 사람 다윗을 가리키지만 궁극적으로 창세기 3:15에 오시기로 약속된 여자의 후손이신 예수 그리스도를 가리킨다. 하나님은 우리의 구원을 이루기 훨씬 전부터 예수님이 오실 것을 계획하셨고, 그 계획을 성경을 통해 알려 주셨다. 메시야를 통해 인류 구원을 바랬던 한나의 기도송은 모범 기도문이 되어 이스라엘 여인들을 통해 전해졌다. 이것 때문에 다윗도 사무엘하 22장에서 승전가를 지을 때 한나의 기도송과 비슷하게 지었다. 한나와 다윗이 살았던 시대는 다르지만, 하나님께서 세대를 초월하여 메시야가 오심을 예언하게 하셨다. 메시야를 대망한 한나의 기도송이 마리아가 예수님을 잉태한 후 하나님께 감사 기도를 드리므로(눅 1:46-56) 성취되었다.

한나의 기도송이 주는 교훈

한나의 기도송은 깊은 영적 통찰력과 하나님에 대한 놀라운 영적 지식을 보여준다. 이것은 한나가 불임의 고통과 기도 응답의 과정을 거치면서 영적 체험을 통해 믿음이 크게 성장한 것을 볼 수 있다. 많은 사람들이 고난을 만나면 기도하고, 기도를 통해 문제 해결을 받는

다. 그때 문제 해결보다 더 중요한 것은 기도의 과정을 통해, 나의 기도를 들으시는 하나님을 구체적으로 알아간다. 그러면 어려운 문제가 해결되었다는 기쁨보다 내 문제의 해결사 되시는 하나님을 만난 것이 더 큰 기쁨이 될 수 있다. 이것 때문에 욥이 "내가 주께 대하여 귀로 듣기만 하였사오나 이제는 눈으로 주를 뵈옵나이다"(욥 42:5)라는 고백을 했다.

한나도 이런 체험을 하였기에 하나님이 그녀의 전부인 것을 알게 되었고, 어린 사무엘을 나실인으로 하나님께 바쳐 성막에서 봉사하게 했다. 이것은 하나님이 주신 선물에 집중하기보다 하나님을 사랑하게 되면서 나타나는 자연스러운 반응이다. 그러니 우리도 기도하여 응답 받는 것에 초점을 맞추지 말고, 내 기도에 응답하시는 하나님을 깊이 알고 교제하는데 초점을 맞추어야 한다.

5 여호와를 알지 못하면(삼상 2:12-36)

핵심 말씀

"그러므로 이스라엘의 하나님 나 여호와가 말하노라 내가 전에 네 집과 네 조상의 집이 내 앞에 영원히 행하리라 하였으나 이제 나 여호와가 말하노니 결단코 그렇게 하지 아니하리라 나를 존중히 여기는 자를 내가 존중히 여기고 나를 멸시하는 자를 내가 경멸하리라"(30절)

걸어야 하는 이유를 가르치지 않으므로

제2차 세계 대전 이후 일본의 한 후생성 여직원이 빈민가에서 다리를 심하게 절고 있는 한 소년을 보았다. 후생성 직원은 그 소년에게 부모가 없다는 것을 안 후부터 어떤 방법을 쓰더라도 그의 다리를 고쳐 주고 싶었다. 그녀는 한 정형외과 의사에게 찾아가서 그 소년에 대해 이야기를 했고, 감동을 받은 정형외과 의사는 그 소년이 걷는데 최선을 다하겠다고 약속을 했다. 여러 번의 수술과 재활을 통해 소년이 정상적인 사람처럼 걷게 되자 후생성 직원은 그 소년이 공부할 수 있도록 여러 후원자를 모집하여 지원을 해 주었다.

수많은 세월이 흐른 후 정형외과 의사가 후생성 직원을 만났다. 의사는 반갑게 인사를 한 후 그녀에게 그 소년에 관해 물었다. "지금 그는 무엇을 하고 있습니까? 대학교수가 되었습니까? 판사가 되었습니까? 아니면 공무원이나 사회를 위해 선한 일을 하고 있겠지요? 의사의 질문에 후생성 직원은 답변을 하지 않고 눈물만 흘렸다. 한참 후에 그녀는 "박사님! 지금 그는 흉악범으로 교도소에 있습니다. 박사님과 제가 그 아이에게 걷는 법만 가르쳤지 걷고 나서 어떻게 살아야 하는지를 가르치지 않았습니다."

본문을 보면, 엘리가 두 아들에게 성막에서 제사드리는 법만 가르쳤지 그 제사를 받으시는 하나님이 어떤 분인가를 가르치지 않은 것을 볼 수 있다. 그 결과 "엘리의 아들들은 행실이 나빠 여호와를 알지 못했다"(12절). 홉니(חָפְנִי, 때리는 사람)와 비느하스(פִּינְחָס, 뻔뻔한 입)가 제사장이 될 수 있었던 것은 당시 제사장의 직분이 세습제였기 때문이다. 아버지가 제사장[1]이면 아들도 제사장이 되었기에 홉니와 비느하스는 아버지 엘리를 따라 제사장으로 성막에서 제사 드리는 법을 배웠다. 그런데 이들이 "여호와를 알지 못했다"는 것은 충격이 아닐 수 없다. 홉니와 비느하스는 오늘날 한 교회를 책임지고 있는 담임 목사와 같다. 담임 목사가 하나님을 모르면 성도들에게 지식적인 하나님이 아닌 인격적인 하나님에 대해 가르칠 수 없다.

제사장이 여호와를 알지 못하면(12-17절)

두 사람은 어렸을 때부터 제사드리는 법과 율법을 배웠기에 잘 알고 있었지만, 인격적으로 하나님을 만난 경험이 없었기에 여호와를 알지 못

---

1 제사장의 사역들은 백성들을 위한 중보 사역으로 삼상 2:28은 제사장의 3대 직무에 대해 언급하고 있다. 그가 제단에 올라: 성막 뜰의 번제단에서 희생 제사를 드리는 것. 분향하여: 성소의 분향단에서 분향하는 일. 에봇을 입게 함: 대제사장이 입는 특별한 에봇을 언급하며(출 28:6-16), 우림과 둠밈을 통해 하나님의 뜻을 알게 하는 일.

했다. 그 결과 여호와의 제사를 멸시했다(17절). 레위기 10:12-15을 보면 백성들이 화목제물로 드리는 고기 중에 제사장은 가슴 부분과 넓적다리를 취하고, 나머지 고기들은 백성들이 다시 돌려받아서 함께 나누어 먹었다. 제물을 함께 나누어 먹는다고 해서 화목제물(和睦祭物)이다. 그런데 엘리의 아들들은 제사드린 사람이 가져 갈 제물의 몫까지 빼앗아 갔다. 15절은 화목제물의 고기는 반드시 제물의 기름을 하나님께 태워드린 후에 제사장과 백성이 고기만 취하게 되어 있었으나 홉니와 비느하스는 하나님께 제물 기름을 태워드리기 전에 기름이 붙어 있는 날고기를 가져갔다. 레위기 7:25에서 "화제로 드리는 짐승의 기름을 먹는 사람은 그 백성 가운데서 끊어질 것이라"는 경고가 있었는데도 이들은 율법을 무시했다. 그 결과 "이 소년들의 죄가 여호와 앞에 심히 크다"(17절)라고 전한다. 더 심각한 것은 그들은 회막 문에서 수종 드는 여인들과 동침했다(22절). 회막(會幕)은 이스라엘 백성들이 하나님을 만나는 거룩한 장소라고 해서 붙여진 이름이다. 그 당시 성막에서 봉사하는 여인 중에는 나실인의 서약을 하고 일정한 기간 동안 성막에서 봉사하고 있었다. 제사장이 하나님을 섬기기로 서약한 여인들과 동침한 것은 심각한 죄가 아닐 수 없다. 이것은 가나안 종교의 영향을 받은 것이다. 가나안 종교는 바알과 아세라 신을 섬기면서 신당 옆에는 창녀들이 있었고, 남자들이 바알을 숭배한 후 창녀들과 동침했다. 이렇게 해야 바알과 아세라 신이 성적인 자극을 받아 부부 관계를 잘하여 하늘에서 비를 많이 내려 준다고 생각했다. 이런 신관(神觀) 때문에 가나안 사람들은 집에서나 바알 신당에서 음란한 짓을 즐겼다. 그런데 이스라엘의 신 여호와는 바알과 정반대로 거룩하신 분이다. 거룩하신 하나님을 섬기려고 하면 제사장도 거룩해야 했으나, 거룩하지 못한 제사장으로 인해 이스라엘 백성들이 하나님을 떠나 바알과 아세라를 섬겼다.

홉니와 비느하스의 타락은 엘리의 신앙 교육 부재를 들 수 있다. 이들이 여호와께 드릴 제물을 훔친 것은 엘리가 제사를 드렸을 때 제물을 훔친 것을 보았기 때문이다. 자녀들이 어렸을 때는 부모가 하는 대로 따라 한다. 그러니 홉니와 비느하스의 타락은 그들만의 책임이 아닌 믿음의 본을 보이지 못한 엘리 책임이 더 컸다. 잠언 22:6 "마땅히 행할 길을 아이에게 가르치라 그리하면 늙어도 그것을 떠나지 아니하리라." 자녀가 성인이 될 때까지는 부모가 주일성수와 예배를 경건하게 드리는 법, 기도하는 법, 하나님의 것을 구별하여 물질을 드리는 헌금 생활과 교회 봉사와 성도들을 섬기는 법을 가르쳐야 한다.

홉니와 비느하스가 하나님을 무시하자 하나님이 엘리 가정에 심판을 선포하셨다(2:27-36). 그 선포한 말씀 중에 우리는 "그러므로 이스라엘의 하나님 나 여호와가 말하노라 내가 전에 네 집과 네 조상의 집이 내 앞에 영원히 행하리라 하였으나 이제 나 여호와가 말하노니 결단코 그렇게 하지 아니하리라 나를 존중히 여기는 자를 내가 존중히 여기고 나를 멸시하는 자를 내가 경멸하리라"(2:30)는 말씀을 꼭 명심해야 한다. 이것이 사무엘상을 관통하는 논지와 같다. 하나님의 법칙은 심은 대로 거두신다. 내가 하나님을 존중히 여기면 하나님께서 나를 존중히 여기실 것이고, 내가 하나님을 경멸하면, 하나님도 나를 멸시한다. 나에게 정말 하나님을 사랑하는 마음과 존중히 여기는 마음이 있는가? 존중이 여기는 마음은 내 삶 전체를 하나님께 헌신적으로 드릴 때만 가능하다.

어두울 때는 작은 빛이 더 빛난다(18-21절)

이스라엘이 총체적으로 타락하였을 때 하나님은 그 시대의 영적

암흑을 몰아낼 신실한 사람을 예비해 두셨다. "사무엘은 어렸을 때에 세마포 에봇을 입고 여호와 앞에 섬겼더라"(18절). "아이 사무엘은 여호와 앞에서 자라니라"(21절). "아이 사무엘이 점점 자라매 여호와와 사람들에게 은총을 더욱 받더라"(26절). 사무엘이 자라고 있는 모습은 홉니와 비느하스의 타락된 모습과 대조된다. 사무엘은 영적으로 암울한 시대에 살았기에 믿음 생활을 하는데 최악의 환경이었다. 믿음의 멘토 역할을 해야 되는 홉니와 비느하스의 타락은 사무엘을 나쁜 길로 인도할 수 있었지만, 사무엘은 그들을 따라가지 않고 경건한 부모를 통해 좋은 믿음을 가지려고 노력했다. 사무엘은 부모의 보호를 받아야 할 나이에 부모와 떨어져 있다 보니 인성과 신앙 교육은 고사하고, 또래 아이들처럼 부모 곁으로 가고 싶어 하나님을 섬기는데 등한시 할 수도 있었다. 그러나 사무엘은 그렇게 하지 않고 엘리를 통해 하나님을 섬기는 법을 착실히 배우면서 믿음의 일꾼으로 성장했다.

이런 사무엘을 보고 내가 어떤 사람 때문에, 환경 때문에, 시간과 돈이 없어서 믿음 생활을 못 하겠다고 하는 생각을 버려야 한다. 하나님은 환경이 좋고 나쁘고를 떠나 언제나 살아계시고, 믿음의 사람들과 함께 하신다. 한나는 타락한 시대인데도 최선을 다해 하나님을 존중히 여기고, 사무엘에게 하나님을 존중히 여기는 법을 가르쳤다. 한나는 사무엘을 하나님께 바친 것만 해도 귀한 일을 하였는데, 매년 엘가나와 함께 실로로 제사드리려고 갔다(19절). 부모가 타락한 환경을 초월하여 하나님을 섬기는 데 최선을 다했는데, 어찌 사무엘이 그 부모의 영향을 받지 않겠는가? 부모가 자녀를 위해 기도했는데 어찌 하나님께서 자녀에게 복을 주시지 않겠는가?.

하나님은 한나의 신실함에 보답하기 위해 더 많은 자녀를 주셨다. "여호와께서 한나를 돌보시사 그로 하여금 임신하여 세 아들과 두 딸을 낳게 하셨다"(21절). 여기 '돌보시사'(פקד)는 하나님께서 한나를 방문하셨다는 뜻이다. 하나님께서 엘리와 한나를 똑같이 방문하셨다. 그러나 방문하신 목적이 달랐다. 엘리에게는 심판의 메시지를 전하기 위해서 한나에게는 더 많은 자녀를 주시기 위해서였다. 하나님은 지금도 엘리와 한나와 같은 성도를 방문하신다. 하나님의 방문이 나에게 좋을 수도 있고, 나쁠 수도 있다. 그러니 지금 하고 있는 믿음 생활을 점검해야 한다.

록펠러 어머니의 신앙 지침

석유 왕이라 불리는 록펠러(John Davison Rockefeller)는 1839년 뉴욕에서 약품 판매업자의 아들로 태어났다. 그의 집안이 어려워서 어렸을 때부터 칠면조를 키워서 팔거나 사탕을 대량으로 사서 팔아 이윤을 남기면서 돈에 눈을 뜨기 시작했다. 1861년 남북 전쟁이 터지자 록펠러는 북군에게 소금과 돼지고기를 팔아 막대한 이득을 얻었다. 그때 석유가 조금씩 시중에 유통되고 있었다. 원래 석유(石油)는 바위틈에서 흘러나온 기름이라고 해서 석유를 뜻하는 영어 'petroleum'은 'Petra'(돌)과 'oleum'(기름)이라는 라틴어 단어를 묶어서 '돌에서 얻은 기름'이란 뜻에서 석유라고 했다. 처음 석유가 나왔을 때는 용도가 마땅치 않아서 간혹 약국에서 상처를 치료하는 데 바르는 연고와 두통, 치통 및 류머티즘 등을 치료하는 약으로 팔았다.

석유는 채취한 그대로 등유로 사용하면 매캐한 연기와 냄새를 발산하면서 밝지도 않았다. 그러나 이를 증류해서 정제하여 등유로 사용하면 고래 기름보다 밝은 빛을 내었다. 록펠러는 석유를 증류하고 미국 전국으로 유통하는 일에 손을 대 33세에 백만장자가 되었고, 43세에 미국의 최대 부자로, 53세에 세계 최대 갑부가 되었지만 행복하지 않았다. 그러다 55세에 불치병으로 1년 이상 살지 못한다는 진단을 받고 최후 검진을 위해 휠체어를 타고 병원 로비를 지나가다가 액자에 "주는 자가 받는 자 보다 복이 있다"는 글을 보았다. 바로 그때 병원 로비에 입원비를 내지 못하여 병원 직원과 다투는 가난한 어머니의 눈물과 탄식 소리를 듣고 록펠러는 비서를 시켜 병원비를 지불하고 누가 지급했는지 모르게 했다. 이것을 계기로 베푸는 즐거움을 알게 되었고, 나눔의 삶을 시작했는데, 그때부터 신기하게도 병세가 회복되었다.

　록펠러는 76세에 하늘나라로 간 아내를 기념하기 위해 시카고 대학 내에 시카고 교회를 건축하여 봉헌했다. 헌당식을 마치고 나오는 그에게 한 기자가 "회장님의 성공 비결은 무엇입니까?"라고 물었을 때, 록펠러는 "어머니 엘리자의 신앙 유산 때문이라"고 했다. 록펠러는 '어머니가 남긴 10가지 유언'을 지키면서 98세까지 살았는데 그 유언은 다음과 같다.

1. 하나님을 친아버지 이상으로 섬겨라. 아버지가 생계를 위해 필요한 모든 것을 공급하지만 더 중요한 공급자는 바로 하나님이시다.
2. 목사님을 하나님 다음으로 섬겨라. 목사님과 좋은 관계 속에서 하나님의 말씀을 듣고 따르는 것이 축복된 길이기 때문이다.
3. 주일 예배는 본 교회에서 드려라. 하나님의 자녀로서 교회에 충성해야 하며 가능한 주일 예배만큼은 본 교회에 참석하여 예배드리는 것이 중요하기 때문이다.

4. 오른쪽 주머니는 항상 십일조 주머니로 하라. 이 말은 십일조는 하나님의 것이므로 먼저 구별한 후, 나머지를 가지고 필요하면 사용해야 함을 표현한 말이다.

5. 아무도 원수로 만들지 말라. 다른 사람들과의 관계가 좋지 않으면 사람들이 거리를 두기 때문에 일마다 장애요소가 될 수 있기 때문이다.

6. 아침에 목표를 세우고 기도하라. 하루를 시작하기 전 오늘 해야 할 일을 하나님께 맡기며 하나님이 모든 일에 함께하여 주실 것을 온전히 믿는 기도가 필요하다.

7. 잠자리에 들기 전 하루를 반성하고 기도하라. 알게 모르게 계속 짓는 죄를 가능한 빨리 회개하여 죄로 인한 어려움과 고통을 피할 수 있어야 한다.

8. 아침에는 꼭 하나님의 말씀을 읽어라. 하나님께서 말씀하시는 것을 들으려는 시간이 필요하다.

9. 남을 도울 수 있으면 힘껏 도우라. 그리고 도와준 일에 대해 절대로 나팔을 불면 안 된다.

10. 예배 시간에 항상 앞에 앉아라. 예배드리고 말씀 듣는 일에 누구보다도 앞장서서 하려는 노력이 필요하다.

록펠러는 가장 못 배웠으나 많은 기업과 사람을 거느렸고, 가난한 집에 태어났으나 세계 최고의 거부가 되었고, 그의 건강이 허약했으나 98세까지 살았던 믿음의 거부였다.

6 주의 종이 듣겠나이다 (삼상 3:1-4:1)

핵심 말씀

"여호와께서 임하여 서서 전과 같이 사무엘아 사무엘아 부르시는지라 사무엘이 이르되 말씀하옵소서 주의 종이 듣겠나이다 하니"(10절)

엘리의 영적 레임덕(1-11절)

정치적인 용어로 '레임덕'(Lame duck)은 '절름발이 오리'라는 뜻이다. 이 용어는 미국 남북 전쟁 때부터 사용되었다. 재선(再選)에 실패한 현직 대통령이 남은 임기 동안 정책의 일관성도 없이 왔다갔다 하는 것이 마치 뒤뚱거리면서 걷는 오리와 같다고 해서 생긴 말이다. 임기 만료를 앞둔 대통령이 국정 장악을 못하거나 집권 여당이 의회에서 다수 의석을 얻지 못함으로 국정 수행에 차질이 생긴다. 지도자라면 누구나 이 레임덕 현상을 피해갈 수 없다. 한때 강력한 왕권을 형성했던 다윗도 예외가 아니었다. 다윗은 '하나님의 마음에 합한 사람'으로 추앙받았으나, 임기 말에 찾아온 레임덕으로 인해 왕의 권좌가 가시방석과 같았다.

먼저, 다윗 자신이 밧세바와 간음을 하고 그녀의 남편 우리아를 교묘하게 죽이므로 도덕성에 먹칠했다. 그 징계로 장남 암논이 이복 여동생 다말을 강간했고, 다말의 오빠 압살롬이 여기에 대한 보복으로 형 암논을 살해하는 형제간에 칼부림이 일어났다. 또 압살롬이 다윗의 왕좌를 차지하기 위해 쿠데타를 일으켜 이스라엘의 민심이 요동쳤고, 제2인자였던 요압의 세력을 완전히 꺾지 못해 다윗의 임종 직전에 요압이 아도니야를 왕으로 추대하기도 했다. 이것 때문에 솔로몬이 왕이 된 후 여러 정적(政敵)을 제거하는데 많은 피를 흘렸다.

본문은 엘리의 임기 말년에 찾아온 영적 레임덕을 말하고 있는데 이것을 두 가지로 정리할 수 있다. 하나는 엘리 때 여호와의 말씀이 희귀하여 이상이 보이지 않았다. "아이 사무엘이 엘리 앞에서 여호와를 섬길 때에는 여호와의 말씀이 희귀하여 이상이 흔히 보이지 않았더라"(1절). 이상(חָזוֹן, vision)은 구약 시대에 환상이나 꿈을 통해 하나님의 뜻을 전달하는 방법이다. '여호와의 말씀이 희귀하여' 이것은 이스라엘의 영적 상황이 얼마나 어두웠는가를 보여준다. 불순종하는 이스라엘 백성들에게 하나님은 더 이상 말씀하시지 않았다. 하나님께서 사무엘을 부르셨을 때 엘리가 바로 깨닫지 못한 것도 바로 이 때문이다. 2절은 '엘리의 눈이 점점 어두워서 잘 보지 못했다'고 했다. 엘리의 눈이 어두워진 것은 영적 분별력을 잃어버린 것을 의미한다. 영적 분별력이 없음은 한나의 기도를 잘못 분별한 것과 자기 아들들의 악행에 대한 미온적인 대응을 한 것을 통해 드러났다.

엘리에게 찾아온 또 하나의 영적 레임덕은 사무엘을 통해 하나님께서 그의 가정을 심판하신다는 말을 들었다. 3절을 보면 "하나님의 등불이 아직 꺼지지 아니하였으며 사무엘은 하나님의 궤 있는 여호와의 전 안에 누웠더니"라고 했다. 하나님의 등불은 성전의 어둠을 밝히기 위해 켜 놓은 등잔불이다. 불이 꺼지지 않았다는 것은 이때가 이른 새벽이었음을 말하지만, 더 나아가 이스라엘에 아직 소망이 사라지지 않았음을 상징적으로 보여준다. 영적인 어둠 가운데 이스라엘의 소망으로 등장할 사무엘이 하나님 곁에 있었다. 하나님이 세 번이나 사무엘을 부르셨는데, 유대 역사가 요세푸스는 사무엘이 하나님의 부르심을 받았을 때 열두 살이라고 했다. 12-13절을 보면 하나님이 사무엘을 부른 목적은 엘리 가정에 심판을 선포하기 위해서였다(15-18절).

사무엘이 주일 학교에 다니는 초등부 학생이라면 엘리는 한 교단을 대표하는 총회장의 위치와 같다. 사무엘은 나이가 어려서 영적 권위가 없었지만 엘리는 사사요, 제사장으로 사람들이 그를 영적 지도자로 인정하고 있었다. 이런 엘리가 자신의 가정을 심판한다는 하나님의 메시지를 사무엘을 통해 들었을 때 무척 자존심이 상했을 것이다. 내가 어쩌다가 어린아이의 말을 들어야 하는가 하고 한탄을 했을 수도 있다. 그러나 하나님의 영이 그를 떠났기에 하나님의 음성을 듣지 못한 것이다. 하나님의 음성은 교회를 오래 다녔다고 무조건 임하는 것이 아니다. 나이 고하를 막론하고 영적으로 깨어 있는 사람에게 임한다.

엘리 가정이 심판 받는 이유?(12-18절)

태풍이 오면 각종 매스컴이 태풍이 온다는 예고를 수없이 한다. 예고를 하는 것은 태풍을 대비하여 태풍 피해를 최소화하기 위해서이다. 하나님이 어떤 일을 행하시거나, 죄악을 심판하실 때 예고 없이 행하시지 않는다. 반드시 미리 말씀하시어 대비하게 하신다. 하나님의 경고 말씀을 듣고 미리 대비하면 재난이나 심판을 피할 수 있다.

하나님이 요나에게 앗수르의 수도 니느웨로 가서 심판의 메시지를 전하도록 하셨다. 요나가 메시지를 전했을 때 니느웨 왕과 대신과 백성과 심지어 짐승까지 금식하면서 철저히 죄를 회개했다. 그 결과 하나님이 뜻을 돌이켜 니느웨에 재앙을 내리지 아니하셨다(욘 3:7-10).

하나님이 사무엘을 통해 엘리에게 심판의 메시지를 전한 것이 처음이 아니었다. 먼저 하나님의 사람을 엘리에게 보내어 그의 가정에 임할 심판의 메시지를 전하셨다(2:27-34). 그 메시지를 받았을 때 엘리와 두 아들이 철저히 죄를 회개하였는가? 그렇지 않다. 회개하지도 않았고, 여전히 죄를 짓고 있었다. "너희는 어찌하여 내가 내 처소에서 명령한 제물과 예물을 밟으며 네 아들들을 나보다 더 중히 여겨 내 백성 이스라엘이 드리는 가장 좋은 것으로 너희들을 살지게 하느냐"(2:29). "내가 엘리의 집에 대하여 말한 것을 처음부터 끝까지 그 날에 그에게 다 이루리라 내가 그의 집을 영원토록 심판하겠다고 그에게 말한 것은 그가 아는 죄악 때문이니 이는 그가 자기의 아들들이 저주를 자청하되 금하지 아니하였음이니라"(3:12-13).

하나님의 말씀을 귀담아 듣고 그 말씀대로 사는 것은 한 개인의 운명과 미래뿐 아니라 한 민족의 운명과 미래까지도 바꿀 수 있다. 엘리와 그의 아들들은 하나님의 율법을 알면서도 의도적으로 어겼고, 계속되는 하나님의 경고를 무시했다. 그들은 하나님의 명령에 불순종하고 거듭된 경고에도 회개하지 않다가 결국 하나님이 말씀하신 대로 비참한 최후를 맞이했다.

반면 어려서부터 하나님의 말씀을 귀 기울여 듣고 말씀대로 순종한 사무엘은 이스라엘을 하나님의 말씀으로 다스리고 지도하는 예언자가 되었다. "말씀하옵소서 주의 종이 듣겠나이다"(10절)라는 사무엘의 고백에서 알 수 있듯이 하나님의 말씀에 대한 사무엘의 태도는 그가 평생토록 하나님의 말씀을 듣고 말씀대로 행동하며 말씀을 가르치는 사람이 되도록 이끌었다. 사무엘처럼 하나님의 말씀에 귀 기울여 듣고, 순종하는 사람을 통해 하나님은 역사를 이루어 나가신다. 성경은 엘리의 집안과 사무엘의 모습을 대조시켜 하나님의 말씀에 대한 반응이 한 개인과 가족의 미래뿐 아니라 한 민족의 역사를 바꾼다는 것을 보여주고 있다. 그러기 때문에 우리도 하나님의 말씀을 귀히 여기고 그 말씀대로 살려고 노력해야 한다.

말씀에 대한 우리의 태도(12-18절)

먼저, 하나님의 말씀을 가감 없이 전하는 용기가 필요하다. 어린 사무엘이 자신의 영적 스승 엘리에게 하나님의 말씀을 그대로 전하기가 쉽지 않았지만 사무엘은 하나님의 말씀을 자신이 들었던 대로 전했다. 우리는 여기서 하나님의 말씀을 맡은 자의 용기와 책임을 볼 수 있다. 만약 우리가 사무엘이었다면 어떻게 하였을까? 그대로 전했을까? 엘리에게 부담이 되지 않는 말씀만 전했을까? 어떤 어려운 상황 속에서도 하나님의 말씀을 그대로 전하는 사람이 하나님의 사람이다. 오늘날 우리는 말씀의 홍수 속에 살지만, 말씀이 우리의 심령을 뒤집어 놓지 못하는 것은 말씀 전하는 자들이 하나님의 말씀을 그대로 전하지 못했기 때문은 아닐까? 요즘 죄에 대해, 헌금에 대해 설교하기가 여간 부담스러운 것이 아니다. 그러다 보니 이런 설교를 잘 하지 않으므로 성도들이 죄에 대해 무감하고, 하나님의 것을 구별하지 못해 헌금 생활이 제대로 되지 않는다. 목회자라면 하나님의 말씀을 가감없이 전하는 용기가 필요하다.

레온 우드가 쓴 『이스라엘 선지자』[1]에서 참 선지자와 거짓 선지자를 구별했는데, 이것이 하나님의 사람과 그렇지 않은 사람을 구분하는데, 또 이단을 구분하는 기준이 된다.

	참 선지자	거짓 선지자
1	참 선지자는 복술을 행치 아니하나 **복술: 점치는 방법이나 기술**	거짓 선지자는 복술을 행한다(렘 14:14).
2	참 선지자는 하나님이 기뻐하시는 말씀을 전하나**(하나님께 맞춤)**	거짓 선지자들은 사람이 기뻐하는 말을 전한다(렘 8:11, 겔 13:10)**(사람에게 맞춤)**.
3	하나님의 지시대로 움직임**(요나)**	거짓 선지자는 하나님이 보내시지 않았는데도 하나님의 부르심을 받고 말하는 것처럼 한다.
4	참 선지자는 그의 메시지에 의해서 기꺼이 자기를 부정하려고 한다**(이사야 선지자 고백)**.	거짓 선지자는 그렇게 하지 않는다(왕상 22:27-28).
5	참 선지자는 그의 메시지가 하나님의 율법이나 다른 선지자들의 메시지와 조화를 이루나	거짓 선지자는 그렇지 않다**(자기주장이기 때문에 메시지의 일관성이 없다)**.
6	참 선지자가 전한 메시지는 반드시 성취되나	거짓 선지자의 예언은 성취되지 않는다 (신 18:21, 22).
7	참 선지자는 기적을 통해 그의 권위를 드러낸다(신 13:1-31). **기적:하나님의 살아계심을 표현**	거짓 선지자들은 그렇지 않음 **갈멜산에서 바알과 아세라 선지자 850명**
8	참 선지자는 영적으로 분별력이 있으나 **(성령께서 역사)**	거짓 선지자는 이것이 없다(요 10:40)**(악령이 역사)**.

---

1 레온 우드 『이스라엘 선지자』, 기독교문서선교회.

두 번째, 하나님의 말씀을 그대로 받아들이는 자세가 필요하다. 사무엘이 엘리에게 심판의 메시지를 그대로 전하는 용기도 칭찬해야 하겠지만, 사무엘의 말을 하나님의 말씀으로 받아들이는 엘리의 자세에 대해서도 배워야 한다. 엘리는 사무엘이 전하는 심판 메시지를 듣고 "이는 여호와이시니 선하신 대로 하실 것이니라"(18절) 고 했다.

사람은 누구나 귀에 거슬리는 소리와 잘못된 것을 지적하면 잘 들으려고 하지 않는다. 자존심도 상하고, 인격적으로 무시당했다는 생각에 귀를 막아버린다. 그러니 발전이 없는 것이다. 하나님의 말씀이라면 엘리처럼 조건 없이 받아들여서 잘못된 것을 고쳐야 성령의 사람으로 거듭날 수 있다.

세 번째, 심판의 메시지를 듣는 순간까지는 회개할 기회가 있다. 만약 엘리가 하나님의 말씀을 전심으로 받아들였다면 온 가족을 불러 모아놓고 옷을 찢으면서 회개를 하였을 것인데 아무런 조치를 취하지 않았다. 하나님이 계속해서 회개할 기회를 주셨지만, 아무런 반응을 보이지 않아서 심판을 받은 것이다(왕상 21:27-29, 대하 32:24-26 참조).

왜 내가 회개를 해야 할까? 첫 번째, 죄를 지을 수밖에 없는 연약한 인간이기 때문이다. 두 번째, 나의 죄가 하나님과 주변 사람과의 관계를 깨뜨리기 때문이다. 세 번째, 내가 거룩하신 하나님께 나가기 위해서는 반드시 거룩해져야 하기 때문이다. 네 번째, 하나님과 사람은 자신이 죄를 인정하는 자를 용서하시고 새로운 기회를 주시기 때문이다. 아래 예화를 보면서 나는 매일 죄를 인정하고 있는지를 점검하자.

스페인의 바르셀로나 항구에 죄수들이 노를 젓도록 되어 있는 죄수 선 한

척이 정박하고 있었다. 그때 마침 스페인을 방문한 나폴리의 총독이 죄수 선에 오르게 되었다. 그는 죄수를 한 사람씩 불러 죄를 지은 까닭을 물었더니, 한 죄수는 죄지은 사람이 자기가 아니라, 동료인데 억울하게 누명을 썼다고 했다. 다른 한 죄수는 판사가 뇌물을 받고 자신에게 죄를 뒤집어씌우는 불법적인 재판을 했다고 했다. 어떤 죄수는 우연히 사고 현장을 지나가다가 잡혀 왔다고 했다. 그런데 한 청년은 '저는 가게에서 시계를 훔쳤습니다. 그것을 팔아 돈을 마련하려고 하다가 지금 죗값을 치루고 있습니다.' 총독은 그의 손을 붙잡고 일어서면서 '자기 죄를 시인하고 달게 벌을 받는 자는 다시는 죄짓는 일이 없다. 어서 이 청년을 풀어주어라'고 했다. 얼마 후 그 청년은 자유의 몸이 되었다.

7 언약궤를 빼앗기다 (삼상 4:1-22)

핵심 말씀

"백성이 진영으로 돌아오매 이스라엘 장로들이 이르되 여호와께서 어찌하여 우리에게 오늘 블레셋 사람들 앞에 패하게 하셨는고 여호와의 언약궤를 실로에서 우리에게로 가져다가 우리 중에 있게 하여 그것으로 우리를 우리 원수들의 손에서 구원하게 하자 하니"(10절)

블레셋이 등장한 이유(1절)

터키의 이스탄불에는 소피아 성당(Sancta Sophia)이 있다. 이 성당은 A.D 360년에 최초로 봉헌되었으나 여러 번 화재와 재난으로 파괴되었다가 537년에 유스티니아누스 대제(A.D 482경-565) 때 완공되었다. 중앙 돔의 무게를 분산시키기 위해 주변에 작은 돔을 만들어 균형 감각과 예술미의 극치를 이루었다. 이런 건축 양식을 비잔틴 양식(Byzantine style)이라 하고, 뒷날 오스만 제국 시대에 이슬람 건축 양식의 기초가 되었다. 건물도 웅장하지만, 금가루로 다양한 벽화들을 화려하게 그린 것이 백미였다. 이렇게 화려했던 성 소피아 성당이 1453년 5월 29일에 술탄 메흐메트 2세(1432-81)가 비잔틴 제국을 멸망시키면서부터 이슬람 사원이 되었다. 메흐메트 2세는 비잔틴 제국 종교의 중심지인 성 소피아 성당으로 말을 타고 가서 이슬람식 예배

를 드린 후 콘스탄티노플의 종말을 알렸는데, 이것이 그리스 정교의 종말을 뜻하기도 했다. 필자는 두 번이나 성소피아 성당을 관람하면서 회교도들이 성화 벽화에다 횟가루를 발라 놓은 것을 보면서 아무리 예배당을 화려하게 짓고, 금가루로 장식을 해도 성령이 떠나면 더 이상 예배당의 역할을 못하는 것을 실감했다.

성령이 성 소피아 성당을 떠나므로 이슬람 사원이 된 것처럼, 본문은 이스라엘 백성들이 하나님의 임재를 상징하는 법궤를 블레셋 사람들에게 빼앗기는 것을 볼 수 있다. 법궤를 빼앗긴 이유는 온 우주를 통치하시는 만군의 여호와를 법궤 속에 갇혀 있는 하나님으로 생각했기 때문이다. 평소에는 하나님과의 관계를 맺고 있지 않다가 위급한 전쟁의 불을 끄기 위해 법궤를 이용하려고 하였기에 하나님께서 이스라엘을 도와주시지 않았다.

1절은 "이스라엘은 나가서 블레셋[1] 사람들과 싸우려고 에벤에셀 곁에 진

---

[1] 아벡은 욥바로부터 북동쪽으로 19km쯤 떨어진 도시이다. 블레셋이 이곳까지 진출했다는 것은 중부 가나안에 있던 이스라엘 지파들에까지 지배하려고 한 것이다. 김성수 교수 강의안 『2919년 부산노회 신학강좌』, 46.

을 쳤다"고 했다. 한때 사사 삼갈과 삼손이 블레셋을 상대로 싸웠다. 블레셋의 등장은 하나님의 말씀대로 살지 못했던 이스라엘과 엘리의 가문을 심판하시기 위해서이다. 신명기 28장에는 하나님의 말씀대로 살았을 때 받는 축복과 저주가 나온다. 하나님께서 이스라엘 백성들이 하나님의 말씀에 순종하면 집안에서나 집밖, 산이나 들에 가도 복을 받을 것이라고 했다(28:1-18). 반면에 말씀에 불순종하면 각종 재앙이 임하고, 하나님께서 이스라엘을 징계하시는 도구로 이방 나라를 이용하실 것이라고 했다(20-68절).

사사기를 보면 이스라엘 백성들이 여호와의 목전에 악을 행할 때마다 하나님이 이방 민족을 사용하여 이스라엘에 징계를 내리셨다(삿 3:7-11). 이스라엘이 자신들의 죄를 깨닫고 회개하면 하나님이 사사를 보내 이스라엘을 구원하셨기에 블레셋의 침입을 이와 같은 관점으로 보아야 한다.

사무엘상 28장을 보면 사울 왕이 하나님의 말씀대로 살지 못했을 때, 하나님께서 블레셋을 이용하여 사울을 징계하는 도구로 사용하셨다. 하나님은 자신의 뜻을 깨닫지 못하는 사람을 깨우치기 위해 이방 나라뿐 아니라 짐승을 사용하셨다. 민수기 22장을 보면 발람이 모압 왕 발락에게 매수되어 이스라엘을 저주하려고 할 때 하나님은 발람을 깨우치기 위해 나귀에게 말을 하도록 했다(민 22:30). 지금도 하나님은 나의 허물을 깨우치기 위해 다양한 방법을 사용하신다. 영적으로 깨어 있는 사람은 말씀이나, 주변 사람의 충고와 각종 사건을 통해 하나님의 뜻을 알 수 있다. 그러니 영적으로 민감하여 하나님의 음성을 듣고, 하나님의 뜻을 깨달아야 한다.

여호와께서 어찌하여 우리를 패하게 하셨는고(10절)

이스라엘이 블레셋과의 전쟁에 패배하여 4천 명이 전사했다(2절). 그때 이스라엘 장로들이 모여서 '여호와가 어찌하여 우리를 블레셋에게 패배하게 하셨는가'라는 질문을 했다(3절). 이 질문은 아주 적절한 것으로 어떤 문제가 발생했을 때 이런 질문을 하면서 해답을 찾아야 한다. 몸이 아파 병원에 가면 의사가 환자의 질환에 대해 세밀하게 진찰을 한다. 증상이 심각하면 의료장비를 동원하여 질병의 원인을 찾으려고 노력한다. 이처럼 내 삶에 어려움이 왔을 때 이스라엘 장로들이 했었던 질문을 해야 한다. 그러나 적절한 질문을 했다고 해서 반드시 정확한 답을 찾은 것이 아니다. 이스라엘 장로들이 전쟁 패배의 원인을 하나님께 묻는 것은 좋았으나 그 해결책을 하나님의 음성을 듣고 찾은 것이 아니라 그들 스스로 찾은 것이 문제였다. 장로들은 이스라엘이 블레셋에게 패배한 것은 하나님이 전쟁터에 계시지 않았다고 생각했다. 그래서 하나님을 상징하는 법궤를 전쟁터로 가져 가자고 결정했다.

여호수아 7장을 보면 이스라엘이 아이성에서 패배하였을 때 여호수아와 이스라엘 장로들이 이와 비슷하게 하나님께 아이성에서 패배한 이유를 물었다(수 7:6-9). 그때 하나님께서 아간의 범죄로 이스라엘이 패배했다는 것과 이스라엘의 죄를 제거하기 위해서 아간을 처단할 것을 가르쳐 주었다. 여호수아가 하나님의 방법대로 죄를 제거한 후 아이성을 정복하는 작전을 짰다. 하나님의 지시대로 하여 아이성을 정복하였다.

여호수아는 하나님의 뜻을 따라 문제 해결의 길을 찾았으나 이스라엘 장로들은 스스로 해답을 찾은 것이 문제였다. 요즘 우리나라 정치가 너무 혼란스럽고 국가 경제가 추락하자 생활고로 극단적인 선택을 하는 사람들이 많아졌다. 이것은 우리가 사는 환경이 녹록지 않다는 것을 보여준다. 이런 환난 풍파가 많은 세상에서 우리는 하나님께 주변에서 일어나는 일의 원인이 무엇인지를 물어야 한다. 묻는 동시에 반드시 하나님의 음성을 듣고 그 뜻에 따라야 한다. 하나님의 음성이 성경을 통해 또 설교와 주변 사람들과 각종 사건을 통해 다양하게 들려온다. 하나님의 음성을 들었는데도 그것을 무시하거나 내 생각대로 판단하면 이스라엘 장로들이 했던 실수를 되풀이 할 수 있다.

법궤를 빼앗긴 결과(4-22절)

홉니와 비느하스가 법궤를 가지고 전쟁터로 갔을 때 법궤를 본 이스라엘은 사기가 충천했으나 블레셋은 그렇지 못했다. "블레셋 사람이 두려워하여 이르되 신이 진영에 이르렀도다 하고 또 이르되 우리에게 화로다 전날에는 이런 일이 없었도다 우리에게 화로다 누가 우리를 이 능한 신들의 손에서 건지리요 그들은 광야에서 여러 가지 재앙으로 애굽인을 친 신들이니라"(7-8절). 그러나 블레셋은 이번 전쟁에서 패하면 이스라엘의 종이 될 것이라고 하면서 목숨 걸고 결사 항전을 벌여서 이스라엘 군사 3만 명을 죽였다. 블레셋을 물리치기 위해 동원된 법궤가 오히려 블레셋을 단합시키는 역할을 했다. 하나님과 인격적인 관계없이 방탕하게 살다가 하나님의 도움이 필요하니까 법궤를 동원하고, 하나님의 힘을 빌려 블레셋을 물리치려고 한 것이 실패로 돌아간 것이다. 전능하신 하나님을 인간에게 예속시켜 사람이 시키는 대로 해야 한다는 생각은 하나님을 무시하는 것이다. 그 결과 첫 전투보다 7배 이상의 전사자를 내었고 법궤마저 빼앗겼다. 이스라엘의 패배 앞에 내가 하나님께 예속되어 순종하는 삶을 사는가? 아니면 내 지시에 하나님이 따라 움직이는 신에 불과했는가를 물어야 한다. 교회 생활을 수십 년 해도 바르게 하나님을 믿고 섬기는 사람이 있는가 하면 이스라엘처럼 필요에 따라 하나님을 이용하는 사람이 있다. 내가 하나님을 존중히 여길 때 하나님께서 나를 존중히 여기시지 내가 하나님을 무시하거나 이용하려고 하는데 하나님이 나를 존중히 여기지 않는다.

법궤를 빼앗기므로 이스라엘에 총체적인 위기가 찾아왔다.[2] 엘리는 전쟁터에서 홉니와 비느하스가 죽고 법궤를 빼앗겼다는 말에 충격을 받아 의자에서 넘어져 목이 부러져 죽었다.[3] 그때 비느하스의 아내가 남편이 전쟁터에서 죽었다는 말을 듣고 난산으로 아들을 낳다가 죽으면서 아이 이름을 '이가봇'(אִי־כָבוֹד, 영광이 이스라엘을 떠났다)이라 했다. 이가봇은 총체적인 위기에 빠진 이스라엘의 현실을 잘 요약한 말이다.

이가봇으로 이스라엘 역사가 끝장났는가?

사무엘서 저자는 이스라엘의 패배와 법궤마저 블레셋에게 빼앗

---

2 블레셋이 법궤만 빼앗아 간 것이 아니라, 실로를 완전히 파괴해 버렸다. "너희는 내가 처음으로 내 이름을 둔 처소 실로에 가서 내 백성 이스라엘의 악에 대하여 내가 어떻게 행하였는지를 보라"(렘 7:12).

3 오늘날 하나님의 즉각적인 심판이 임하지 않는 이유는 오래 참으시고 자비와 긍휼히 풍성하신 하나님의 성품 때문이다(욘 4:2). 하나님의 심판이 철저히 임한다면 어느 사람도 의롭다고 판단 받을 사람이 없다(벧전 4:17). 예수님이 알곡과 쭉정이의 비유를 드신 것처럼 하나님의 심판이 하나님의 백성에게 도리어 해를 끼칠 수 있기 때문이다(마 13:24-30). 요한계시록은 하나님이 마지막 때에 모든 공의를 바로 잡으시고, 모든 악한자에 대한 심판이 확실히 행하실 것을 보여준다. 우리는 악인에 대한 심판은 하나님께 맡기고 우리 자신이 하나님 앞에 의로운 자로 바로 서야 한다.

기므로 사무엘서를 읽고 있는 우리에게 과연 이스라엘의 역사가 끝났는가를 묻고 있다. 우리는 끝났다고 생각할 수 있으나, 사무엘서 저자는 강력하게 아니라고 한다. 왜냐하면 법궤의 주인 되신 하나님은 만군의 여호와로 결코 법궤 속에 갇혀 있지 않기 때문이다. 하나님은 사무엘을 통하여 이가봇 시대를 극복하게 하셨다. 사무엘이 사사로 재직할 때 블레셋이 이스라엘을 쳐들어왔다. 그때 사무엘은 법궤 없이 미스바의 기도를 통해 이스라엘 백성들이 전심으로 하나님을 찾도록 했다(삼상 7:3). 그 결과 하나님께서 큰 우레를 통해 블레셋을 치시므로 이스라엘이 승리했다.

사무엘상 7:13-14은 그 승리를 이렇게 요약한다. "이에 블레셋 사람들이 굴복하여 다시는 이스라엘 지역 안에 들어오지 못하였으며 여호와의 손이 사무엘이 사는 날 동안에 블레셋 사람을 막으시매 블레셋 사람들이 이스라엘에게서 빼앗았던 성읍이 에그론부터 가드까지 이스라엘에게 회복되니 이스라엘이 그 사방 지역을 블레셋 사람들의 손에서 도로 찾았고 또 이스라엘과 아모리 사람 사이에 평화가 있었더라."

법궤를 의지하는 미신적인 신앙이 아니어도, 하나님을 믿고 하나님의 힘을 의지하면 승리한다는 것을 보여준다. 이 승리는 하나님께서 이가봇 시대를 대비하기 위해 사무엘을 어렸을 때부터 성막에서 자라게 하시므로 가능했다. 이것을 통해 신실한 성도 한 사람을 키우는 것이 얼마나 중요한가를 배울 수 있다. 그 중요성을 아래 예화가 입증하여 준다.

도모다까 시모지[4]는 사형수로 북해도 탄광에서 일했다. 일하는 날수(日數)만큼 생명이 연장되었기에 더 많은 일을 하려고 했다. 주말이면 수많은 사람이 면회를 왔는데 하루는 3,000리나 떨어진 곳에 계시는 어머니가 면회를 왔다. 그는 늙으신 어머니에게 왜 오셨냐며 버럭 화를 냈다. 어머니는 그의 말에 아랑곳하지 않고 작은 보자기를 주었는데 보자기를 풀어보니 성경책이 나왔다. 감옥에 있던 죄수들은 그것을 담배 말이 용도로, 뒤를 닦는 데 사용하려고 한 장씩 찢어갔다. 그러는 와중에도 도모다까 시모지는 성경을 읽기 시작했다. 죽 읽어 내려가는 동안 마음에 감동이 오자 아예 성경을 손에 들고 다니면서 늘 읽었다. 어느 날 그는 탄광에서 잠시 쉬는 시간에 소란스러운 동료들을 피해 성경책을 읽으려고 갱도 밖으로 나왔다. 그 순간 갱도가 무너져서 그를 제외한 모든 동료가 생명을 잃었다. 그는 살아계신 하나님이 성경을 읽는 자신을 살렸음을 믿게 되었다. 그것을 계기로 성경을 읽으면서 감동을 받아 동료 죄수들에게 예수 그리스도의 복음을 전했다.

많은 세월이 흘러 그는 모범수로 출옥한 후 젊은 사람들을 가르치는 일에 헌신했다. 중고등학교와 고아원 여섯 개를 설립하여 후학을 양성하는 공로가 인정되어 일본 교육자 대상을 받았으며, 사회사업가로서 일생을 헌신했다. 사형수인 아들을 위하여 어머니의 기도 눈물이 열매를 맺었고, 하나님의 말씀이 사형수를 일본 최고의 교육가로 변신시켰다.

---

4 『생명의 삶』, 2004년 10월호, 46.

8 스스로 싸우시는 하나님(삼상 5-6장)

핵심 말씀
"여호와의 손이 아스돗 사람에게 엄중히 더하사 독한 종기의 재앙으로 아스돗과 그 지역을 쳐서 망하게 하니"(6절)

법궤로 일어난 대환난(5:1-12)

블레셋은 이스라엘의 서쪽에 '가드, 가사, 아스돗, 에글론, 아스글론'의 다섯 개의 도시 국가로 구성되어 있다. 블레셋이 이스라엘의 법궤를 빼앗은 후 전승 기념물로 삼기 위해 아스돗에 있는 다곤 신전의 다곤 신상 옆에 갖다 두었다.[1]

옛날에는 한 나라가 다른 나라와 전쟁할 때 두 나라의 군사들만 전쟁하지 않고 각 나라가 섬기고

---

1 다곤은 메소포타미아의 곡식의 신인 '다가누'(daganu)에서 유래되었다 실제로 히브리어에서도 '다곤'이 '곡식'이나 '곡물'(corn, grain)이라는 의미로 사용된 예도 있다(호 14:8, 시 65:10). 『IVP 성경배경 사전』, 2008, 410.

있는 신들이 전쟁을 한다고 생각했다. 블레셋의 입장에서 이스라엘과의 전쟁에서 승리한 것은 이스라엘 신 여호와가 다곤에게 패배한 것으로 생각하고서 법궤를 전승기념물로 다곤 신상 옆에 갖다 놓았다(단 1:2 참조). 법궤를 다곤 신상 옆에 두었던 또 다른 이유는 더 많은 신의 능력을 받기 위함이다. 다곤은 곡식과 농사의 신이다. 농사가 잘되려면 하늘에서 비가 적절하게 내려야 한다. 블레셋 사람들은 법궤가 다곤 신과 함께 있으면 두 신의 능력이 합해져서 하늘에서 더 많은 비가 내려서 농사가 잘되고 풍년이 들 것이라 생각했다.

그런데 법궤를 다곤 신상 옆에 갖다둔 후부터 이상한 일이 일어났다. 블레셋 사람들은 다음날 아침에 다곤 신상이 여호와의 궤 앞에 엎드러져 마치 신하가 왕에게 절을 하는 것처럼 얼굴이 땅에 닿아 있는 것을 보았다. 다시 다곤 신상을 세워 놓았으나 그 이튿날에는

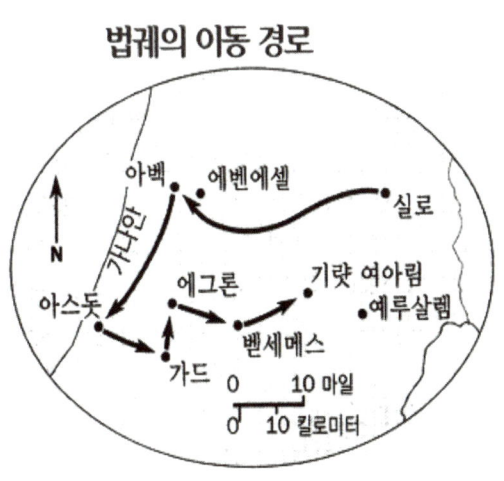

다곤의 머리와 두 손목이 끊어진 채로 문지방에 있었고, 다곤의 몸통이 여호와의 궤 앞에 엎드러져 있었다. 이것은 블레셋에게 전쟁 승리를 가져다준 다곤이 자기 신전에서 여호와께 처참하게 처형당했다는 뜻이다. 설상가상으로 여호와의 손이 아스돗 사람에게 독한 종기 재앙을 내리자, 겁에 질린 아스돗 사람들이 법궤를 가드로 옮겼지만, 가드에서도 똑같은 일이 발생했다. 가드 사람들이 두려운 나머지 법궤를 에글론으로 옮

기려고 하자 에글론 사람들이 법궤로 인한 재앙을 두려워하여 법궤를 이스라엘로 돌려보내자고 제안했다. 법궤가 블레셋의 세 도시인 아스돗(6절)과 가드(9절)와 에글론(11절)으로 이동할 때마다 여호와의 손이 심히 큰 환난을 그 성읍에 더하시므로 독한 종기로 인해 성읍 사람들의 부르짖음이 하늘에 사무쳤다(12절). 이스라엘이 법궤를 블레셋에 빼앗겼지만 하나님께서 홀로 블레셋과 싸워 승리하셨다. 이것은 하나님이 법궤를 초월하여 온 우주를 다스리고 계시는 것을 보여준다. 그 하나님이 내 영혼의 아버지요, 나를 돕는 분이다.

스스로 블레셋과 싸워 이기신 하나님이 오늘날 목회자와 함께하시면서 사탄과의 영적 싸움에서 승리하게 하신다. 아무리 힘든 시험과 고난을 만나도 하나님의 능력으로 고난을 극복해 가는 것을 체험하는 것이 목회이다. 그래서 목회자는 성도들에게 스스로 싸워 이기시는 하나님께 전심으로 예배하고, 하나님의 능력을 의지하면서 살아가도록 가르쳐야 한다. 성도들이 목회자의 가르침을 따라 믿음으로 살게 되면 하나님의 능력을 체험할 수 있다.

어떤 목사님이 시무하는 교회 성도가 시골에서 양계농장을 하려고 하는데 동네 사람들이 반대를 해서 그 집사님이 목사님을 찾아와서 어떻게 하면 좋겠냐고 물었다. 목사님은 반대하는 사람들이 다 허락할 때까지 계속 찾아가서 설득을 하고, 끈질기게 기도하라고 했다. 그때 그 교회가 21일 특별 새벽기도회를 실시하고 있었는데, 목사님은 특별 새벽기도회 기간에 집사님에게 "어떻게 되었습니까?"라고 물었고, 그 집사님은 "아직 안되었습니다. 다른 사람들은 다 허락했는데, 유독 한 사람만 허락하지 않습니다." 목사님은 그 사람이 허락할 때까지 계속 찾아가면서 기도하라고 했고, 집사님은 목사님의 말대로 하였다. 21일 특별 새벽기도회가 끝날 때쯤 집사님이 목사님에게 "지독하게 반대하던 한 사람이 드디어 허락해 주었습니다." 그 말을 들은 목사님은 하나님의 도우심을 믿고 끈질기게 기도하신 것에 응답을 받은 것이라고 했다. 그것을 계기로 기도하면 응답받는다는 것을 다시 체험했다고 한다. 목회의 성공은 사람의 숫자에 있지 않고, 성도들이 변함없이 하나님을 의지하도록 가르치는 데 있다.

이스라엘로 되돌아가는 법궤(6:1-18)

"여호와의 궤가 블레셋 사람들의 지방에 있은 지 일곱 달이라"(1절). 성경에서 '칠'은 완전수이기 때문에 블레셋을 향한 하나님의 심판이 완전했음을 보여준다. 블레셋 사람들은 일곱 달 동안 심한 독종으로 지긋지긋한 생활을 했다. 그들은 법궤를 돌려보내기 위해 블레셋의 5개의 도시 방백을 상징하는 독한 종기 형상과 쥐의 형상을 각각 다섯 개씩 금으로 만들어 여호와께 속건제(贖愆祭, guilt offering)[2]를 드렸다(3-5절). 그들이 속건제 제물을 드리면서 '이스라엘의 신께 영광을 돌리라'는 말을 하였는데(5절), 이것은 하나님의 백성이었던 이스라엘이 하나님께 영광을 돌리지 않자, 하나님께서 친히 이방인을 통해 영광 받으신 것이다. 그리고 한 번도 멍에를 매지 않고, 아직 젖을 떼지 아니한 송아지가 있는 암소 두 마리가 끄는 수레에 법궤를 실어서 이스라엘로 가도록 했다. 한 번도 멍에를 메어 보지 않은 소가 수레를 끌 수 없다. 또 젖을 떼지 않은 새끼가 있는 암소가 어찌 새끼를 떼어 놓

---

2 하나님께 바쳐진 제물이나 성물에 대해 율법을 알지 못하여, 혹은 실수로 죄를 범했거나(레 5:15), 인간관계에서 상대방에게 해를 끼쳤을 때(삼상 6:3; 왕하 12:16) 죄를 속하기 위해 드리는 제사.

고 이스라엘로 간단 말인가? 본능적으로 불가능하지만, 이렇게 한 것은 블레셋에게 임했던 재앙이 우연인가 아니면 하나님께서 내리신 재앙인가를 알기 위해서이다. 하나님께서 두 암소가 새끼를 두고 수레를 끌고 벧세메스³로 가도록 하셔서 블레셋은 그동안 자신들을 괴롭혔던 재앙이 하나님께로 온 것임을 확인할 수 있었다. 그런데도 블레셋은 회개한 후 하나님께로 돌아오지 않았고 여전히 다곤신을 섬겼다. 이것이 타락한 인간의 심성이다. 하나님이 살아계신 증거만 보여주면 사람들이 예수님을 구주로 믿고 하나님께로 오겠지?라고 생각하지만, 그렇지 않다. 믿음이 없으면 하나님이 살아계시는 증거를 보여줄수록 더 완악해져서 하나님을 대적한다. 예수님은 자신이 하나님의 아들임을 입증하기 위해 수많은 이적을 행하셨으나 바리새인들은 주님을 믿지 않고 더 배척했다. 지금도 하나님께서 자연재해와 각종 이적을 통해 자신이 살아계심을 보여주시는데도 사람들은 하나님을 믿지 않는다. 이런 불신앙을 깨기 위해서는 성령의 능력을 체험해야 한다. 예수 믿는 우리가 성령 충만하여 불신자들에게 성경을 가르쳐 주고, 하나님이 살아계시는 것을 보여주어야 한다. 스스로 블레셋과 싸우셨던 하나님께서 성도들과 함께 이 시대의 불신앙과 싸우고 계신다.

율법에 무지한 벧세메스 사람들(19-21절)

번제는 반드시 수소(ox)로 드리게 되어 있으나(레 1:3) 벧세메스

---

3 태양의 집이라는 뜻으로, 예루살렘에서 서쪽으로 약 22㎞ 떨어진 곳인 아론 자손이 거했던 레위 사람들의 성읍이었다. 이곳에 거하는 사람들은 여호와의 궤와 성막을 섬기는 역할을 했다. 김일승, 70.

사람들이 수레를 땔감으로 하여 두 암소를 여호와께 번제와 다른 제사를 지냈다. 하나님의 백성 이스라엘이 친히 여호와께 희생제물을 준비한 것이 아니라, 하나님께서 홀로 블레셋과 싸워 전리품으로 가져오셨다. 그래서 벧세메스 사람들이 하나님이 준비하신 제물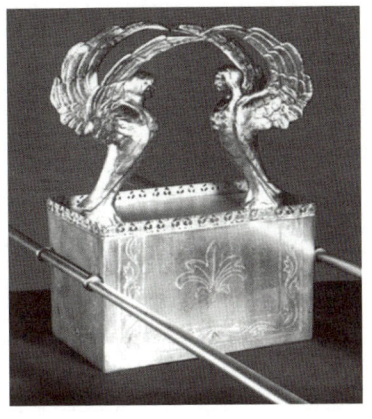
로 제사를 지냈다. 이처럼 우리가 하나님 앞에 나온 것은 전적인 하나님의 은혜이다. 내가 하나님 앞에 나올 수 있게 된 것은 하나님이 나를 예수님 품으로 부르셨기 때문에 가능했다. 하나님의 부르심 때문에 예수님을 구주로 믿었기에 하나님의 은혜가 파격적인 것이다.

벧세메스 사람들이 하나님께 제사드리는 것은 좋았는데, 그들이 호기심으로 법궤 속을 들여다보다가 70명이 죽었다. 작은 마을에 70명이 죽었다는 것은 그곳의 남자들이 거의 다 죽었다는 뜻이다. 한꺼번에 70명의 장례를 치를 때 큰 충격과 함께 곡하는 소리가 온 마을을 진동했을 것이다. 레위인 중 성막의 성물(聖物)을 운반하는 고핫 자손도 법궤를 만질 수 없고 성소를 볼 수 없었다(민 4:1-20). 오직 제사장이 정리해준 성물을 운반만 할 뿐이다. 벧세메스 사람들은 레위인이었다. 성막에서 봉사하는 레위인들이 법궤에 관한 규정을 어긴 것은 율법 교육을 제대로 받지 않았다는 것을 보여준다. 호세아 선지자가 그 당시 이스라엘 백성들이 "여호와를 아는 지식이 없어서 망한다"(호 4:6)고 했는데, 벧세메스 사람들도 여호와를 아는 지식이 없어서 망한 것이다. 이것은 오늘날도 그대로 적용된다. 우리가 성경에 무지하면 하나님을 아는 지식이 없어서 망할 수밖에 없다.

하나님께서 법궤를 들여다본 벧세메스 사람들을 치신 것은 하나님이 인간들에게 무시당하거나, 만홀히 여김을 받지 않으신다 것을 보여준다. 죄인인 인간이 하나님의 거룩하심을 직접 접하게 되면 죽는다. 이것 때문에 우리가 하나님께로 나가는데 예수 그리스도의 보혈이 필요하다. 법궤로 인해서 한꺼번에 70명의 사람들이 죽자 벧세메스 사람들이 법궤를 기럇여아림으로 보냈다. 여호와에 대한 지식이 없어 법궤를 안치하므로 받을 수 있는 복을 차 버렸다. 내가 하나님에 대해 알면 알수록 더 많은 복을 받을 수 있지만 모르면 그 복에서 멀어진다.

우상 숭배를 하면 망한다

하나님이 블레셋의 신 다곤을 심판하시는 것은 하나님과 인간이 만든 우상은 결코 공존할 수 없음을 보여준다. 시편 115:4-8은 "우상은 은과 금이요, 사람의 손으로 만든 것으로 입이 있어도 말하지 못하며 눈이 있어도 보지 못하며, 귀가 있어도 듣지 못하고, 코가 있어도 냄새를 맡지 못하며, 손이 있어도 만지지 못하며, 발이 있어도 걷지 못하고, 목구멍이 있어도 작은 소리조차 내지 못하는데 우상을 만들고 그것을 의지하는 자들은 다 그와 같을 것이라." 사람들이 우상을 만드는 것은 하나님의 정한 방법대로 하나님을 섬기기가 쉽지 않아서 하나님 대용품으로 우상을 만들어 자기가 필요할 때 복을 달라고 빌기 위해서이다. 이것은 하나님의 말씀과 그 뜻에 순종하지 않고 본인이 필요할 때 우상에게 복 달라고 빌 수 있는 편리함이 있다. 그래서 우상을 만들지만, 이것은 창조주 하나님의 존재 자체를 부인하는 것이다. 우상은 하나님의 존재를 무시하는 것이기 때문에 하나님께서 반드시 우상 숭배자를 심판하시고, 그들의 정욕대로 내버려 두신다(롬 1:21-24).

과거에는 어떤 형상이 있는 우상을 섬겼다면 오늘날은 '돈, 명예, 인기, 권력, 음란, 이념, 취미, 자녀, …' 등 눈에 보이거나 사람들에게 과시하는 우상을 만든다. 호세아는 우상 숭배에 빠져 있는 이스라엘 백성들에게 "오라 우리가 여호와께로 돌아가자 여호와께서 우리를 찢으셨으나 도로 낫게 하실 것이요 우리를 치셨으나 싸매어 주실 것임이라"(호 6:1)고 호소했다. 이 호소대로 진심으로 여호와께 돌아가기 위해 내 속에 있는 우상을 버리도록 하자.

9 여호와가 여기까지 우리를 도우셨다
(삼상 7:1-17)

핵심 말씀
"사무엘이 돌을 취하여 미스바와 센 사이에 세워 이르되 여호와께서 여기까지 우리를 도우셨다 하고 그 이름을 에벤에셀이라 하니라"(12절)

지도자 한 사람을 바꾸었더니(2절)

지금 한일 양국이 일제 강점기 때 강제징용자 배상 문제를 놓고 첨예하게 대립하고 있지만 2002년에는 월드컵을 공동으로 개최할 정도로 사이가 좋았다. 2002년 한일 월드컵을 통해 한국의 위상을 세계가 주목하도록 높인 인물이 있는데, 그는 거스 히딩크(Guus Hiddink) 한국 축구 대표팀 감독이다. 히딩크는 월드컵에서 단 1승도 거두지 못했던 한국 축구를 월드컵 4강까지 오르게 하는 쾌거를 이루었다. 히딩크는 한국 선수들은 기술은 좋은데 체력이 약하다는 것을 알고 90분 동안 뛸 수 있는 체력보강에 주력했다. 지금까지 한국은 스트라이크 몇 명에게 공을 주어 골을 넣게 하는 전술을 구사했는데, 히딩크는 전 선수가 수비와 공격을 동시에 하는 멀티플레이어(multiplayer)가 되도록 훈련을 시켰다. 또 한국 축구가 남미팀에게 선전하면서도 유럽팀에게 번번이 졌던 것을 참작하여 선수들의 담력을 키우기 위해 유럽 강팀에 5:0으로 지면서도 경기를 했다. 이것 때문에 여론의 몰매를 맞아 '오대영'이라는 별명을 얻었으나 히딩크는 철저하게 자기 방식대로 선수를 이끌고 갔다. 그 결과 한국이 월드컵 개막전에서 폴란드와의 경기에서 2:0으로 승리했고 그 후 강력한 팀들을 하나씩 침몰시키자 온 나라가 열광의 도가니가 되었다. 축구 감독 하나를 바꾸었더니 한국 축구에 기적이 일어났다면 사회 전반에 좋은 지도자를 투입하면 곳곳에서 변화가 일어나기 마련이다.

히딩크가 한국 축구를 변화시킨 것처럼 사무엘 한 사람으로 인해 침체된 이스라엘의 분위기가 반전되었다. 그 당시 블레셋이 돌려보냈던 여호와의 법궤가 기럇여아림(קִרְיַת יְעָרִים, 숲의 도시)의 아비나답의 집에서 20년 동안 있었다. 기럇여아림은 벧세메스에서 북동쪽으로 약 45km 떨어진 산지에 있다 보니 일반 백성들이 쉽게 갈 수 없었다. 백성들은 하나님보다 가나안 농사의 신 바알과 아세라를 더 많이 섬겼다(3절). '바알'은 날씨를 주관하는 농경의 신이고, '아스다롯'은 '아세라'로 불리는 전쟁과 풍요의 신으로 둘이 부부라고 생각했다. 사람들은 바알과 아스다롯이 하늘에서 부부 관계를 해야 비가 내린다는 생각에 지상에다 바알과 아세라 신전을 지어 놓고 남자들이 창녀들과 음란한 짓을 하는 것이 일상화되었다. 이스라엘은 이런 바알의 영향을 받아 타락할 수밖에 없었다. 게다가 농사를 지어 놓으면 블레셋이 와서 약탈을 해 가서 아무리 살려고 노력하고 바알을 섬겨도 생활이 나아지지 않았다. 그 결과 "이스라엘 온 족속이 여호와를 사모하니라(2절)"는 말씀처럼 사람들이 하나 둘씩 하나님을 찾기 시작했다.

미스바의 회개 운동(3-9절)

사무엘은 이런 영적 기류에 맞추어 미스바(מִצְפָּה, 망루)[1]에서 대각성 운동을 하면서 백성들에게 각종 우상을 버릴 것을 촉구했다. "만일 너희가 전심으로 여호와께 돌아오려거든 이방 신들과 아스다롯을 너희 중에서 제거하고 너희 마음을 여호와께로 향하여 그만 섬기라 그리하면 너희를 블레셋 사람의 손에서 건져내시리라 이에 이스라엘 자손이 바알들과 아스다롯을 제거하고 여호와만 섬기니라"(3-4절). 사무엘은 하나님과 우상을 겸하여 섬기고 있었던 백성들에게 전심으로 여호와께 돌아오려거든 우상을 버리라고 했다. 이처럼 내가 하나님의 은혜를 풍성하게 체험하려면 하나님보다 우선인 것을 다 버려야 한다. 나에게 하나님밖에 없다는 것을 분명하게 인식한 후 하나님의 도움만이 살 수 있다는 심정으로 매달려야 한다.

오늘 헌신 예배를 드리는 제3여전도회 회원들은 하나님 앞에 잘못된 것들을 버리는 결단을 해야 한다. 불신앙과 형식적인 신앙, 말씀에 순종하지 않고 내 마음대로 하는 것을 버려야 한다. 예배드리면서도 버려야 할 것을 버리지 않으면 예배 후에 아무런 변화가 일어나지 않는다. 하나님의 뜻을 배제한 채 내 지식과 경험을 의지하여 내 마음대로 살았던 것을 버려야 한다. 버릴 것은 과감하게 버리고 전심으로 하나님께로 돌아서는 것이 헌신 예배이다.

6절을 보면 백성들이 각종 우상을 버리고 "물을 길어 여호와 앞에

---

[1] 미스바는 예루살렘에서 북쪽으로 약 13km 떨어진 베냐민 지파의 영역이 위치한 곳으로 이전에 이스라엘 백성들이 베냐민 지파의 기브아를 여행했던 레위인 첩을 강간하고 죽였던 베냐민 지파를 징계하는 행동을 취하기 위해서 모였던 곳이다(삿 20:1, 21:8). 사무엘이 이스라엘을 다스렸던 세 곳 중의 하나이고(삼상 7:16), 후에 사울을 제비 뽑아 왕으로 세운 장소이기도 하다(삼상 10:17).

붓고 그날 종일 금식을 하면서 우리가 여호와께 범죄하였다"(6절)고 했다. 먼저 '물을 여호와 앞에 붓는 것'은 물을 쏟아붓는 것처럼 하나님 앞에 마음을 쏟아 놓고 철저히 회개한다는 뜻이다. 이와 비슷한 예가 예레미야 애가 2:19에 나온다. 예레미야는 예루살렘 멸망과 초토화에 충격을 받고 "초저녁에 일어나 부르짖을지어다 네 마음을 주의 얼굴 앞에 물 쏟듯 할지어다 각 길 어귀에서 주려 기진한 네 어린 자녀들의 생명을 위하여 주를 향하여 손을 들지어다"라는 말을 했다. 두 번째는 '물을 여호와 앞에 붓는 것'은 하나님의 은혜가 생명을 주는 물보다 더 귀중하다는 고백이다. 시편 42:1에 "하나님이여 사슴이 시냇물을 찾기에 갈급함 같이 내 영혼이 주를 찾기에 갈급하니이다." 우리는 늘 철저하게 죄를 회개하고, 하나님의 은혜만이 나를 살릴 수 있다고 고백해야 한다. 그런데 이런 회개와 고백을 잘 하지 않는다. 왜 이런 것이 없이도 얼마든지 잘 살 수 있기 때문이다. 내가 필요한 것을 마트나 인터넷을 통해 얼마든지 구입할 수 있고, 아프면 병원에 가면 된다. 생활에 편리한 것이 너무 많다. 그러다보니 하나님과의 관계에 대해 별로 신경을 쓰지 않는다.

그러나 "내가 나의 마음에 죄악을 품었더라면 주께서 듣지 아니하시리라"(시 66:18)는 말씀처럼 내가 죄를 회개하지 않기에 예배를 드려도 하나님과의 관계가 회복되지 않는다. 그래서 오늘 헌신 예배를 통해 죄를 회개하고, 하나님의 은혜와 도움, 예수 그리스도의 십자가만이 나를 살릴 수 있다는 고백을 해야 한다. 사무엘은 이스라엘을 내적으로 정화한 후 국내 문제를 해결하려고 회개와 우상 숭배를 버리고 하나님의 은혜로만 국가의 위기를 타파할 수 있다는 것을 고백하게 했다. 이것이 교회 부흥의 시작이요, 나 개인 부흥의 시작이다.

회개 후 더 상황이 어려워지다(10-17절)

블레셋은 이스라엘이 미스바에 모였다는 소식을 듣고 이스라엘을 치러 왔다(7절). 이스라엘 백성들은 블레셋에 대한 공포심이 있었는데 기도하므로 상황이 더 어려워졌다. "무릇 그리스도 예수 안에서 경건하게 살고자 하는 자는 박해를 받으리라"(딤후 3:12)는 말씀처럼 내가 하나님 앞에 바르게 살려고 하면 더 많은 박해와 고난이 온다. 그때 예수 믿어도 별수 없구나, 차라리 신앙을 버릴까? 하는 유혹을 받는다. 이것은 사탄이 주는 생각이기 때문에 그 생각을 떨쳐 버리고 온전히 하나님을 의지해야 한다. 하나님이 우리의 믿음을 연단시키기 위해 이런 시험을 주신다. 이스라엘 백성들은 영적으로 깨어나자 블레셋에 대한 두려움을 떨쳐 버리기 위해 사무엘에게 "여호와께 쉬지 말고 부르짖어 우리를 블레셋 사람들의 손에서 구원하소서"(8절)라고 했다.

사무엘은 젖먹는 어린양 하나를 가져다가 온전히 번제를 드렸다. 그 결과 하나님이 큰 우레를 발하여 블레셋을 어지럽게 하셨다(10절). 하나님이 번개를 치시어 철로 만든 무기를 들고 있었던 블레셋 군인들이 감전을 당해 죽게 하신 것이다. 누구나 번개와 천둥소리를 두려워하는데, 번개로 인해 동료들이 타 죽는 것을 본 블레셋의 군인들이 무기를 버리고 도망갔다. 이스라엘은 이런 블레셋을 벧갈 아래까지 추격하여 대승을 거두었다(11절). 여호와의 손이 사무엘이 사는 날 동안 블레셋 사람을 막아주셨다. 그 결과 이스라엘이 블레셋의 성읍인 에글론에서 가드까지 지배하여 블레셋의 지배에서 벗어날 수 있었다. 이스라엘 영토 안에 거주했던 아모리 사람과 평화가 이루어져 나라 안팎이 안정되었다.

하나님을 멸시했던 홉니와 비느하스는 법궤를 앞세우고 블레셋과 전쟁을 하여 패배했지만, 사무엘은 법궤 없이 회개 운동으로 승리했다. 사무엘과 이스라엘 백성들이 이것을 기념해서 미스바와 센 사이에 에벤에셀(אֶבֶן הָעֵזֶר, 에벤: 돌, 바위, 에제르: 도움[도움의 돌], 여호와께서 여기까지 우리를 도우셨다)이라는 기념비를 세웠다. 믿음의 사람 하나가 바뀌니 이가봇 시대가 물러가고 에벤에셀 시대가 왔다. 지금도 이런 지도자가 필요하다. 사회 곳곳에 좋은 지도자를 많이 배출하여 에벤에셀의 복을 체험했으면 좋겠다.

내 삶에 에벤에셀이 있으려면

만약 이스라엘이 미스바에서 회개한 후 블레셋의 침입을 두려워하였다면 결코 블레셋을 이기지 못했을 것이다. 그들은 두려움을 떨쳐 버리고 하나님 편에 서 있었기 때문에 승리할 수 있었다. 이처럼 내가 믿음으로 행해도 어려운 일을 만날 수 있다. 그때도 낙심하지 말고 하나님 편에 서 있어야 한다.

허드슨 테일러 선교사가 중국에서 선교하는 중에 선교 헌금이 끊어졌고, 외로움과 극도의 피곤으로 탈진하였고 깊은 번민으로 무기력에 빠져 있었다. 거룩해지려고 노력할수록 그 반대의 행동이 나왔고, 하나님을 믿어야 할 줄 알면서도 자꾸 의심이 생기고, 선교 열매를 맺으려 해도 열매가 보이지 않았다. 그때 그의 여동생에게서 편지가 왔다. 편지 내용 속에 요한복음 15:5 "나는 포도나무요 너희는 가지라 그가 내 안에, 내가 그 안에 거하면 사람이 열매를 많이 맺나니 나를 떠나서는 너희가 아

무것도 할 수 없음이라"(요 15:5)는 말씀을 인용하여 오빠는 포도나무이신 예수님의 가지에 불과하니까 주님께 전적으로 맡기고 주님을 의지하면서 쉼을 얻으라고 했다. 포도나무 가지는 영양분을 끌어 올리려고 애쓸 필요도 없고, 꽃을 피우거나 열매를 맺으려고 힘쓰기보다 원줄기에서 떨어지지 않으면 저절로 열매를 맺을 수 있는 것처럼 예수님께 붙어 있는 것이 중요하다는 것이다. 그 편지를 읽은 테일러는 인간적인 노력을 포기하고 전적으로 주님께 맡기면서 사역의 쉼을 얻었다. 그 후부터 주님의 능력으로 많은 선교의 열매를 거두어 중국 선교에 큰 업적을 남겼다. 이처럼 나의 힘으로 노력해서 성취하려는 수고보다 주님께서 이미 성취해 놓으신 것을 믿고 맡기자. 그렇다고 내가 할 일을 전혀 하지 않는 것이 아니라 내가 해야 할 일은 열심히 하면서 주님께 맡길 것을 맡겨야 한다. 이것 때문에 베드로는 극심한 핍박으로 고난 중에 있는 성도들에게 **"너희 염려를 다 주께 맡기라 이는 그가 너희를 돌보심이라"**고 했다(벧전 5:7).

두 번째는 내가 사무엘처럼 나라 전체를 바꿀 수 없다고 해도, 내가 소속된 기관이나, 구역, 교회와 직장은 조금씩 바꿀 수 있다. 내가 왕 같은 제사장으로 가정에서 가족들을 축복하고, 교회에서 성도들을 축복하고, 직장에서 직장 동료들과 상사, 그리고 거래처 사람들에게 하나님의 복을 빌어줄 수 있다.

우리가 사무엘처럼 미스바의 기도를 통해 대역전의 반전을 경험하지 못해도 **내** 삶의 현장에서 하나님이 맡겨주신 사명을 하나씩 감당해 간다면 반드시 에벤에셀의 기적이 일어나는 것을 체험할 것이다.

제2부

사울의 통치

(8-15장)

핵심 단어 : 불순종(삼상 7:12)
장소 : 기브아(삼상 15:34)
시대 : 통일 왕국 시대(삼상 8-왕상 12장)
출생과 사역: (B.C.1090년-1010년) 40세에 왕이 됨

"모든 백성이 길갈로 가서 거기서 여호와 앞에서 사울을 왕으로 삼고 길갈에서 여호와 앞에 화목제를 드리고 사울과 이스라엘 모든 사람이 거기서 크게 기뻐하니라"(삼상 11:15)

10 우리에게 왕을 세워 주소서
(삼상 8:1-22)

핵심 말씀
"그에게 이르되 보소서 당신은 늙고 당신의 아들들은 당신의 행위를 따르지 아니하니 모든 나라와 같이 우리에게 왕을 세워 우리를 다스리게 하소서 한지라"(5절)

자식 농사가 쉽지 않다(1-3절)

고신 교단에는 두 부자(父子)가 총회장을 지낸 적이 있다. 한 분은 아버지를 따라 목회자가 되었고 다른 한 분은 목사의 아들인데도 서면에서 이름난 조폭이었다. 그가 사고를 치고 나면 형사들이나 조폭들이 아버지가 있는 교회와 사택으로 와서 난장판을 쳤다. 아버지 목사는 그 교회에서 더 이상 목회를 할 수 없어서 김해에 있는 모 교회로 시무지를 옮겼다. 매일 목사님 부부는 아들이 회개하고 예수님 품으로 돌아올 수 있도록 필사적으로 기도했다. 교회에서 철야를 했고 시간이 날 때마다 기도원에서 기도했는데도 여전히 아들은 사고를 치고 다녔다. 아들 때문에 아버지 목사님이 지쳐 있을 때 어느 날 아들이 조폭 생활을 청산하고 신학교에 가겠다고 했다. 그 아들이 신학교에 졸업을 한 후 목사가 되었고, 아버지 목사는 아들을 위해서 밤

낮 기도하다가 능력 받아 목회를 잘하여 김해에서 제일 큰 교회가 되었다. 나중에 아버지도 아들도 고신 교단 총회장이 되었다.

이 세상의 일이 다 어렵다고 하지만 자식 농사 또한 결코 쉽지 않다. 성경의 인물 중에서 이삭과 야곱, 기드온과 엘리, 그리고 다윗도 인생에는 성공했으나 자녀 교육에는 실패하여 많은 애를 먹었다. 여기에 사무엘도 포함된다. 1절은 "사무엘이 늙으매 그의 아들들을 이스라엘 사사로 삼으니"로 시작한다. 이때는 사무엘이 미스바의 기도로 블레셋을 물리친 지 20년이 지난 시점으로 65세쯤 되었을 것이다.[1] 2절 "장자의 이름은 요엘이요 차자의 이름은 아비야라 그들이 브엘세바에서 사사가 되니라." 요엘은 '여호와는 하나님이시다', 아비야는 '여호와는 나의 아버지시다'라는 뜻으로 경건한 사무엘답게 두 아들의 이름 속에 하나님에 대한 믿음의 고백이 담겨 있게 하였다. 3절에 "그의 아들들이 자기 아버지의 행위를 따르지 아니하고 이익을 따라 뇌물을 받고 판결을 굽게 하니라." 브엘세바는 사무엘의 고향 라마에서 남쪽으로 약 90km 떨어진 이스라엘의 최남단 경계를 말한다. 우리나라 전체를 지칭할 때 '한라산에서 백두산까지'라고 하듯이 이스라엘 전체를 가리킬 때 단(최북쪽)에서 브엘세바(최남쪽)까지라고 한다(삼상 3:20).

사무엘이 직접 돌아보기 어려운 남부 지방에 두 아들을 아버지를 보조하는 사사로 임명하였다. 사사의 역할은 백성들 사이에 고소와 시비가 일어났을 때 중재하고 판결하는 것이다. 신명기에는 재판관들이 공정하게 재판해야 함을 수없이 강조했다. "내가 그 때에 너희의 재판장들에게 명하여 이르기를 너희가 너희의 형제 중에서 송사를 들을 때

---

1 NIV 개역개정 『스터디 바이블』, 453, 8:1의 각주.

에 쌍방간에 공정히 판결할 것이며 그들 중에 있는 타국인에게도 그리 할 것이라"(신 1:16). "재판은 하나님께 속한 것인즉 너희는 재판할 때에 외모를 보지 말고 귀천을 차별 없이 듣고 사람의 낯을 두려워하지 말 것이며 스스로 결단하기 어려운 일이 있거든 내게로 돌리라 내가 들으리라 하였고"(신 16:18). 이런 경고가 있었음에도 사무엘의 두 아들이 뇌물을 받고 부정한 판결을 하여 백성들의 원성을 샀다. 잠언 17:23 "악인은 사람의 품에서 뇌물을 받고 재판을 굽게 하느니라"는 말씀처럼 두 아들이 뇌물을 받으므로 청렴결백한 아버지의 명성에 먹칠을 했다(삼상 12:3-4 참조). 엘리도 두 아들의 자녀 교육에 실패하였는데 사무엘도 그 전철을 밟았다.

사무엘이 자녀 교육에 실패한 원인을 두 가지로 들 수 있다. 하나는 이스라엘이 혼란스러울 때 사사로, 제사장으로 선지자의 사역이 바빠서 집안을 돌볼 여유가 없었기 때문이다. 아버지가 유명할수록 자녀들은 집에서 아버지와 함께 단란하게 보내는 행복을 빼앗긴다. 아버지의 부재 속에 두 아들은 가지를 치지 않는 나무가 무성하게 자라는 것처럼 자기들 마음대로 자라서 잘못된 성품을 갖게 되었다. 이런 현상은 저출산으로 아이를 적게 낳아 황제 대접받는 아이들과 아버지가 너무 바빠서 가정 교육이 부재하는 우리에게도 얼마든지 일어날 수 있다.

두 번째 이유는 사람들이 사무엘의 아들이기 때문에 그들의 잘못에 관대하게 대했을 것이다. 나보다 지위가 낮은 사람의 자녀가 잘못했을 때는 쉽게 책망을 해도 사무엘처럼 사회적인 지위가 있을 때는 아버지의 얼굴을 봐서 질책을 하지 못한다. 그러는 사이에 두 아들은 하나님을 두려워하지 않고 뇌물을 받고 재판하는 부정한 사람이 되었다. 이것 때문에 히브리서 저자는 "내 아들아 주의 징계하심을 경히 여기지 말며 그에게 꾸지람을 받을 때에 낙심하지 말라 주께서 그 사랑하시는 자를 징계하시고 그가 받아들이시는 아들마다 채찍질하심이라"(히 12:5-6). 잠언 12:1에 "훈계를 좋아하는 자는 지식을 좋아하거니와 징계를 싫어하는 자는 짐승과 같으니라." 자녀 교육에 있어서 꼭 필요한 것은 '징계와 주의 교양과 훈계'이다. 자식이 귀하고 사랑스러울수록 사랑의 매가 있어야 한다. 사랑의 매로 자녀가 '꼭 해야 할 것과 하지 말아야 할 것'을 가르쳐서 바른 인격자로 성장하도록 해야 한다.

왕을 세워 우리를 다스리게 하소서(4-9절)

이스라엘 장로들이 사무엘에게 주변 나라와 같이 왕을 세워 달라고 요청했다. 표면적으로는 사무엘의 두 아들이 뇌물을 받은 것과 사무엘이 늙었음을 말했지만, 실상은 주변 나라들처럼 인간 왕을 세워 강력한 중앙집권적인 체제를 원했다. 사무엘이 그들의 요청을 단호하게 거부했다. 그 이유는 이스라엘의 궁극적인 왕이신 하나님을 배제하고 인간 왕을 세워 달라고 한 것은 하나님의 통치를 받지 않고 인간 왕의 통치를 받겠다는 뜻이다. 그런데도 장로들이 집요하게 왕을 세워 달라고 요구하자 사무엘은 왕을 세웠을 때 일어날 부작용에 대해 다음과 같이 말했다. 먼저는, 왕이 너희들의 아들과 딸들을 데려다가 그의 병거와 말을 관리하는 일을 시킬 것이다(11절). 두 번째는, 너희 아들들을 군사로 모집하여, 각종 무기를 만들고, 왕의 밭을 갈고 농사를 짓고 추수하는 일을 시킬 것이고(12절), 세 번째는, 너희 딸들을 데려다가 빵을 굽고 음식 만드는 노동자로 부릴 것이다(13절). 네 번째는, 왕이 너희들의 가장 좋은 포도원과 올리브 농장을 공출하여 갈 것이고, 너희들의 농산물 십분의 일을 왕과 관리들에게 바치게 할 것이다(14-15). 마지막으로 왕이 독재자가 되어 백성들을 탄압할 때 너희들이 하나님께 왕을 제거하여 달라고 부르짖어도 하나님께서 듣지 않으실 것이라고 했다(18절). 이렇게 왕을 세우므로 일어나는 여러 폐단을 조목조목 제시하였을 때 이스라엘 장로들이 사무엘의 말을 들었는가? 그렇지 않다. 19-20을 보면 "백성이 사무엘의 말 듣기를 거절하여 이르되 아니로소이다 우리도 우리 왕이 있어야 하리니 우리도 다른 나라들 같이 되어 우리의 왕이 우리를 다스리며 우리 앞에 나가서 우리의 싸움을 싸워야 할 것이니이다 하는지라."

하나님께서 왕을 세워서는 안 되는 이유를 제시해도 이미 왕을 세우기로 한 것을 바꾸지 않았다. 자신들의 결정이 잘못되었고, 장차 자신들과 후손들이 왕의 노예가 되는데도 꼭 왕을 세워야 한다고 고집했다. 전지전능하신 하나님께서 안 된다고 하는데도 사람은 된다고 우길 때 인생의 문제가 꼬이기 시작한다. 하나님은 안 된다고 하는데도 장로들은 "하나님께서 저희들의 뜻을 따라 주었으면 좋겠습니다"라는 식으로 말을 했는데, 이 장로들의 모습이 누구의 모습인가? 누가 이런 자세와 태도를 자주 보였는가? 바로 나 자신이다. 내가 하나님의 뜻보다 나의 생각과 지혜, 판단을 우선으로 하니 장로들의 모습에서 나 자신을 보아야 한다.

왕을 세웠을 때의 부작용(10-18절)

"백성이 사무엘의 말 듣기를 거절하여 이르되 아니로소이다 우리도 우리 왕이 있어야 하리니." 하나님은 백성들의 요구대로 왕을 세워주셨다. 그 왕 중에서 이스라엘 백성을 가장 탄압했던 왕은 솔로몬이다. 솔로몬은 성전을 짓는데 7년, 그의 왕국을 짓는데 13년을, 모두 20년 동안 건축하는데 백성들을 동원했다. 그리고 천 명의 아내들과 각종 사치와 쾌락을 누렸는데, 백성들은 솔로몬의 사치를 위해 희생양이 되어 각종 세금과 노동력을 제공했다. 그 결과 솔로몬 사후 이스라엘의 장로들이 솔로몬의 아들 르호보암에게 세금을 감면하여 달라고 청원했으나 거부하였다. 그것이 화근이 되어 이스라엘이 남북으로 분열되었다. 왕을 요구했던 결과 불과 120년 만에 남북으로 분단되었다. 그러다가 두 나라가 이방인에게 멸망당해 백성들은 포로로 잡혀갔다.

사람은 눈에 보이는 것만 보지만, 하나님은 눈에 보이지 않는 내면적인 것과 먼 장래까지 보신다. 이것 때문에 이사야 55:8-9절은 하나님의 생각이 우리와 다른 것을 이렇게 말했다. "이는 내 생각이 너희의 생각과 다르며 내 길은 너희의 길과 다름이니라 여호와의 말씀이니라 이는 하늘이 땅보다 높음 같이 내 길은 너희의 길보다 높으며 내 생각은 너희의 생각보다 높음이니라." 믿음이란 하나님의 지혜가 나보다 낫고 하나님의 방법이 나보다 낫다는 것을 인정하고, 내 지혜와 경험을 버리고 하나님의 방법을 따라가는데 있다.

하나님의 뜻을 따를 준비가 되었는가?

사도 바울이 제2차 전도 여행 때 소아시아(현 터키 지역) 지역을 전도하고 싶었으나, 성령께서 막으시면서 마게도냐(유럽)로 가서 전도하라고 하셨다. 소아시아 지역은 이미 제1차 선교 여행을 통해, 많은 복음의 씨앗을 뿌려 놓았기 때문에, 복음 전하기가 쉬웠으나 마게도냐 지역은 모든 것을 새롭게 시작해야 했다. 그러나 바울은 성령이 지시하시는 대로 빌립보 지역으로 가므로 빌립보에 교회가 세워졌다. 그 후 데살로니가, 베뢰아, 아덴, 고린도 교회가 세워지므로 빌립보 교회가 유럽 전체를 복음화시키는 전초 기지가 되었다. 나중에 그 지역 교회들이 구제 헌금을 하여 어려운 예루살렘 교회를 도왔다. 마게도냐로 가라는 성령의 음성에 순종하지 않았다면 결코 이런 은혜를 체험하지 못했을 것이다. 바울은 하나님께서 장래를 내다보시는 지혜를 체험한 후 "깊도다 하나님의 지혜와 지식의 풍성함이여, 그의 판단은 헤아리지 못할 것이며 그의 길은 찾지 못할 것이로다"라고 고백을 했다(롬 11:33).

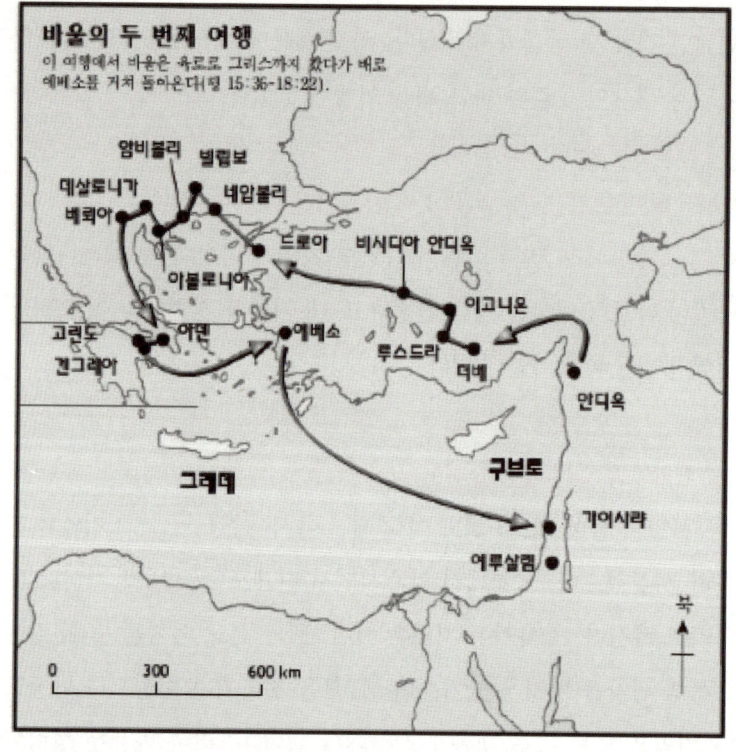

혈기 왕성했던 요셉은 보디발의 아내가 날마다 동침하자고 권했으나, 그는 하나님과 보디발 앞에 정직하게 살기 위해 그녀와 동침하

기를 거부했다. 그것 때문에 왕의 죄수를 가두는 감옥에 갇히게 되었지만, 그 감옥이 요셉을 바로에게로 인도하였고, 바로의 꿈 해몽을 통해 애굽의 총리가 되었다.

본문을 통해 아무리 나의 계획이 좋아도, 하나님이 아니라고 하시면 내 뜻을 버려야 한다는 것과 이스라엘 장로들처럼 하나님이 아니라고 하는데도 내가 꼭 해야 한다는 고집을 버려야 하는 것을 배웠다. 이것 때문에 잠언 3:5-6은 "너는 마음을 다하여 여호와를 신뢰하고 네 명철을 의지하지 말라 너는 범사에 그를 인정하라 그리하면 네 길을 지도하시리라"고 했다. 이 말씀을 마음판에 새기면서 결단을 하자. "하나님! 저의 생각에는 항상 판단의 오류가 있을 수 있으니 옳은 것 앞에 언제든지 생각을 바꾸는 지혜를 주십시오. 하나님이 아니라고 하면 그것에 순종하는 마음을 주시고 언제든지 하나님의 인도하심이 선한 것을 알고 따라가는 믿음의 사람이 되게 하소서."

결단을 했으면 매사에 하나님의 뜻을 우선으로 여기면서 살아보자. 하나님의 뜻대로 살 때 많은 손해를 볼 수 있고, 무능한 자라는 손가락질을 받을 수 있지만 먼 훗날 많은 사람들이 나의 결정이 옳았다는 것을 깨닫고 나를 믿음의 사람으로 인정할 것이다. 그 인정과 함께 하나님의 뜻을 따랐던 나의 삶이 형통해지는 것을 체험할 것이다.

11 사울과 사무엘의 첫 만남 (삼상 9:1-27)

핵심 말씀
"사울이 오기 전날에 여호와께서 사무엘에게 알게 하여 이르시되 내일 이맘때에 내가 베냐민 땅에서 한 사람을 네게로 보내리니 너는 그에게 기름을 부어 내 백성 이스라엘의 지도자로 삼으라 그가 내 백성을 블레셋 사람들의 손에서 구원하리라 …"(15-16절)

외모가 잘생긴 사울(1-2절)

미국인들이 역대 대통령을 평가하는데 몇 가지 기준이 있는데 그 첫째는, 어느 가문 출신인가? 두 번째는, 어느 학교 출신인가? 세 번째는, 재산 즉 대통령 선거 자금으로 사용할 경제력이 어느 정도인가? 네 번째는, 부인의 지성과 인격은 어떠한가? 하는 것이다. 미국의 역대 대통령 중에서 이 기준에 가장 잘 맞는 대통령은 존 F. 케네디(John. Fitzgerald. Kennedy, 1917-63)이다. 그는 전통적인 가톨릭 명문가에서 출생하여 하버드 대학을 졸업했고, 재벌가의 아들로 정치자금을 충분히 활용했고, 부인 재클린은 어떤 영부인과 비교할 수 없을 정도로 지성과 매력을 겸비하였다. 케네디는 미국의 제35대 대통령(1961-1963)에 재직하던 중 암살당해 겨우 3년 정도 대통령직을 수행했다. 그는 대통령 취임 때 "국민 여러분, 조국이 여러분을 위해 무엇을 할 수 있을지를 묻지 마십시오. 여러분이 조국을 위해 무엇을 할 수 있을지를 물으십시오. 세계 시민 여러분, 미국이 여러분을 위해 무엇을 해줄 것인가를 묻지 마십시오. 인류의 자유를 위해 우리가 힘을 모아 무엇을 할 수 있을지를 물으십시오"라는 연설로 세계인을 감동시켰다. 케네디의 성공적인 업적 중의 하나는 수천 명의 미국인 평화봉사단을 개발도상국으로 보내 개발도상국의 생활을 향상시킨 것이다. 그런데 미국 대통령 중에서 유일하게 로마 가톨릭 신자였던 케네디는 공립 학교들이 수업 전에 전통적으로 기도해 온 것과 모든 종교 교육을 폐지하고 학교는 공부만 하도록 했다. 이 결정으로 많은 젊은이가 무신론자가 되었고, 맹목적으로 인간 이성을 추종하거나 쾌락의 종이 되어 미국을 타락시켰다. 케네디의 겉모습은 화려했으나 신앙적으로 실패한 인물이다.

본문은 케네디와 비슷한 인물을 소개하고 있는데 그는 기스의 아들 사울(שָׁאוּל)이다. "베냐민 지파에 기스라 이름하는 유력한 사람이 있으니 그는 아비엘의 아들이요 스롤의 손자요 베고랏의 증손이요 아비아의 현손이며 베냐민 사람이더라." 이것은 사울이 어떤 집안 출신인가를 보여준다. 사울의 아버지 기스는 종과 나귀를 거느렸던 상당히 부자였다. "기스에게 아들이 있으니 그의 이름은 사울이요 준수한 소년이라 이스라엘 자손 중에 그보다 더 준수한 자가 없고 키는 모든 백성보다 어깨 위만큼 더 컸더라"(2절).

사울(Saul)은 '구하여 얻은 자'라는 뜻으로 백성들이 왕을 요구하여 얻게 된 사람에게 적합한 이름이다. 사울은 외모는 잘 생겼고, 누구보다 키가 컸다(10:23). 사울의 건강한 체구를 감안할 때 백성들을 이끌 수 있는 외모를 갖추고 있었다.

사울의 마음 중심(3-14절)

　사울의 외적 모습은 훌륭했으나 그의 속 사람은 하나님이 인정할 만한 믿음을 갖고 있지 않았다. 이것을 두 가지로 정리할 수 있는데, 하나는 사울이 사무엘을 잘 모른 데서 찾을 수 있다. 사울과 종은 집 나간 암나귀를 찾기 위해 숲(צוּף) 땅까지 갔으나 찾지 못했다. 그때 종(servant)이 사울에게 사무엘을 찾아가서 암나귀가 어디에 있는지 물어보자고 했다(6절). 사무엘이 거하는 숩(Zuph) 지역은 사울이 살고 있었던 기브아에서 약 8km밖에 떨어지지 않았다. 사무엘은 그 당시 이스라엘의 사사와 선지자로 단에서 브엘세바까지 그의 이름을 모르는 사람이 없을 정도였다. 그런데 사울이 사무엘 근처에 살았는데도 잘 몰랐다는 것은 그가 영적인 일에 관심이 없다는 것을 보여준다.

　사람은 자신의 관심사에 따라 그 분야에 유명한 사람을 많이 알고 있다. 우리가 주기철, 손양원 목사님을 만난 적이 없으나, 두 분이 신앙의 절개를 지키다가 순교하셨기에 두 분의 이름과 업적을 잘 알고 있다. 음악에 대해 잘 몰라도 음악가인 정명훈과 조수미는 알고 있다. 또 유명한 목사나 신학자는 직접 만나지 못해도 그분의 설교와 저서를 통해서 알 수 있다.

　그런데 사울은 이스라엘 사람이면서도 영적 지도자 사무엘을 잘 몰랐다는 것은 그가 하나님을 섬기는 일에 관심이 없다는 것을 보여준다. 이런 사람이 이스라엘의 왕이 되면 하나님 중심으로 나라를 통치할 리가 없다.

　두 번째, 사울은 사무엘을 점쟁이 중에 한 사람으로 생각했다. "사울이 그의 사환에게 이르되 우리가 가면 그 사람에게 무엇을 드리겠느냐 우리 주머니에 먹을 것이 다 하였으니 하나님의 사람에게 드릴 예물이 없도다 무엇이 있느냐 하니"(7절). 사울이 언급한 '예물'은 영적 지도의 대가로 지급하는 복채를 의미한다(민 22:7). 사울이 사무엘을 점쟁이 중의 한 사람으로 여겼는데 선지자를 하나님의 사자로 보는 것과 점쟁이로 보는 것은 하늘과 땅만큼의 차이가 있다. 하나님의 사자로 보면 그의 말을 반드시 들어야 하지만, 점쟁이의 말은 얼마든지 무시할 수 있다. 이것 때문에 사울이 왕이 된 후 사무엘의 충고를 무시하였고, 통치 말년에는 엔돌의 신접한 여인을 찾아가서 점을 보기도 했다(28장).

하나님께서 사울을 왕으로 세운 이유(15-27절)

사울은 결코 하나님 중심의 신정 정치를 할 인물이 아니었다. 그런데도 하나님이 사울을 이스라엘 초대 왕으로 세우신 것을 두 가지로 생각할 수 있다. 하나는 유다와 에브라임 지파 간에 화합을 위해서이다. 이 견해에 대해 레온 우드는 이렇게 말했다. "적은 베냐민 지파의 한 사람이 이러한 영광을 얻은 것은 의미 있는 일이었다. 유다와 에브라임은 그 사이에 베냐민을 끼고 있는 우세한 양 지파였다. 베냐민 지파에서 한 사람이 선택되었다는 사실은 통일의 필요성에서 중요시되어야 할 과제, 즉 이 두 지파의 상호 시기심을 방지한 것이다."[1]

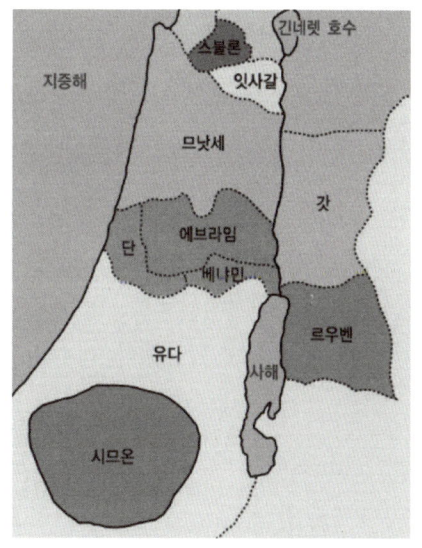

---

1 레온 우드, 김의원 역, 『이스라엘의 역사』, 기독교문서선교회, 1989, 265.

유다 지파와 에브라임 지파는 이스라엘 12지파 중에서 가장 힘이 강한 지파였다. 전자는 남부 지방을 후자는 북부 지방을 대표했다. 또한 전자는 갈렙이라는 지도자가 있었고, 후자는 가나안 정복의 주역 여호수아가 지도자였다. 만약 유다 지파에서 왕이 나오면 에브라임이 반발할 것이고, 에브라임 지파에서 나오면 유다가 반발할 것이다. 이것 때문에 하나님은 유다와 에브라임 사이에 있는 베냐민 지파에서 왕이 나오도록 해서 두 지파가 왕 때문에 싸우지 않도록 하셨다.

또 다른 견해는 왜 하나님께서 왕을 세우는 데 반대하셨는가를 가르쳐 주시기 위해서이다. 사울은 "구하여 얻은 자"란 뜻으로 하나님이 왕을 세운 것이 아니라, 하나님의 거부가 있었음에도 백성들이 요구해서 세웠다. 이런 왕이기에 결코 하나님의 뜻을 실현하는 정치를 하지 못했다.

하나님의 임재를 상징하는 법궤를 가지고 사울과 다윗을 비교하면 사울은 법궤에 대해 무관심했으나 다윗은 그렇지 않았다. 다윗은 선지자의 말이라면 왕의 체면을 버리면서까지 귀담아들였지만, 사울은 사무엘의 거듭된 충고를 무시했다. 또 다윗은 하나님이 기름 부어 왕으로 세웠다고 해서 두 번이나 사울을 죽일 수 있었으나 죽이지 않았다. 그러나 사울은 다윗을 도왔다는 죄목으로 놉에 있는 제사장의 가족 85명을 학살했다. 하나님은 사울을 통해 하나님이 왕 세우는 것을 거부하였는데도 백성들이 요구하여 세운 왕은 결코 하나님의 뜻을 실현할 수 없다는 것을 가르쳐 주셨다. 이스라엘 백성들이 왕을 요구한 목적은 주변 나라처럼 강력한 중앙집권적인 정부를 세워 외적을 막는 데 있었다. 그러나 사울의 통치 말년에 블레셋에게 패배하여 그와 요나단이 죽고 많은 전사자를 내었다. 이런 사울과는 달리

하나님이 세운 다윗은 하나님 마음에 합한 정치를 하였고, 이스라엘 백성들에게 참된 평안을 가져다주었다.

윤여준(尹汝儁) 씨는 전두환·노태우·김영삼 대통령 3대에 걸쳐서 청와대 비서관을 지냈다. 이런 경험을 살려 『대통령의 자격』[2]이라는 책을 썼는데, 이 책에서 대통령의 자격을 도덕성이나 청렴함 같은 도덕적 측면이 아닌 리더십의 자질과 역량과 식견, 능력적 관점에서 서술했다. 그는 "대통령에 당선되는 데 필요한 능력'이 아닌 '선출 이후 대통령으로서 일을 잘할 수 있는 능력'이 진정한 대통령의 자격"이라고 했다. 오늘날에도 대통령의 자격이 있는 것처럼 그 당시 이스라엘의 왕은 주변 나라의 군주와는 달리 하나님의 뜻을 실현하느냐 못하느냐가 왕의 자격이 결정되었다. 하나님이 세운 다윗은 하나님이 원하시는 왕의 자격을 갖추었고, 사람이 세운 사울은 그런 자격을 갖추지 못했다.

사울과 사무엘을 만나게 한 매개체(3절, 8-9절)

하나님이 사무엘과 사울이 만나는데 집 나간 암나귀를 매개체로 사용하셨다. 룻과 보아스가 만날 때는 밀 이삭이, 요셉이 애굽의 바로를 만날 때는 꿈이 매개체였다. 다니엘도 꿈을 매개체로 하여 느부갓네살 왕을 만났다. 이것은 하나님이 나의 기도에 대한 응답으로 문제를 해결하여 주실 때 어떤 매개물을 사용하시는 것을 보여준다. 그 매개물이 사람이 될 수 있고, 어떤 물질과 사건이 될 수 있다. 그러니 무조건 문제만 해결하여 달라고 기도하지 말고, 하나님이 어떤 매개

---

[2] 『메디치미디어』, 2011, 12, 5.

물을 사용하여 내 기도에 응답하시는가를 살펴야 한다. 또 하나님이 어떤 매개물을 사용하여 나의 기도에 응답하실지를 물어야 한다.

두 번째로 사울이 사무엘을 만나는 데 결정적인 역할을 한 것이 사울과 동행했던 종이었다. 암나귀를 찾지 못한 사울이 집으로 가려고 할 때 종이 이 성읍에 하나님의 사람 사무엘이 있으니 그에게 가서 나귀가 어디에 있는지 물어보자고 제안했다(6절). 사울이 사무엘에게 드릴 '예물'이 없다고 했을 때 종은 자신에게 은 한 세겔의 사분의 일이 있으니 그것을 사무엘에게 드리면 된다고 했다(8절). 혼자서 아무리 기도하고 묵상해도 해결할 수 없는 일을 만났을 때 믿음의 지체들의 도움을 받는 것이 좋다. 이것 때문에 전도서 4:9-10은 "두 사람이 한 사람보다 나음은 그들이 수고함으로 좋은 상을 얻을 것임이라 혹시 그들이 넘어지면 하나가 그 동무를 붙들어 일으키려니와 홀로 있어 넘어지고 붙들어 일으킬 자가 없는 자에게는 화가 있으리라"고 했다. 하나님께서 동역자를 붙여 주신 것은 그 사람을 통해 하나님이 일하시는 모습을 보기 위함이다. 하나님은 내가 할 수 없는 일은 동역자를 통해 해결하시고, 동역자와 함께 나 혼자 일을 했을 때보다 더 많은 일을 하여 효과적인 결과가 나오도록 하신다. 이렇게 동역자의 도움이 절실히 필요한데도 우리의 이기심과 자존심 때문에 도움받기를 주저한다. 이것은 결코 바람직한 태도가 아니다. 도움이 필요할 때는 도움을 받고, 내가 도울 형편이 되면 최선을 다해 도와주면 된다. 그러니 동역자를 귀하게 여기고, 함께 일하고 서로 돕는 분위기를 만들어 가자.

12 이스라엘 초대 왕으로 세움 받은 사울
(삼상 10:1-11:15)

핵심 말씀

"모든 백성이 길갈로 가서 거기서 여호와 앞에서 사울을 왕으로 삼고 길갈에서 여호와 앞에 화목제를 드리고 사울과 이스라엘 모든 사람이 거기서 크게 기뻐하니라"(11:15)

갑자기 왕이 된 사울(10:1-16)

"어느 날 아침에 일어나 보니 유명해져 있었다"[1]는 말처럼 사울은 기름 부음을 받고 이스라엘 왕이 되었지만, 기분이 얼떨떨했다. 전혀 기대하지 않았는데 갑자기 한 나라의 통치자가 되다 보니 왕이 되었다는 기쁨보다 두려움이 앞섰다. 사무엘도 이런 분위기를 알고 있었기에 하나님이 사울과 함께하시는 것을 보여주기 위해 세 가지 징조(אות, signs)가 일어날 것이라고 했다.

먼저는, 사울이 라헬(Rachel)의 묘 옆에서 집 나간 나귀를 찾았다는 것과 그의 아버지가 사울을 염려하고 있다는 소식을 들을 것이라

---

1 이 말은 영국 시인 바이런(1788. 1. 22.-1824. 4. 19)이 한 말이 아니라 당시의 감상이라 하여 그의 벗 토머스 모어가 바이런에게 전해준 말이다.

고 했다(10:2). 라헬은 야곱의 둘째 부인으로 요셉과 베냐민을 낳았다. 사울이 라헬의 묘에서 잃어버린 나귀를 찾았다는 소식을 듣는 것은 베냐민의 후손이었던 사울을 통해 이스라엘이 블레셋의 압제에서 구원받을 것을 암시한다.

두 번째는, 사울이 다볼(Tabor) 상수리나무에서 하나님을 뵈려고 벧엘로 제사 지내러 올라가는 세 사람을 만날 것인데, 그들이 사울에게 빵 두 개를 줄 것이라고 했다(3-4절). '다볼'은 사사 시대의 여선지자 드보라와 바락이 가나안 왕의 군대를 물리치고 승리했던 장소이다(삿 4장). 이것은 이스라엘 왕이 된 사울이 외적을 물리치고 드보라와 바락이 다볼에서 승리했던 것을 사울이 재연하여 이방인을 물리칠 것을 상징한다. 하나님께 예배했던 자들이 사울에게 '하나님의 떡'을 선물로 주는 것은 사울의 구원으로 인해 이스라엘이 하나님의 복을 받을 것이고, 그 복으로 인해 하나님께 감사 제사를 드린다는 뜻이다.

마지막은, 사울이 선지자들의 무리를 만나서 성령을 받아 새 사람으로 변화된다는 것이다. "네게는 여호와의 영이 크게 임하리니 너도 그들과 함께 예언을 하고 변하여 새 사람이 되리라"(6절). 하나님의 영이 임하는 것은 하나님의 일을 위해 선택받은 사람에게 하나님께서 능력과 지혜를 부어 주시는 것을 말한다. 사울에게 임한 성령의 기름 부으심은 외적(外的)으로는 예언하게 했고, 내적(內的)으로는 마음을 새롭게 하여 왕의 사명을 감당하게 했다. "이 징조가 네게 임하거든 너는 기회를 따라 행하라 하나님이 너와 함께 하시느니라"(7절). 사무엘이 말한 세 가지 징조는 아주 구체적인 것으로 사울 자신이 이스라엘의 왕이 된 것이 하나님의 뜻임을 확신할 수 있었다.

하나님이 사울에게 보여주신 세 가지 징조는 모세가 80세에 출애굽의 사명을 받았을 때와 비슷하다. 하나님께서 모세에게 애굽으로 가서 노예 생활을 하는 이스라엘 백성을 구원하라고 했으나 모세는 하나님께 출애굽의 사명을 감당할 수 없는 네 가지 이유를 제시했다(출 3:11-4:10).[2] 그때마다 하나님은 모세가 사명을 감당할 수 있는 이유를 대시면서 모세를 격려했다. 그런데도 모세가 할 수 없다고 한 것은 그만큼 출애굽의 사명을 감당하는데 부담이 컸기 때문이다. 모세처럼 누구나 사명을 받으면 부담이 클 수밖에 없다. 하나님은 이런 우리의 마음을 아시고, 성령의 기름 부음을 통해 사명을 감당할 수 있는 능력을 주신다.

성령의 기름 부으심이 사역에 따라 다양하게 나타날 수 있으나 신약에서 성령의 기름 부으심이 성령의 은사[3]를 통해 구체적으로 나타난다. 성령의 은사는 주님의 몸된 교회와 성도들을 섬기도록 하기 위함이다. **"각 사람에게 성령의 나타내심은 유익하게 하려 하심이라"**(고전 12:7). 성령의 은사는 어떤 사람에게는 조용히 나타나지만, 어떤 사람은 만인이 볼 수 있을 정도로 강력하게 임한다. 그런데 성령의 은사가 강력하게 임했다고 해서 그 영혼의 본질적인 변화를 통해 성화된

---

[2] 첫 번째는, **"내가 누구이기에 바로에게 가며 이스라엘 자손을 애굽에서 인도하여 내리이까"**(출 3:11). 두 번째는, 내가 이스라엘 자손에게 가서 나를 보낸 신의 이름을 무엇이라고 해야 합니까?(13절). 세 번째는, 그들이 나를 믿지 아니하고 내 말을 듣지 않을 때는 어떻게 해야 합니까?(출 4:1). 네 번째는, 하나님이여! 저는 입이 뻣뻣하고 허가 둔하여 본래 말을 잘 못합니다(10절).

[3] 신약에서 '은사'라는 말은 카리스마(χάρισμα)인데 카리조마이(선물하다)라는 동사에서 파생된 말로 하나님께서 값없이 주시는 은혜의 선물이라는 뜻이다. 우리말로 恩惠의 膳物을 줄여 恩賜라고 부른다. 성령의 은사를 정의하면 먼저, 성령의 기쁘신 뜻대로 성도들에게 나누어 주시는 선물이다. 두 번째는 모든 사람에게 골고루 나누어 주는 보편적 선물이다. 세 번째는 개개인에게 나누어 주시는 것이지만 교회 안에서 하나님을 위하여 특정한 봉사를 하도록 주시는 사명이다. 네 번째는 특별한 경우 특별한 목적을 위해, 특별한 사람에게, 특별한 기능을 부여하시는 예도 있다. 모든 은사는 사랑의 은사와 함께 사랑으로 결실을 맺어야 한다.

인격을 소유하는 것이 아니다. 성령의 은사와 인격의 변화를 일으키는 성령의 열매는 구별해야 한다. 성령의 은사는 어떤 사역을 감당하는 도구 차원에서 주는 것이라면 성령의 열매는 주님의 성품을 닮으려고 노력할 때 나타나는 인격의 변화이다. "오직 성령의 열매는 사랑과 희락과 화평과 오래 참음과 자비와 양선과 충성과 온유와 절제니 이같은 것을 금지할 법이 없느니라"(갈 5:23-24).

사울이 성령의 기름 부으심으로 왕의 역할을 감당하는 능력을 받았지만, 여전히 성품의 변화가 일어나지 않아 하나님에 대해 불신앙적인 태도를 보였다. 그래서 우리가 사역을 잘하기 위해 성령의 은사를 사모하고, 계발해야 하지만 이것 못지않게 성령과 동행하면서 예수님의 성품을 소유하려고 노력해야 한다. 성령의 은사는 오랜 시간의 변화와 연단의 과정 없이도 발휘될 수 있지만, 성령의 열매는 반드시 믿음의 훈련과 연단의 과정이 필요하니 말씀으로 나 자신을 쳐서 복종시키는 훈련을 해야 한다.

사울이 미스바에서 왕으로 추대되다(10:17-27)

어떤 일을 할 때 사람을 모으는 것 못지 않게 많은 사람이 모일 수 있는 역사적인 장소가 필요하다. 사무엘 시대에 역사적인 장소는 미스바(מִצְפָּה, 망대, 망보는 곳)였다. 사무엘이 미스바의 기도를 통해 블레셋과 싸워 이겼기 때문에 백성들을 미스바로 불러 모은 후 그들이 요구한 왕을 추대하는 식을 가졌다(17-19절). 미스바는 옛적에 이스라엘 연합군이 베냐민 지파의 진멸을 맹세했던 곳이다(삿 20:1-11). 또 이스라엘의 대적 블레셋을 물리친 곳이기에(삼상 7장) 사람들의 뇌리에 미스바는 승리의 장소였다. 마치 이순신 장군이 왜군을 물리친 한산도와 같다고 생각하면 된다. 이곳에서 사울이 이스라엘의 왕으로 추대된 것은 두 가지 의미가 있다. 먼저 사무엘이 미스바의 기도를 통해 블레셋을 물리친 것처럼, 사울도 왕으로서 블레셋의 침입으로부터 백성의 생명을 구원하는 일을 해야 한다는 것이다. 두번째는 이스라엘 지파 중에서 가장 작은 베냐민 지파로부터 하나님의 구원자(왕)가 세워지는 것을 보여주기 위함이다. 사울은 사무엘에게 "나는 이스라엘 지파의 가장 작은 지파 베냐민 사람이 아니니이까 또 나의 가족은 베냐민 지파 모든 가족 중에서 가장 미약하지 아니하니니까"라는 말을 했다(9:21). 베냐민은 이스라엘 지파 중에서 가장 작은 지파였으나 한 때 11지파를 상대로 전쟁을 벌였다(삿 19-21장). 이런 지파에서 이스라엘을 구원할 왕이 선출된 것은 하나님께서 일하시는 방식이 사람의 방식과 다르다는 것을 보여준다. 사람들은 배후가 든든하고 화려한 외모와 뛰어난 언변, 그리고 탁월한 능력 조건을 갖춘 사람을 지도자로 세우려고 한다. 물론 이런 자격을 갖추는 것이 꼭 필요하다. 그러나 사람들이 주목하는 탁월한 능력 때문에 백성을 위한 정치를 하기보다 자신의 사리사욕을 채우는 독재 정치를 하기 쉽다. 그래서 하나님은 사람들의 생각과 다르게 일을 하실 때가 있다. 그럴지라도 그 사람이 전혀 훈련을 받지 않은 문외한이 아니라 나름대로 훈련을 받고 하나님께 쓰임 받을 준비가 되었기에 쓰시는 것이다. 그러니 우리도 각자 쓰임받을 수 있도록 적절한 훈련을 해야 한다.

한편 사울이 왕으로 추대되는 방식은 여호수아 7:16-18에 나오는 여리고에서 범죄한 아간을 선출하는 방식과 비슷하다. 사무엘은 각 지파당(12지파) 대표 천 명씩 오라고 한 후 어느 지파에서 왕을 세울까 제비를 뽑았더니 베냐민 지파가 뽑혔고, 베냐민 지파에서 사울의 집안이, 최종적으로 사울이 뽑혔다(삼상 10:19-21). 이렇게 한 것은 사울을 이스라엘 왕으로 세운 것이 하나님의 뜻인 것을 백성들에게 보여주기 위함이다.

사울이 이스라엘의 왕으로 추대되었을 때 많은 사람이 환영했다. "사무엘이 모든 백성에게 이르되 너희는 여호와께서 택하신 자를 보느냐 모든 백성 중에 짝할 이가 없느니라 하니 모든 백성이 왕의 만세를 부르니라"(24절). 그러나 어떤 불량자들은 사울이 블레셋 손에서 그들을 구원할 수 없다고 하면서 예물을 바치지 않았다(27절). 누구나 지도자로 선택되었을 때 이 두 가지의 반응이 나온다. 사람들은 자기 생각대로 지도자를 지지하기도 하고, 배척하기도 한다. 그런데 나를 지지했다고 해서 좋아하고, 배척했다고 해서 미워해서는 안 된다. 지도자에게는 지지자와 반대자의 도움이 모두 필요하다. 그래서 반대자를 설득시키거나 일을 잘해서 내가 그 일에 잘하는 적임자임을 보여주어야 한다.

사도 바울이 한때 교회를 핍박했던 전력과 예수님의 직계 제자가 아닌 것 때문에 늘 '주의 사도가 아니다'라는 사도권을 부인하는 공격을 받았다. 그때마다 바울은 반대자들을 설득시키는 동시에 그가 전파한 복음과 설립한 교회를 통해 주님의 사도임을 입증했다. 때로는 주님께서 그를 사도로 세웠다고 주장했다. "사람들에게서 난 것도 아니요 사람으로 말미암은 것도 아니요 오직 예수 그리스도와 그를 죽은 자 가운데서 살리신 하나님 아버지로 말미암아 사도 된 바울은 함께 있는 모든 형제와 더불어 갈라디아 여러 교회들에게"(갈 1:1-2).

왕의 자질을 입증하는 사울(11:1-15)

사울이 왕으로 추대되었으나 사람들이 여전히 그를 왕으로 인정하지 않아서 집에서 밭을 갈고 있었을 때 그의 자질을 입증할 수 있는 사건이 일어났다. 그것은 암몬 사람 나하스가 '길르앗 야베스'[4]에 진을 친 후 야베스 사람들이 조공을 바친다고 해도 남자들의 오른쪽 눈을 뽑아버리겠다고 했다(11:1-2). 오른쪽 눈을 뽑는 것은 군인의 능력을 제거하는 것이다. 그 당시 군인들은 왼손에 방패를 들고 오른손에 창칼을 들었다. 또 궁사들은 한쪽 눈을 감고 화살을 쏘았다. 오른손으로 창칼을 휘두를 때 왼쪽 눈이 방패로 인해 가려 적군을 보지 못하기 때문에 오른쪽 눈을 제거하면 군인으로 전쟁에 참여할 수 없었다.

나하스가 길르앗 야베스와 이스라엘 남자들의 오른쪽 눈을 뽑아버리겠다고 한 것은 이스라엘의 국력이 형편없었음을 보여준다. 이스라엘은 동쪽에서는 암몬이, 서쪽에는 블레셋의 위협으로 사면초가에 빠져 있었다. 길르앗 야베스 주민들은 구원할 자(שׁע)를 간절히 찾고 있었는데(3절), 그 소식을 들은 사울이 "하나님의 영에게 크게 감동되어"(6절) 밭을 가는 데 사용했던 소 두 마리를 잡아 각을 뜬 후 12지파에게로 보내어 누구든지 전쟁에 참여하지 않으면 이 소처럼 된다고 했다. 이렇게 해서 총 33만 명이 모여 사울의 지휘하에 백성을 삼대로 나누어 새벽에 암몬이 방심하고 잠든 틈을 타서 공격하니 나하스의 군사들이 혼비백산하고 도망갔다. 사울이 암몬을 물리치자 백성 중에는 **"사울이 어찌 우리를 다스리겠느냐고 한 자를 선발하여 죽이자"**

---

[4] 야베스 길르앗은 고대 벧산의 남쪽 16km, 요단 동쪽 약 3.2km 거리에 있는 길르앗의 마을이다.

는 말이 나왔다(13절). 그러나 사울이 단호하게 거절하여 불필요한 보복을 피하고, 자신을 반대했던 사람들을 자기편으로 끌어안았다.

지도자의 덕목 중에 나를 싫어하는 사람을 끌어안는 것이 꼭 필요하다. 지도력이란 사람을 움직이는 것이기 때문에 나를 좋아하고 싫고를 떠나 모두 끌어안아야 한다. 사울의 초창기는 선한 인품을 가지고 왕직을 수행하였다. 이때가 사울의 40년 통치 기간 중 최고의 때였고, 그 후로는 계속 영적, 도덕적, 관계적, 정치적으로 타락과 실패를 거듭했다. 누구든지 자기 관리를 철저히 하지 않으면 처음 잘한 것이 실패로 끝날 수 있다.

사무엘은 사울이 암몬을 물리쳐서 왕의 자질을 입증하자 백성들을 길갈(גִּלְגָּל, 구르다. 수레바퀴)로 부른 후에 이스라엘 왕으로 세웠다(12-15절). 그때부터 사울은 모든 백성이 인정하는 이스라엘의 왕이 되었다. 길갈은 길르앗 야베스에서 약 60km 떨어진 곳으로 이스라엘의 남쪽 지파와 북쪽 지파들이 정착한 곳의 중간 지대에 있었다. 길갈은 출애굽 한 이스라엘 백성들이 요단 강을 건넌 후 처음으로 진을 쳤던 곳이고(수 4:19) 가나안 정복 전쟁이 끝날 때까지 총사령부가 있어서 여호수아 시대부터, 정치와 종교의 중심지였다. 사무엘이 길갈에서 사울을 왕으로 세운 것은 사울이 여호수아처럼 외적의 침입을 막아줄 것을 기대하는 동시에 여호수아처럼 하나님의 말씀에 순종하면서 이스라엘을 통치하기를 원했기 때문이다.

13. 사무엘의 은퇴 고별사 (삼상 12:1-25)

핵심 말씀
"나는 너희를 위하여 기도하기를 쉬는 죄를 여호와 앞에 결단코 범하지 아니하고 선하고 의로운 길을 너희에게 가르칠 것인즉"(23절)

사무엘의 청렴결백한 삶(1-5절)

한국 피아제에서 발간한 탈무드 전집 중에 『항해를 마친 배』를 보면 아주 아름다운 항구에 두 척의 배가 떠 있는 것을 발견하게 된다. 한 척은 출항 준비를 하고 있고, 다른 한 척은 긴 항해를 마치고 귀향한 배이다. 항구는 언제나 떠나는 사람들과 보내는 사람들로 가득 찼는데 대부분 사람이 귀항하는 배보다 출항하는 배에 더 관심이 많았다. 출항 신호가 울리자 사람들은 선원들에게 손을 흔들면서 좋은 항해와 무사 귀항을 기원했고, 선원들도 답례했다. 배가 항구에서 사라질 때까지 손수건을 흔들거나 우는 사람도 있었다. 출항하는 배에 비해 긴 항해를 마친 배에는 사람들이 많지 않았다. 몇몇 가족만이 돌아오는 선원들을 맞이하는 것을 이상하게 여긴 한 아이가 엄마에게 "왜 돌아오는 배 주위에는 사람들이 적어요"라고 물었다. 엄마는 "항해를 하는 배는 앞으로 어떤 일이 일어날지 모르고 선원들이 사랑하는 사람들과 헤어지기 때문에 작별 인사를 하는 것이란다. 그렇지만 긴 항해를 마친 것도 참으로 아름답지, 그러니 출항하는 선원들에게 따뜻한 인사를 했듯이, 귀항하는 선원들에게도 따뜻한 축복을 보내는 마음이 필요하단다."

출항하는 배와 항해를 마친 배는 여러 가지 의미가 있다. 전자는 한 사람이 이 세상에 태어나서, 인생 항해를 시작하는 것이라면, 후자는 험난한 인생 항해를 마치고 세상을 떠나는 것과 같다. 또 전자는 교회에서 직분을 받고 사명을 시작하는 때라면, 후자는 맡은 직분을 감당하고 은퇴하는 때다. 항구에서 귀항하는 배보다 출항하는 배에 사람들이 더 많았던 것처럼 직분자가 은퇴할 때보다 임직할 때 사람들의 관심이 더 많다. 대부분이 임직식을 은퇴식보다 더 중요하게 생각하는데 역으로 생각하면 은퇴식을 더 거창하게 해야 한다. 왜냐하면 은퇴자가 긴 항해를 마친 배처럼 임기 중에 각종 험난한 일들을 다 극복하고 은퇴를 하기 때문이다. 사도 바울의 표현을 빌리면 "선한 싸움을 싸우고, 달려갈 길을 다 마쳤기"(딤후 4:7)에 은퇴자에게 진정한 위로와 격려와 승리의 박수를 쳐 주어야 한다.

본문은 사무엘이 사울을 왕으로 세운 후 은퇴를 하기 위해 고별사를 했던 내용이다. 대부분 고별사는 '자신의 공적을 나열한 후 부족한 사람을 잘 도와주어서 고맙습니다. 후임자를 잘 도와주십시오'라는 당부로 끝을 맺는다. 그러나 사무엘의 고별사는 이런 내용보다 자기 변호부터 먼저 했다. 사무엘은 백성들에게 내가 그동안 누구의 소나 나귀를 빼앗은 적이 있었는가? 누구를 속이거나 압제하거나 누구로부터 뇌물을 받은 것이 있었으면 말을 하라. 그것을 갚겠다고 했을 때 백성들은 그런 일이 없다고 했다(3절).

사무엘이 백성들에게 이렇게 물었던 것은 자신이 40년 동안 사사

직을 수행하면서 청렴결백하게 살아왔는데도 왜 백성들이 왕을 구했느냐 하는 것을 질책하기 위해서이다. 하나님도, 사울 왕도, 백성들도 오랫동안 이스라엘 사사로 섬겨왔던 나의 허물을 찾지 못했는데, 왜 왕을 구했느냐? 왕을 구했던 동기가 잘못되었다는 것을 지적했다. 두 번째는 왕을 구한 후에 벌어지는 모든 잘못된 결과에 대한 책임이 사무엘에게 있지 않고 전적으로 왕을 구한 백성들에게 있다는 책임 소재를 분명히 하기 위해서이다.

사무엘의 삶은 영적 지도자에게는 평생을 지속하는데 필요한 탁월한 도덕성이 필요하다는 것을 보여준다. 어떤 신문의 논설위원이 이 내용을 인용하면서 "크고 작은 권력의 자리에서 물러나는 우리네 지도자들 가운데 이처럼 재임 중의 공과(功過)를 자신 있게 묻고 떠날 수 있는 사람이 과연 얼마나 될까? 물러난 대통령마다 뒷자리가 편치 않았던 것도 사실은 이런 과정을 거칠 수 없을 만큼 재임 기간이 당당하지 못했던 때문은 아닐까?"[1]라는 말을 했다.

한 사람의 도덕적인 수준은 돈과 거짓말, 그리고 권력 사용을 통해 쉽게 드러난다. 돈에 대해 깨끗하지 않은 사람이 지도자가 되면, 공공 재정이나 자원을 개인의 이기적인 목적을 위해 사용할 가능성이 크다. 거짓말을 자주 하는 사람이 지도자가 되면, 사람들에게 불신을 심어주어 지도력에 위기가 온다. 또 자신의 이익을 위해 권력을 사용하게 되면 그 공동체의 모든 사람이 나쁜 지도자의 개인 이익과 편리를 위해 희생당한다. 그러니 내가 사무엘 같은 지도자가 되기를

---

1 이규민, 동아일보 오피니언, 2001년 5월 5일.

원한다면 반드시 돈과 거짓말, 그리고 직무 수행과 권리를 행사하는 데 있어서 공과 사를 구별해야 한다.

왕을 구한 백성들의 큰 죄악(6-18절)

사무엘은 하나님께서 애굽에서 노예 생활했던 이스라엘 백성을 출애굽시켜 가나안 땅을 주셨는데도 백성들이 하나님을 버리고 범죄하므로 여러 가지 고통당했던 과거를 상기시켰다(6-8절). 또 사사 시대에 범죄했던 이스라엘이 회개하였을 때, 하나님이 드보라와 기드온과 입다와 사무엘과 같은 사사를 세워 이스라엘을 구원하셨던 것을 말했다(9-11절). 그 후 백성들이 왕을 구한 것은 하나님을 버린 큰 죄악임을 깨닫게 하려고 건기(wheat harvest to day)임에도 불구하고 우레(thunder)와 비를 내려 달라고 하나님께 기도했다(12-18절). 이스라엘의 5-6월은 건기로 밀을 베는 시기이기에 비가 내리지 않고 화창한 날씨만 계속되었다. 그런데 하나님이 사무엘의 기도를 들으시고 우레와 비를 내리신 것은 이스라엘 백성들이 하나님을 떠나 악을 행하면 언제라도 하나님의 심판이 있다는 것을 경고하기 위함이다.

하나님이 거부하셨는데도 백성들이 주변 나라처럼 인간 왕을 구한 것은 말로는 하나님의 주권과 다스림을 인정하면서도 마음으로는 주권을 인정하지 않거나 믿지 않는 것을 보여준다. 하나님의 통치보다 인간 왕의 통치를 더 신뢰한 것은 백성들이 하나님을 버렸음을 보여주는 명백한 증거다. 오늘날 많은 사람이 하나님을 믿는다고 하면서도 여전히 자신에게 성공과 안정을 가져다줄 세상의 방법을 찾는다. 불신자들이 돈과 인맥, 그리고 권모술수 같은 부정한 방법으로 성공하여 부자가 된 것을 보면 정직한 마음이 흔들리고 그들을 따라가려고 한다. 만약 우리가 하나님을 섬긴다고 하면서도 세상의 방법을 동원하여 복과 안정을 도모하려고 한다면 그 동기가 이미 하나님을 떠난 것이다. 하나님은 인간의 모든 동기와 마음 중심을 아시며 그것을 드러나게 하신다. 그러니 하나님만을 신뢰하고 의지하는 것은 세상 물정에 어둡고 미련한 행동이 아니라 가장 지혜롭고 성숙한 행동이다.

두려워하는 백성들을 권고하는 사무엘(19-25절)

사무엘의 간구로 우레와 비가 내린 후에야 백성들은 자신들이 왕을 구한 것이 심각한 죄악임을 알았다. 사무엘은 백성들에게 헛된 우상을 섬기지 말고 하나님만을 진실하게 섬기라고 권한 후 22절에서 의미심장한 말을 하였다. "여호와께서는 너희를 자기 백성으로 삼으신 것을 기뻐하셨으므로 여호와께서는 그의 크신 이름을 위해서라도 자기 백성을 버리지 아니하실 것이요." 하나님이 이스라엘을 버리지 않고 징계를 하시면서까지 붙잡았던 이유를 두 가지로 정리할 수 있다. 하나는 하나님의 선택 때문이며, 다른 하나는 신실하신 하나님의 이름 때문이다. 이스라엘 백성들은 그들의 선함과 의로움 때문에 선택받은 것이 아니라, 하나님의 주권적인 은혜로 택함받았다. 그리고 하나님의 이름에 담긴 놀라운 신실하심 때문에 하나님은 이스라엘을 버리지 않으셨다.

사무엘은 하나님이 이스라엘을 버리지 않으셨다는 것을 말한 후 자신이 은퇴한 후 어떻게 살 것인가를 다음과 같이 요약하고 있다. "나는 너희를 위하여 기도하기를 쉬는 죄를 여호와 앞에 결단코 범하지 아니하고 선하고 의로운 길을 너희에게 가르칠 것인즉 너희는 여호와께서 너희를 위하여 행하신 그 큰 일을 생각하여 오직 그를 경외하며 너희의 마음을 다하여 진실히 섬기라"(23-24절).

　　왜 기도를 쉬는 죄를 범하지 않겠다고 했을까? 은퇴해도 기도할 제목이 너무 많았기 때문이다. 과연 사울이 하나님 중심으로 왕직을 수행할 수 있을까? 블레셋의 위협이 여전했으나 이스라엘은 블레셋을 막을 힘이 없었다. 12지파 공동체인 이스라엘이 사울 왕을 중심으로 하나가 될 수 있을까? 미스바에서 회개 기도를 한 것처럼 백성들이 전심으로 하나님을 섬길 수 있을까? 암담한 국가 현실을 생각하면 기도할 제목이 너무 많았다. 사도 바울이 고린도후서 4:16에 "그러므로 우리가 낙심하지 아니하노니 겉 사람은 후패하나 우리의 속은 날로 새롭도다"라고 한 것처럼 사무엘의 육신은 노쇠했으나 평생 하나님을 의지하였던 그의 영성은 기도의 양만큼 비례했다.

　　모든 성도가 사무엘의 말을 귀담아들어야 하는 것은 우리 주변을 바라볼수록 기도할 제목이 너무 많기 때문이다. 세속화의 물결이 거침없이 교회 안으로 침투하고 있다. 이단과 이슬람, 그리고 동성애의 죄악이 복음 전파를 가로막고 있다. 이런 세속화와 영적 싸움을 해야 할 성도들은 기도를 쉬면서 영적 잠을 자고 있으니 안타깝다. 예수님이 겟세마네 동산에서 육신이 피곤하다는 이유로 자는 베드로에게 "너희가 나와 함께 한 시간도 이렇게 깨어 있을 수 없더냐?"(마 26:40)라는 말씀을 하셨는데, 우리는 이 말씀을 귀담아듣고서 한 시간이라도 깨어서 기도해야 한다.

사무엘의 고별사가 주는 교훈

영어로 은퇴를 'Retire' 즉 '타이어를 다시 갈아 끼운다는 뜻이다. 왜 타이어를 갈아 끼울까? 계속 도로를 달리기 위해서이다. 폐차하면 타이어를 갈아 끼우지 않아도 되지만, 계속 도로를 달리기 위해서는 낡은 타이어를 교체해야 한다. 이런 의미에서 은퇴는 새로운 출발, 새로운 일을 위해 나가는 과정이다. 은퇴자는 공직에서 은퇴했을지라도, 하나님과 사람을 섬길 수 있는 선한 일을 계속해야 한다. 사무엘의 고별사는 우리에게 두 가지의 교훈을 주는데 하나는 진정한 지도력은 섬기는 삶에서 온다는 것입니다.

헤르만 헤세의 소설『동방 순례』를 보면 레오라는 인물이 나오는데, 순례 단원 중에서 허드렛일을 도맡아 하는 가장 낮은 위치에 있었다. 그런데 여행 도중 레오가 갑자기 사라지므로 순례 단원들은 한순간에 혼란에 빠졌다. 서로 간에 심각한 갈등을 드러내더니 결국은 여행이 중단되고 말았다. 사람들은 충직한 하인이었던 레오가 없어진 뒤에야 그가 이 순례단의 진정한 지도자였다는 것을 알게 되었다.

섬김의 지도력은 하루아침에 절대 나타나지 않는다. 사무엘의 섬김은 부모의 젖을 떼자마자 성막에서 생활하므로 시작되었다. 사무엘의 생애를 살펴보면 그의 두 아들의 허물 외에 그 어떤 허물을 말하지 않는다. 이것은 그가 평생 하나님을 그의 인생 전부로 여기면서 살아왔다는 것을 보여준다. 섬김의 지도력의 기초는 하나님이 내 인생의 전부라는 믿음과 그 믿음으로 살아가려고 노력하는 데서 온다. 그러니 나의 모든 것이 하나님의 것임을 잊지 말자. 지금 내가 섬기는 삶을 살아야지. 내가 섬기지 않으면서 다른 사람이 나를 섬겨 줄 것을 기대해서는 안 된다.

두 번째 교훈은 직분에서 은퇴하고 고별사를 했으면 깨끗이 물러나야 한다. 사무엘은 고별사를 한 후 그가 수행했던 이스라엘 사사의 직분을 사울에게 이양했다. 그 후 사울이 하나님 말씀대로 살지 않을 때를 제외하고는 더 이상 간섭하지 않았다. 오늘날 수많은 은퇴자가 사무엘과 정반대의 삶을 살아가고 있다. 어떤 교회 원로 목사가 은퇴를 했는데도 여전히 원로 목사의 직분을 이용하여 담임 목사의 목회를 방해하고 온갖 간섭을 하여 교회 안에 내분이 일어나서 교회가 많이 침체되었다는 소식을 들었다. 이것은 교회를 무너뜨리려고 하는 사탄의 계략이다.

은퇴했으면 모든 것을 후임자에게 물려주고 깨끗이 떠나야 한다. 사무엘의 고백처럼 담임 목사와 성도와 교회를 위해 묵묵히 기도하면서 목회를 잘 할 수 있는 분위기를 만들어 주는 것이 원로 목사의 역할이다.

14 사울의 첫 번째 배척(삼상 13:1-25)

핵심 말씀

"사무엘이 사울에게 이르되 왕이 망령되이 행하였도다 왕이 왕의 하나님 여호와께서 왕에게 내리신 명령을 지키지 아니하였도다 … 여호와께서 그의 마음에 맞는 사람을 구하여 여호와께서 그를 그의 백성의 지도자로 삼으셨느니라 하고"(13-14절)

철 생산 기술을 독점하는 블레셋(19-23절)

작년 10월에 한국 대법원이 일제 강점기(日帝强占期) 때 일본 기업이 한국인을 강제징용한 것에 대해 배상을 하라는 판결을 내렸다. 일본은 여기에 반발해 지난 7월 1일에 반도체를 제조하는 데 꼭 필요한 부품 중에서 일본만 독점 생산하는 3개의 품목(플루오린, 폴리이미드, 리지스트 에칭가스)에 대해 한국 수출 규제 강화 조치를 발표했다. 이 발표로 한국의 충격이 채 가시기도 전에 8월 2일 일본 정부 각의에서 한국을 '백색 국가(White List: 전략 물자 수출 심사 우대 국가를 지정하는 것)'에서 제외하는 수출 무역관리령 개정안을 의결했다. 한국은 이것을 경제 보복으로 규정했고, 한일간의 관계가 수교 이후 최악의 상태가 되었다.

일본이 반도체 제조에 꼭 필요한 핵심 기술을 독점하려고 한 것처럼 본문에 나오는 블레셋이 오늘날 일본과 같은 자세를 취했다. 블레셋은 크레타섬에서 이주해온 해양 민족이다. 이들은 이스라엘이 갖고 있지 못한 철을 제련하고 생산하는 기술을 가지고 있었다. 이스라엘에 철공(smith)이 없어서 농기구를 만들려면 블레셋으로 가야 했다(19절). 블레셋은 철로 만든 무기로 무장했으나 이스라엘은 사울과 요나단만이 철로 만든 칼을 가지고 있었고 나머지는 구리로 만든 칼이나 농기구로 무장을 하였기에 이스라엘은 무기면에서 블레셋에 절대적인 열세에 있었다(20-22절).

어느 정부든지 정권이 바뀌면 국민에게 지지율을 높일 수 있는 건수를 찾는다. 그러다 보니 정권 초기에 검증되지 않는 정책을 써서 나라를 큰 혼란에 빠지게 한다. 사울이 블레셋을 상대로 한 전쟁을 이런 차원에서 보아야 한다. 사울이 왕이 된 지 2년이 지났으나 미미한 중앙집권적 체제에 상비군 3천 명밖에 없었다. 이런 상태에서 사울은 자신이 능력 있는 왕인 것을 보여주고 싶어서 요나단에게 게바(Geba, 구릉)에 있는 블레셋 수비대를 치게 했다. 블레셋은 이것을 계기로 병거 3만 명과 마병 6천 명과 수많은 보병을 이끌고 벧아웬 동쪽 믹마스[1]에 진을 쳤는데, 그 숫자가 해변의 모래 같이 많았다(5절).[2] 엄청난 대군을 본 이스라엘 사람들은 겁에 질린 나머지 굴과 수풀과 바위의 은밀한 곳과 웅덩이에 숨었을 뿐 아니라 요단을 건너 갓(Gad)

---

1 믹마스(מִכְמָשׂ, 숨겨진 곳)는 이스라엘의 수도인 기브아에서 북동쪽으로 4마일 지점에 있었다. 블레셋은 평지에서 전쟁하기를 원했지만, 요나단의 승리에 대한 보복으로 사울이 수도로 삼고 있는 기브아를 점령하려고 했다. 레온 우드, 271.

2 사무엘 때 미스바 전투와 사울의 즉위 사이에는 5년이 경과했으므로 7년 동안 그 땅이 잠잠했음을 의미한다.

과 길르앗 땅까지 도망을 갔다(6-7절).

전혀 준비되지 않는 전쟁(1-7절)

일본 정부가 지난해부터 한국에 경제 보복을 하겠다고 말하였으나 한국 정부는 여기에 대해 준비를 하지 않았다. 그러다가 경제 보복을 당하자 크게 당황하였던 것처럼 사울과 블레셋과의 전쟁을 이런 차원에서 살펴볼 수 있다. 블레셋은 철제 무기로 무장한 후 이스라엘을 칠 기회를 엿보고 있었다. 그러나 이스라엘은 이 블레셋의 침입에 대비하지 못했다. 두 번째는 이스라엘의 군사는 3천이었고(2절) 나머지는 민병대로 구성되었으나 블레셋은 정예군 3만 6천 명과[3] 보병으로 구성되어 있어서 수적으로 불리했다. 블레셋은 다섯 개의 도시 국가로 구성되어 있다. 다섯 개의 도시 국가가 이스라엘을 치기 위해 연합을 하였는데, 이에 비해 이스라엘은 지파 간의 단합이 느슨했다. 이렇게 군사와 무기 등 여러 가지가 열세인데도 사울이 자신의 업적과 지지율을 끌어올리기 위해 블레셋을 쳤다가 역공을 당한 것이다.

우리나라가 일본을 상대로 치밀하게 전략을 세워야 하는데, 그런 것이 없다 보니 번번이 낭하는 것처럼 사울도 블레셋과 전쟁할 때 치밀하게 계획을 세워야 하는데 그렇게 하지 않아 역공을 맞았다. 이스라엘이 출애굽을 한 후 사울 때까지 주변 나라와 전쟁을 할 때 늘 하나님께서 도와주셔서 이겼다. 사울이 2년 전에 암몬을 상대로 전쟁할

---

3 블레셋의 병거가 삼만이라고 했는데, 이스라엘 백성들은 솔로몬 시대까지는 병거를 소유하지 못했다(왕상 4:26). 그러니 블레셋의 군대가 얼마나 막강했는가를 쉽게 상상할 수 있다.

때 '하나님의 영에게 크게 감동되었으나'(삼상 11:6), 블레셋과의 전쟁에는 이런 것이 없었다. 사무엘처럼 전 백성이 미스바에 모여 사생결단을 하는 기도를 해야 했으나 이런 것이 없었다는 것은 전쟁 준비가 전혀 되지 않았다는 것을 보여준다.

손자병법에 "적을 알고 나를 알면 전쟁에서 물러남이 없다 知彼知己百戰不殆(If you know the enemy and know yourself you need not fear the results of a hundred battle)"고 했다. 오늘날 한일관계를 보면서 한국인들에게 '일본에 대해 얼마나 알고 있는가?'를 묻고 싶다. 일본에 대해 미운 감정이 클수록 일본을 능가하는 힘과 지략을 길러야 일본을 이길 수 있다.

세종대학교 교수인 호사카 유지 교수는 일본 문화를 사무라이(samurai) 문화라고 정의했다. 일본은 700년(12세기부터 1868년 메이지 유신 때까지) 동안 무사들이 지배했는데 이것을 사무라이 문화라고 한다. 사무라이 문화의 특징은 힘의 논리로, 힘이 강한 자에게 패권을 허용하고, 힘이 약한 자를 철저히 무시한다. 지금 일본이 미국 패권의 혜택을 입으려고 비굴하다시피 아부를 하면서도 일본보다 힘이 약한 한국을 철저히 무시하는데 이것은 힘의 논리를 우선으로 하는 사무라이 문화의 특징이다.

사무라이 문화는 손자병법을 기초하고 있다. 손자병법에는 '적을 알고 나를 알면 백전(白戰)해도 위태롭지 않다. 싸우지 않고 이겨라, 이길 수 있는 상대와 전쟁을 하라'는 말이 나온다. 손자병법의 특징은 적을 아는 지(知)에 있다. 일본인은 행동을 일으키기 전에 상대방에 관한 연구를 우선시하고 상대방의 상황을 먼저 파악한 후 자신보다 힘이 강한 자와는 절대로 싸우지 않는다. 비굴하다시피 굽신거리면서 상대를 연구해서 이길 수 있다고 판단되면 그때 선전 포고를 한다. 일본은 적국과 싸워 이길 수 있는 합리적인 방법이 있다면 그것을 수용하기 위해 자신의 기득권을 서슴없이 버리기에 합리적인 생각은 한국보다 앞선다.

사무라이 문화는 상대방을 아는 것부터 시작하기 때문에 칼(刀)의 문화라기보다 지(知)의 문화이다. 상대를 치밀하게 연구한 다음에 행동을 취하기 때문에 일본이 행동을 개시했다는 것은 그 전에 상대방과 싸워 이길 수 있는 전략을 세웠다는 뜻이다. 이번에 일본이 반도체 제조에 꼭 필요한 부품만 골라 한국에 수출을 금지했을 때 한국에서 일본이 참 무서운 나라라는 소리가 나왔다.

일본은 지진, 태풍, 화산과 쓰나미 등 자연재해를 많이 겪다 보니 미래에 대해서 불확실하다. 이것을 극복하기 위해 장래에 대해 예측하기를 좋아한다. 그러다 보니 추리 문학이 발달했고, 미래에 대하여 치밀하게 계획을 세운다. 이것이 일본 사회가 메뉴얼 대로 움직이는 단점이 있지만, 어떤 일을 할 때 원칙과 약속을 중요시하는 장점도 있다. 일본은 오랫동안 사무라이 문화의 지배를 받다 보니 감정 표출을 억제한다. 말을 잘못하면 곧바로 죽임을 당하기 때문에 답을 알고 있으면서도 직설적으로 답변하지 않고, 제가 생각할 때는 이러한데 당신의 생각은 어떻습니까?라는 여운을 남긴다. 또 상대방을 높여야 살 수 있어서 경어(敬語)가 발달했다. 마지막으로 일본인들은 오랫동안 자연재해와 싸워온 역사 때문에 질서 의식이 뛰어나다.

모모세 타카시[4]라는 분이 『한국이 죽어도 일본을 따라잡지 못하는 18가지 이유』라는 책을 썼다. 이 책에서 일본 사람들이 정직하고 질서를 잘 지키는 것은 일본이 섬나라이기 때문이라고 했다. 한국은 외적의 침입이나 자연재해를 만났을 때 북한을 통해 중국과 러시아로 피신 갈 수 있지만, 섬나라인 일본은 그렇게 할 수 없다고 했다. 그러니 섬 안에 사는 일본인끼리는 속이지 말고 정직하고, 질서를 지켜야만 살 수 있다는 생각에 질서 의식이 생겼다는 것이다. 우리가 상대해야 하는 일본이 이런 나라이다. 이런 나라에 대해 치밀하게 연구하지 않고, '죽창가'를 부른다고 이길 수 없다. 무지한 선동가의 말에 속지 말고, 일본을 이기는 방법을 치밀하게 연구해야 한다. 그렇지 않으면 계속 일본이 우리를 깔보고 무시할 것이다.

사울의 첫 번째 배척(1-15절)

블레셋(5절)은 이스라엘이 군사력이 형편없다는 것을 알고 약탈하기 위해 약탈 병을 세 방향으로 보냈다. 하나는, 오브라로, 또 하나는 벧호른, 마지막은 스보임 골짜기가 내려다보이는 지역이었다(16-18절). 블레셋의 역공으로 다급해진 사울은 군사를 모집하기 위해 길갈로 갔다. 그러나 사무엘이 정한 기한대로 7일 동안 기다렸으나 사무엘이 오지 않고 백성들이 자꾸만 흩어지자 사울은 제사장만이 드릴 수 있는 번제와 화목제물을 드리고 말았다(9절). 이것은 홉니와 비

---

[4] 상사맨으로 30년 가까이 한국 산업 현장에서 일한 경험을 바탕으로 한국을 위해 고언을 한 것이다. 결론적으로 한국의 최대 약점은 당시로써 일본보다 뒤떨어진 기술력이 아니라 여전히 구시대에 머물러 있는 정치인과 경제 관료, 그리고 경영인들이라고 꼬집었다. 일본 전자 메이커 상위 몇 개를 묶어도 삼성전자 하나의 시가 총액을 못 따라잡는 시대로 역전되었지만, 그의 고언은 여전히 유효한 것 같아 씁쓸하다.

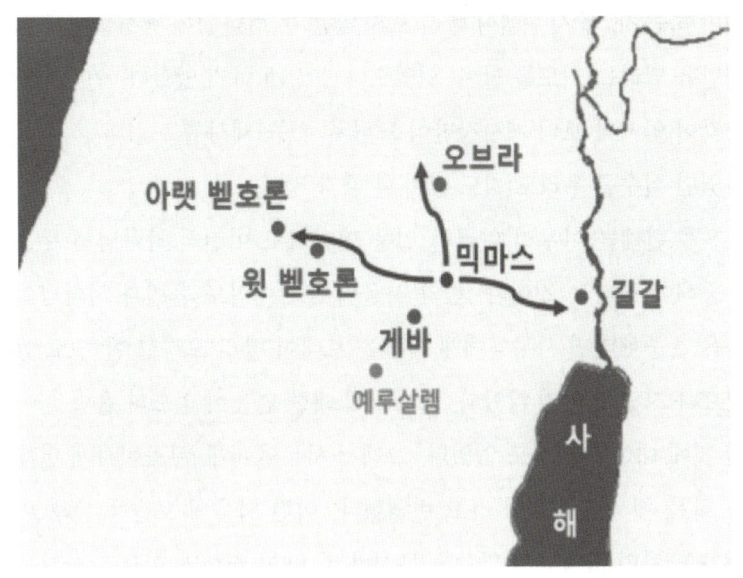

느하스처럼 하나님과의 인격적인 관계없이 법궤만 앞세우고 블레셋과 전쟁하려고 한 것처럼 사울은 섬김의 대상인 하나님을 다만 전쟁을 이기게 하는 수단쯤으로 생각한 것이다. 사무엘이 도착한 후 즉시 사울에게 제사드린 이유를 물었고, 사울은 사무엘이 늦게 오고, 백성들이 흩어져서 부득이하게 드렸다고 했다(12절). 사무엘은 사울이 하나님의 명령을 지키지 않은 것과 하나님이 사울을 버리고 여호와의 마음에 맞는 사람을 백성의 지도자로 세울 것이라고 했다(13-14절). 여호와의 마음에 맞는 사람은 다윗을 가리킨다. 사울은 왕이 된 지 2년 만에 하나님께 불순종하여 버림받았다. 그러나 하나님이 세운 다윗은 하나님의 명령에 순종하였고, 그의 후손을 통해 여자의 후손이신 예수 그리스도가 오셨다.

　사울의 실수는 내가 무슨 일을 하기 전에 충분히 하나님의 뜻을 묻는 기도를 해야 한다는 교훈을 준다. 사울은 왜 블레셋과 전쟁을 해야 하는지, 왜 사무엘이 빨리 오지 않는지, 하나님께 백성들에게 담대함을 달라는 기도를 할 수 있었으나 그렇게 하지 않았다. 인간적인 생각이 앞서다 보니 제사장만이 드릴 수 있는 제사를 드렸다. 사울이 하였던 실수를 우리도 기도 없이 할 때가 많다.

두 번째는 아무리 다급한 일을 만났어도 여전히 하나님의 뜻을 존중해야 한다는 것이다. 만약 사울이 조금이라도 율법과 하나님의 뜻을 존중했다면 사무엘에게 사람을 보내어 빨리 오라고 할 수도 있었으나 그렇게 하지 않았다. 하나님에 대한 믿음이 없으니 율법을 어긴 것에 대한 죄의식도 없었다. 그래서 사무엘에게 "부득이하게 번제와 화목 제사를 드렸다"라고 변명했다. 이런 사울의 모습을 통해 위기가 닥치면 하나님의 말씀을 무시하고, 나의 경험과 힘으로 상황을 해결하려는 것을 반성해야 한다. 또 하나님을 우상처럼 취급하여 문제 해결을 하는 수단으로 여기는 잘못을 범하지 말아야 한다.

세 번째는 내 삶을 괴롭히는 각종 두려움은 성령을 의지하므로 극복할 수 있다는 것이다. 똑같은 사울이고 똑같은 이스라엘 백성이었지만, 2년 전에 암몬과 싸울 때와 블레셋과 싸울 때는 정반대의 모습이다. 암몬과의 전쟁에서는 하나님의 영에 감동되었다면 블레셋과 전쟁에서는 이런 모습을 찾아볼 수 없다. 그 어떤 하나님의 지시가 없었는데도 사울이 공적을 내세우기 위해서 전쟁을 했다. 성령의 역사가 없으니 두려워하는 것은 당연하다. 우리 주님은 자신을 믿는 자의 두려움을 없애는 분이다. **"너희는 마음에 근심하지 말라, 하나님을 믿으니 또 나를 믿으라"** (요 14:1). 그러니 두려운 마음이 들 때는 나의 믿음 없음을 회개하고 큰 믿음을 달라고 기도해야 한다.

15 여호와의 구원은 사람 숫자에 있지 않다
(삼상 14:1-52)

핵심 말씀

"요나단이 자기의 무기를 든 소년에게 이르되 우리가 이 할례 받지 않은 자들에게로 건너가자 여호와께서 우리를 위하여 일하실까 하노라 여호와의 구원은 사람이 많고 적음에 달리지 아니하였느니라"(6절)

풍전등화와 같은 이스라엘(1-5절)

지금 우리나라는 무능하고 오만한 대통령과 위선된 정부 때문에 외교와 국방, 그리고 경제와 사회 분위기가 점점 추락하여 국민의 삶의 질이 급격하게 떨어지고 있다. 그런데도 청와대와 정부는 잘하고 있다는 억지를 부리고 있다. 지금 우리나라가 혼란스러운 것처럼 사울이 통치할 때도 나리기 이수선했다. 그의 통치 2년 만에 블레셋과 전면전을 벌여서 나라의 운명이 풍전등화와 같았다. 블레셋은 막강한 군사력을 바탕으로 3개 조로 나누어 이스라엘 여러 지역을 약탈했으나 그들을 막을 힘이 없는 이스라엘은 겁에 질려 도망가기에 바빴다. 그러다 보니 사울의 수하에 600명밖에 남지 않았는데 성경은 그들을 군인이 아닌 "백성"으로 표현했다. 블레셋은 이런 이스라엘을 조롱하면서 "히브리 사람들이 우리가 두려워서 구멍에 숨었다가 나온다"고 했다(11절). 무능한 지도자인 이스라엘이 과연 철제 무기로 무장한 블레셋 대군을 상대로 한 싸움에서 이길 수 있을까? 인간적으로 도저히 승산이 없다고 생각할 것이다. 그러나 세상 역사는 하나님이 주관하시기 때문에 항상 강자의 뜻대로 되지 않고 약자가 이기는 양상으로 흘러갈 때도 있다.

20세기에 발생했던 수많은 전쟁 중에, 월남전과 아프카니스탄 전쟁은 약소국이 강대국을 물리친 대표적인 사례이다. 양 전쟁 다 민주주의와 공산주의를 대표하는 동서 냉전 시대에 열렸다. 월남전은 미국 동맹국과 북베트남 월맹군을 지원하는 공산 진영의 전쟁이었다면 아프카니스탄 전쟁은 미국의 지원을 받았던 탈레반 반군이 구소련군을 상대로 벌였던 전쟁이다. 두 전쟁 다 약소국이 강대국을 물리쳤다. 특히 구소련은 아프카니스탄 전쟁을 위해 10년 동안 막대한 전쟁 비용을 지출했다가 국가 재정이 파탄 나서 결국 공산주의가 종말을 고했다.

요나단이 이스라엘을 구했다(6-23절)

사울은 그를 따르는 600명과 함께 기브온 변두리 미그론에 있는 석류나무 아래에 있었으나(2절) 블레셋의 대군이 두려워 아무것도 하지 않았다. 이런 모습이 이스라엘을 약탈하기 위해서 분주하게 움직이는 블레셋의 군대와 그들을 막기 위해서 분주했던 요나단의 모습과는 대조가 된다. 사울도 어떻게 블레셋을 물리쳐야 하는지 막막하기만 했다. 그때 요나단과 그의 부하 두 사람이 블레셋 진영에 들어가므로 블레셋을 물리칠 돌파구를 만들었다.

요나단은 '보세스(미끄러운 바위)'라는 험한 바위가 있는 곳에 있었고, 블레셋은 그 반대편 "세네(가시나무 같이 뾰족한 바위)"라는 험한 바위가 있는 곳에서 서로 마주 보고 있었다(2절). 서로 미끄럽고 날카로운 바위산에 진을 치고 있었기에 블레셋 대군이 곧바로 요나단을 공격하지 못했다(4절). 요나단은 이런 지형적 특성을 이용하여 블레셋을 공격할 계획을 세웠다. 그는 방심하고 있는 블레셋을 기습 공격할 목적으로 자기 무기를 든 소년에게 블레셋 군이 있는 곳으로 건너가서 싸우자고 했다. 요나단이 무모해 보이는 기습 공격을 시도할 수 있었던 가장 큰 이유는 하나님에 대한 신뢰 때문이었다. "우리가 이 할례 받지 않은 자들에게로 건너가자 여호와께서 우리를 위하여 일하실까 하노라 여호와의 구원은 사람이 많고 적음에 달리지 아니하였느니라"(6절). 할례(circumcise)는 남자들의 성기 표피 일부를 베어내는 것으로 하나님께서 아브라함에게 이스라엘 남자들에게 시행하라고 명하신 언약의 징표이다(창 17:10). 할례는 이스라엘이 하나님의 백성으로 보호받고 공급받도록 선택된 것을 의미한다. 요나단이 블레셋을 할례받지 않는 자들이라고 말한 것은 그들이 하나님과 관계없는 자들이란 뜻이다. 나중에 다윗도 골리앗과 싸울 때 이와 같은 말을 하였다(삼상 17:26).

요나단이 블레셋을 공격한 방식은 일반적인 전투 방식과 대조되는 것으로 기습의 이점을 버리고 적들에게 자신을 노출시켰다. 두 번째는, 지형적인 이점을 살리지 않고 오히려 적들이 있는 험난한 바위 위로 올라갔다. 세 번째는, 많은 적이 있었음에도 그와 그의 무기든 자(armour bearer) 두 명이 적군에게로 갔기에 수적으로 중과부적(衆寡不敵)이었다. 네 번째는, 아무에게도 블레셋을 공격한다는 계획을 알리지 않으므로 위급할 때 우군의 지원을 받을 수가 없었다. 요나단이 이렇게 무모하게 보이는 공격 방식을 선택한 것은 만약 적군을 물리쳤을 경우 그의 능력으로 승리한 것이 아니라 하나님의 도우심으로 승리하였다는 것을 보여주기 위함이다(12절).

요나단은 블레셋 군인들이 있는 곳으로 올라가서 약 2,023㎡의 면적(소 두 마리가 반나절에 갈 수 있는 땅의 면적)(13절)에서 적군 20명을 단숨에 죽였다. 그때 블레셋의 포로로 잡혀있던 이스라엘 사람들이 요나단과 합세하여 블레셋을 치자 적군은 큰 혼란에 빠져 여러 지역으로 도망갔다. 모두가 블레셋 대군을 두려워할 때 요나단은 '여호와의 구원이 숫자에 많고 적음에 달려 있지 않다'라는 고백을 한 후 블레셋을 쳤기 때문에 승리했다.

하나님이 어떤 분인지를 아는 자만이 위기의 상황에서 지도력과 용기를 발휘할 수 있다. 사울은 왕이었지만, 위기의 상황을 극복할 지도력과 용기를 보여주지 못했다. 반면 요나단은 전쟁 경험이 별로 없었지만, 위기 상황에서 놀라운 면모를 보여주었다. 요나단의 지도력과 용기는 하나님이 언약의 하나님이며, 인간의 상황과 제약을 뛰어넘는 전능한 하나님을 바로 아는 지식에서 비롯되었다. 그는 하나님이 어떤 분인가를 알았기에 자신의 한계에 집중하지 않고, 용기를 내어 위기를 타개할 수 있는 구체적인 방법을 찾았다. 또한 두려움에 사로잡힌 사람들이 볼 수 없는 지형적인 특성을 이용해서 적들에게 큰 타격을 줄 방법으로 마음에 맞는 무기든 자와 함께 자신의 계획을 용감하게 시도하였다.

사람들이 위기 상황에서 아무런 시도도 하지 못하고 절망하는 이유는 실패와 최악의 상황을 두려워하기 때문이다. 두려움은 정상적인 판단 기능을 마비시키고 새로운 시도를 불가능하게 한다. 하나님을 신뢰할 때 한계 상황을 극복할 수 있는 방법을 찾을 수 있고, 그것을 용감하게 시도할 수 있다.

요나단의 용기와 전술 못지않게 그의 부하의 믿음과 충성심을 칭찬하지 않을 수 없다. "무기든 자가 그에게 이르되 당신의 마음에 있는 대로 다 행하여 앞서가소서, 내가 당신과 마음을 같이 하여 따르리이다"(7절). 블레셋의 대군에 비해 두 명은 너무 적은 수였으나 목숨을 내놓고 하나님의 거룩한 성전(聖戰)에 참여하였으니 어찌 하나님께서 도와주시지 않겠는가? 죽을 각오로 적국과 싸우는데 어찌 승리를 주시지 않겠는가? 이런 자세는 온 마음과 정성을 다해 하나님을 의지하는 사람의 모습이다. 비겁하고 사리사욕을 챙기는 자들은 자기 이름을 내거나 이익이 생기는 곳에는 목숨을 내놓지만, 전적으로 희생과 헌신을 요구하는 데는 참여하지 않으려고 한다. 자기 이익에 따라 살기 때문에 이익이 없는 곳에는 희생하려고 하지 않는다.

우리가 주님의 몸 된 교회를 섬길 때 믿음이 없는 다수의 사람보다 믿음이 있는 소수의 사람이 더 나을 수 있다. 그 이유는 함께 손을 잡고, 함께 헌신하고, 함께 주님의 영광을 위해서 일을 할 수 있기 때문이다. 어디를 가든지 이런 사람이 필요하다. 그러니 내가 신실한 동역자로 주변 사람들을 돕고 힘과 용기를 주는 사람이 되자.

사울의 어리석은 명령(24-52절)

무능한 지도자일수록 위기의 때에 어리석은 명령을 내리는데 사울이 블레셋과의 전쟁에서 무능한 지도자의 모습을 적나라하게 보여주었다. 먼저 사울은 블레셋과 싸움을 앞두고 제사장만이 드릴수 있는 제사를 본인이 드리므로 하나님의 법을 어겼다. 그러다가 요나단의 활약으로 블레셋이 혼란스러울 때 제사장 아히야(Ahijah)에게 에봇을 가지고 하나님의 뜻을 물으려고 했다. 그러나 블레셋이 도망가자 하나님의 뜻을 묻는 것을 중단시켰다.

두 번째, 사울은 전쟁에 지친 군사들의 원기 회복을 위해 가장 먼저 음식이 필요한데도 저녁 때까지 블레셋을 보복하기 전에는 음식 먹는 사람은 저주받을 것이라고 어리석은 명령과 맹세를 했다. 그 명령 때문에 지친 병사들이 도망가는 블레셋을 효과적으로 추격하지 못했다. 종일 전쟁으로 허기진 백성들이 양과 소와 송아지를 잡아다가 피째 먹으므로 율법을 어겼다(창 9:4, 레 17:10-11, 19:26, 신 12:16, 24). 요나단도 사울의 잘못된 명령을 두고 "내 아버지께서 이 땅을 곤란하게 하셨도다. 보라 내가 이 꿀을 조금을 맛보고도 내 눈이 이렇게 밝아졌거든 하물며 백성이 오늘 그 대적에게 탈취하여 얻은 것을 임의로 먹었더라면 블레셋 사람을 살육함이 더욱 많지 아니하였겠느냐"라는 말을 했다(29-30절).

세 번째, 사울은 본인이 잘못된 명령을 해 놓고 그 명령을 어긴 잘못을 백성들에게 돌렸다. 사울은 짐승을 피 채 먹은 백성들에게 "너희가 믿음 없이 행했다"고 책망 했다(33절). 또 그의 명령을 듣지 못해 야생 꿀을 먹었던 요나단에게 "요나단아! 네가 반드시 죽으리라 그렇지 않으면 하나님이 내게 벌을 내리시고 또 내리시기를 원하노라"는 말로 이스라엘을 구원하는데 일등 공신인 요나단을 죽이려고 했다(44절). 비록 백성들의 간곡한 탄원으로 요나단이 죽임을 면했지만, 사울의 어리석은 명령 때문에 이스라엘이 블레셋을 완전히 물리칠 기회를 놓쳐 버렸다.

네 번째, 요나단은 전쟁의 승패가 하나님께 달려 있음을 믿었던 반면(6절) 사울은 하나님의 도우심보다 군사 숫자를 더 중요시했다. 그 결과 믿음으로 싸운 요나단은 백성들의 영웅이 되었고, 사울은 백성들의 짐이 되었다(24-28절, 45절). 최고 지도자가 오만과 독선으로 잘못된 판단이나 정책을 제시하면 그가 속한 단체나 기업, 그리고 국가에 큰 짐이 된다. 그러니 좋은 지도자와 나쁜 지도자를 분별할 수 있는 안목이 필요하다.

성전(Holy War)이 주는 교훈

사울이 블레셋을 상대로 무모하게 벌인 전쟁에서 승리할 수 있었던 것은 전적으로 하나님의 은혜이다. 요나단의 용맹스러운 활약도 있었지만, 요나단 한 사람의 힘으로 블레셋 대군을 물리칠 수 없다. 14절에는 요나단이 블레셋과 싸울 때 "땅도 진동하였으니 이는 큰 떨림이었더라", 23절은 "여호와께서 그날에 이스라엘을 구원하시므로 전쟁이 벧아웬을 지나니라." 이 말씀은 하나님께서 블레셋과의 전쟁에서 어떤 일을 하셨는가를 말해 준다. 하나님은 사울의 불신앙에도 불구하고, 국가를 위해 기도하는 사무엘과 '여호와의 구원은 숫자의 많음에 있지 않다'는 요나단의 믿음의 고백을 들으시고 이스라엘을 구원하셨다.

사울의 어리석은 명령을 통해, 지도자는 무슨 일을 하든지 즉흥적으로 결정을 내려서는 안 된다는 것을 보여준다. 지도자의 말과 결정은 엄청난 파장을 일으킬 수 있으므로 신중하게 생각하고, 신중하게 결정해야 한다. 특히 하나님이 그 명령에 대해 어떻게 생각하실까를 따져보아야 하기에 잠언 3:5-6은 "너는 마음을 다하여 여호와를 신뢰하고 네 명철을 의지하지 말라 너는 범사에 그를 인정하라 그리하면 네 길을 지도하시리라"고 했다.

　마지막은 우리가 하나님의 일을 할 때 꼭 해야 할 일이라면 무모하게 보일지라도 믿음으로 추진해야 한다는 것이다. 추진하지 않고 잡다한 생각으로 그치거나, 돈 타령, 사람 타령, 분위기와 환경 탓만 하다가 기회를 놓치게 된다. 만약 요나단이 숫자 타령만 했다면 결코 블레셋을 물리치지 못했을 것이다. "여호와의 구원하심이 숫자의 적고 많고에 있지 않다"는 믿음의 고백으로 성전(聖戰)에 참여하였기 때문에 승리했다. 이것 때문에 전도서 11:1에 "너는 네 떡을 물 위에 던져라. 여러 날 후에 도로 찾으리라"고 했다.

16 사울의 두 번째 배척 (삼상 15:1-35)

핵심 말씀

"이는 거역하는 것은 점치는 죄와 같고 완고한 것은 사신 우상에게 절하는 죄와 같음이라 왕이 여호와의 말씀을 버렸으므로 여호와께서도 왕을 버려 왕이 되지 못하게 하셨나이다 하니"(22절)

히어링과 리스닝의 차이(1-6절)

영어 단어 중 '듣다'는 히어링(Hearing)과 리스닝(Listening)으로 나눌 수 있다. 이 둘의 차이점은 'Hearing'은 주변에서 들리는 소리나 소음 등을 듣는 것이고, 'Listening'은 다른 사람이 말하는 것을 귀를 기울여서 듣고 마음으로 이해하는 경청(傾聽)에 가깝다.

일본의 유명한 소통 전문가 '에노모토 히에타케'는 경청을 3단계로 나누었다. 1단계는 귀로 듣는 단계인데 입에서 나오는 말이 귀로 전달되는 것, 즉 사실이나 정보를 듣는 수동적 경청으로 정보 수집에 초점을 둔다. 대부분 1단계로 경청을 한다. 2단계는 눈으로 듣는 단계인데, 상대방의 말을 듣다가 적당한 시점에 적절한 질문을 던짐으로써 상대의 이야기를 신중하게 들으면서 상대의 표정이나 행동 등의 비언어적인 표현까지 파악하는 단계이다. 사람은 말로는 자신의 의도를 숨길 수 있으나 무의식적으로 나오는 비언어적 표현은 숨기기가 힘들다. 3단계는 마음으로 듣는 단계이다. 즉 상대방의 관점에서 듣고 상대와 같은 마음으로 느끼는 것이다. 처음부터 3단계로 듣기는 쉽지 않기에 많은 연습이 필요하다. 그러나 3단계로 경청하는 습관을 들이다 보면 보다 상대의 마음을 더 많이 헤아릴 수 있다. 우리가 '하나님의 음성'을 듣기 위해 3단계의 수준까지 가야 한다. 그런데 대부분의 사람들은 1단계의 수준에서 하나님의 음성을 들으려고 하다 보니 음성을 듣지 못한다. 사울 왕이 이런 실수를 했다(19절).

하나님은 사울 왕을 통해 아말렉(עֲמָלֵק) 족속[1]을 멸절하기를 원하셨다(2-3절). 그래서 사무엘은 사울에게 그 뜻을 알렸다. 하나님이 아말렉을 멸하라고 하신 것은 '아말렉이 과거 이스라엘 백성들이 애굽에서 나올 때 길에서 대적'했기 때문이다(2절). 하나님이 아말렉을 전부 죽이라는 명령은 아주 잔인하게 보이지만 아말렉이 출애굽 했던 이스라엘 백성들에게 행했던 일을 생각하면 반드시 멸절되어야 했다. 이스라엘 백성들이 출애굽 한 후 광야를 지날 때 몹시 지쳐 있었다. 그때 아말렉은 이스라엘 백성들이 지쳐서 뒤처졌던 약한 자들을 공격하여 죽이고 약탈했고 포로로 잡아갔다. 이스라엘의 약점을 틈타 공격한 아말렉의 비겁함이 하나님 진노의 대상이었다. 이스라엘이 출애굽 한 후 처음으로 아말렉 족속과의 전쟁에서 승리했을 때 "여호와께서 맹세하시기를 여호와가 아말렉과 더불어 대대로 싸우리라"고 선포하셨다(출 17:16). 모세도 죽기 직전에 유언으로 아말렉이 애굽에서 나올 때 행했던 일을 기억하라고 한 후 천하에서 아말렉에 대한 기억을 지워버

---

1 아말렉은 에서의 아들 엘리바스의 아들이며, 첩 딤나의 소생이다. 그는 한 족속 즉 아말레 족속의 조상이 되었다(창 36:12, 창 36:16, 출 17:8-16, 삼상 14:48, 삼상 15:8, 삼상 15:18). 베들레헴 프로그램에 나오는 해설.

리라고 했다(신 25:17-19). 아말렉을 상대로 한 전쟁의 최고 백미는 모르드개와 하만(아말렉 족속)의 싸움으로 에스더가 개입하여 모르드개(유대인)가 승리했다.

사울이 아말렉을 다 멸하지 않았다(7-16절)

사울이 백성 21만 명을 소집하여 '들라임'에 진을 친 후(4절), 하나님의 말씀대로 아말렉을 쳤다. 그러나 하나님의 말씀에 온전히 순종하지 않았다. "사울과 백성이 아각과 그의 양과 소의 가장 좋은 것 또는 기름진 것과 어린 양과 모든 좋은 것을 남기고 진멸하기를 즐겨 아니하고 가

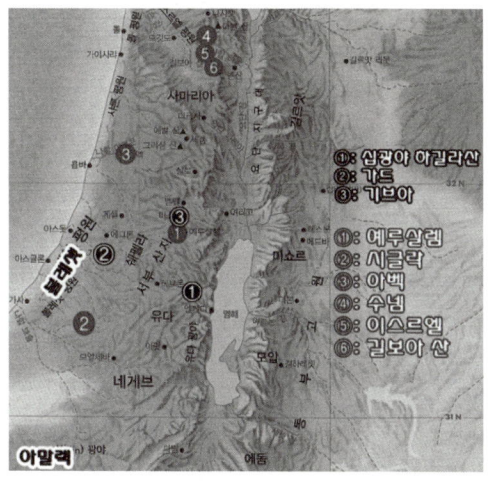

치 없고 하찮은 것은 진멸하니라"(9절). 아각을 살려 둔 이유는 전쟁 포로로 삼아 승리의 증거를 삼기 위해서이다. 특히 좋은 물건을 남긴 이유는 물건에 대한 욕심(19절)과 백성들의 여론을 두려워했기 때문이다.

하나님의 뜻은 "아말렉을 쳐서 살아 있는 모든 생물을 다 죽이라"는 것이었으나(3절), 사울이 그렇게 하지 않은 것은 이스라엘의 연

---

2 이스라엘 남방 경계에 있는 성읍으로 이스라엘 남쪽의 네게브에 살고 있었던 아말렉을 공격하기에 좋은 위치였다. 김일숭, 171.

약한 자들을 공격했던 아말렉에 대한 하나님의 진노가 얼마나 큰지를 몰랐기 때문이다. 사울은 하나님과 관계없이 자신의 눈에 보이고, 귀에 들리는 대로 행동했다. 사울이 하나님의 마음을 잘 몰랐던 것은 하나님의 말씀을 귀담아듣지 않아서 왜 아말렉을 진멸해야 하는지 그 이유를 알지 못했다. 이 사울처럼 나도 하나님의 말씀을 귀담아 듣지 않으면 얼마든지 내 마음대로 행동할 수 있다. 그래서 잠언은 "내 아들아 들으라 내 말을 받으라 그리하면 네 생명의 해가 길리라"(4:10), "아들들아 이제 내게 들으라 내 도를 지키는 자가 복이 있느니라"(8:32), "사람이 귀를 돌려 율법을 듣지 아니하면 그의 기도도 가증하니라"(28:9).

사무엘이 사울을 만나려고 왔을 때 사울은 하나님의 명령을 잘 수행했다고 말했다. 그러나 사무엘이 양과 소의 소리가 들리는 것을 지적하자 사울은 하나님께 바치려고 가장 좋은 양과 소를 남겨두었다고 변명했다(15절). 본인은 다 죽이고 싶은데 백성들이 죽이기를 원치 않아서 그렇게 하였다고 했다. 이 변명은 기름 부음 받은 왕으로서 백성들의 잘못된 생각이나 행동을 바로잡아야 할 책임 있는 지도자의 태도가 아니다. 사울은 당연히 아말렉에 속한 모든 것을 진멸하라는 하나님의 명령에 순종하지 않았던 백성을 벌하고, 모든 것을 멸절시켜야 하는데 그렇게 하지 않았다. 오늘날 공동체 안에 하나님의 명령을 저버리는 사람이 있다면 그를 올바르게 이끌 책임이 나에게도 있다. 개인을 넘어 공동체 구성원 모두가 하나님이 기뻐하시는 삶을 살아야 한다.

사울이 하나님의 말씀을 버린 결과(17-33절)

사무엘이 사울에게 했던 말의 핵심은 "왕이 여호와의 목소리를 청종하지 아니하고 탈취하기에만 급하여 여호와께서 악하게 여기시는 일을 행했다"는 것이다(19절). 청종(聽從)이란 말이 사람과 하나님과의 관계에서 사용된다면 '듣는다'라는 뜻을 넘어 순종(Obey)해야 하는 의미가 있다. 사람은 하나님의 명령에 무조건 순종해야 한다. 왜냐하면 하나님의 미련한 것이 사람의 지혜보다 낫기 때문이다(고전 1:25). 동시에 하나님의 뜻에 합당치 않은 것은 하나님이 보시기에 악하기 때문이다. 사울이 최선이라고 판단한 제사보다 하나님은 순종하는 마음을 더 원하셨다. 사울이 순종하지 않았던 것은 곧 하나님의 말씀을 버린 것이다. 이것 때문에 하나님도 사울을 버렸다. 뒤늦게 사울이 자신의 죄를 고백하면서 백성들이 두려워하여 그들의 말에 청종했다고 했으나 이것은 뒤늦은 후회와 회개였다(24절).

사무엘이 "왕이 여호와의 말씀을 버렸으므로 여호와께서도 왕을 버려 왕이 되지 못하게 하셨다"(23, 26절)고 했다. "사무엘이 그에게 이르되 여호와께서 오늘 이스라엘 나라를 왕에게서 떼어 왕보다 나은 왕의 이웃에게 주셨나이다 이스라엘의 지존자는 거짓이나 변개함이 없으시니 그는 사람이 아니시므로 결코 변개하지 않으심이니이다 하니"(28-29절). 29절에 '변개'(נחם, repent)라고 번역된 단어는 11절에서 '후회'라고 번역된 단어와 같은 히브리어이다. 11절에서 사울이 왕의 직분을 잘 감당하지 못한 것을 안타까워하시는 하나님의 마음을 담고 있지만, 29절에서는 변덕스러운 인간들과는 달리 마음을 바꾸지 않으시는 하나님의 모습을 강조한 것이다. 결국 하나님이 말씀하신 대로 사울이 왕위에서 내려오게 될 것이다. 이러한 하나님의 심판과 마찬가지로 청종하는 자에게는 복을 주신다는 약속 또한 변하지 않는다. 변개치 않으시는 하나님처럼, 우리도 하나님을 향한 믿음이 변하지 않아야 한다. 한때 엘리 가

정의 심판을 전했던 사무엘은 이제 하나님이 사울을 버렸다고 말하였을 때 마음이 편치 않았다. 사무엘도 하나님이 사울을 버리신 것을 되돌릴 수 없다는 것을 알았기에 평생 사울에 대해 불쌍한 마음을 가지고 살았다.

사울의 배척이 주는 교훈

하나님께서 아말렉 족속을 진멸하라고 하신 것을 통해 각 사람이 심으신 대로 갚으시는 것을 보여준다. 본문은 하나님에 대해 잘못 심었던 아말렉의 운명과 잘 심었던 겐 족속의 운명을 대조적으로 보여주고 있다. 사울은 아말렉을 치기 전에 아멜렉과 함께 사는 겐(Kenites) 족속에게 "너희들이 이스라엘 자손들이 애굽에서 올라올 때에 선대하였으니 아말렉을 떠나라"고 했다(6절).

겐 족속은 네게브(Negev)[3] 지역에 살고 있던 유목민으로 모세의 장인 르우엘이 속한 민족이다. 특히 모세의 처남 호밥은 이스라엘이 출애굽했을 때 그들과 함께 거하며 이스라엘 백성들을 광야 길로 인도하는데 호의를 베풀었다(민 10:29-32). 이것 때문에 사울이 아말렉을 치기 전에 겐 사람들에게 아말렉을 떠나도록 배려했다.

갈라디아서 6:7에 "스스로 속이지 말라 하나님은 업신여김을 받지 아니하시나니 사람이 무엇으로 심든지 그대로 거두리라"는 말씀처럼 하나님은 심은 대로 거두도록 하시는 분이다. 사울이 하나님의 말씀을 버렸기

---

3 요르단 서쪽 팔레스타인의 거의 절반에 이르는 지역이다. 서쪽은 시나이 반도, 동쪽은 요르단 지구대와 맞닿아 있다. 북서쪽은 해안 평야, 북쪽은 유대 구릉, 북동쪽은 유대 광야 등이 이어져 있다. 네게브는 북동-남서 방향으로 뻗은 습곡 지대 가운데 한 부분으로, 단층을 이룬 곳이 많고 석회암과 백암이 아주 풍부하다.

때문에 하나님도 사울을 버리셨다. 아말렉이 이스라엘에 대하여 악행을 하였기 때문에 하나님께서 그들을 심판하시는 것이지 죄를 짓지 않았는데 심판하시는 것이 아니다. 하나님은 과거에 우리가 심은 것을 그대로 갚아주신다. 그래서 우리는 이 하나님 앞에 내가 무엇을 어떻게 심어야 하는지를 고민해야 한다. 선을 심었는가, 지금 당장 열매가 없어도 언젠가는 풍성한 열매를 거두게 될 것이다. 그러니 악을 심었다면 그 악의 씨앗이 나지 않도록 철저히 회개하면서 단호하게 잘라 버려야 한다.

두 번째, 참된 경건은 말에 있지 않고, 언행일치에 있다. 사울의 모든 말과 행위는 매우 경건한 것처럼 보인다. 제사를 중요시하는 것 같았고, 하나님 말씀에 순종하는 것처럼 보였다. 그러나 성경은 그런 외적인 모습 뒤에 감춰진 사울의 진짜 모습을 사무엘과의 대화를 통해 보여주었다. 아무리 경건한 체하더라도 하나님의 명령을 무시하는 자는 내적으로 자기 자신을 우상화하는 것과 같다. 사울은 종교적 가치를 중시하는 이스라엘 백성들 앞에서 사무엘과 함께 제사를 드림으로 사람들 눈에 자신이 하나님께 인정받는 것처럼 보이길 원했다. 따라서 사울의 회개는 진정한 회개가 아니었다. 그는 사무엘 앞에서 회개하는 것처럼 보여 사람들에게 종교적으로 인정받으려고 했다.

교회에서 사람들에게 인정받기 위해 마치 자신이 영적인 사람인 것처럼 포장하는 경우가 많다. 이들은 돈을 최고 가치로 여기는 곳에서는 돈을 많이 가진 것처럼 행세하고, 능력을 최고 가치로 평가하는 곳에서는 매우 유능한 사람처럼 보이기를 원한다. 사람들의 평가를 중요하게 여기게 되면 자신의 평판이 훼손당할 때는 급하게 말과 행동을 바꾼다. 그러나 아무리 포장하고 과장해도 거짓된 내면의 본질이 어떤 상황을 통해 드러나기 마련이다. 그러니 사울과 같은 이중적인 모습을 버려야 한다.

　사울의 몰락을 보면서 잠언 30장에서 아굴이 하나님 앞에서 했던 기도가 생각났다. "내가 두 가지 일을 주께 구하였사오니 나의 죽기 전에 주시옵소서 곧 허탄과 거짓말을 내게서 멀리 하옵시며 나로 가난하게도 마옵시고 부하게도 마옵시고 오직 필요한 양식으로 내게 먹이시옵소서 혹 내가 배불러서 하나님을 모른다 여호와가 누구냐 할까 하오며 혹 내가 가난하여 도적질하고 내 하나님의 이름을 욕되게 할까 두려워함이니이다"(잠 30:7-9). 우리도 이런 기도를 하고 이 기도대로 살아서 하나님께 인정 받는 사람이 되자.

제3부

사울과 다윗 왕국의 설립
(16-31장)

핵심 단어 : 다윗이 여호와께 묻자와 이르되(삼상 23:2, 4)
장소 : 베들레헴과 여러 지역(삼상 15:34)
시대 : 통일 왕국 시대(삼상8-왕상12장)
출생과 사역: (B.C.1040년-970) 30세에 왕이 됨
15세(1025년)에 왕으로 기름 부음을 받음

"여호와께서 다윗과 함께 계심을 사울이 보고 알았고 사울의 딸 미갈도 그를 사랑하므로 사울이 다윗을 더욱더욱 두려워하여 평생에 다윗의 대적이 되니라"(삼상 18:28-29)

17 다윗이 왕으로 기름 부음을 받다
(삼상 16:1-23)

핵심 말씀

"여호와께서 사무엘에게 이르시되 그의 용모와 키를 보지 말라 내가 이미 그를 버렸노라 내가 보는 것은 사람과 같지 아니하니 사람은 외모를 보거니와 나 여호와는 중심을 보느니라 하시더라"(7절)

무명인에서 유명인으로(11-13절)

일제 강점기 때 평안도 정주에 시각장애인으로 박수무당인 백사겸이라는 사람이 살고 있었다. 그가 굿을 잘해 돈을 많이 벌어서 첩까지 두었다. 하루는 굿을 하는데 선교사가 구경하고 있어서 아무리 용을 써도 신이 내리지 않아 땀을 뻘뻘 흘렸다. 선교사가 그에게 "자식을 망하게 하는 무당 짓을 그만하고 예수 믿고 천당 가세요"라는 말을 한 후 그 자리를 떠났다. 백사겸은 귀신보다 더 큰 신이 있다는 사실에 큰 충격을 받았다. 자식을 망하지 않게 하려고 선교사를 찾아가서 "어떻게 하면 자식이 잘 될 수 있느냐"고 물었고, 선교사는 예수 믿으면 된다고 해서 무당 일을 청산하고 온 가족이 하나님께로 돌아왔다. 그때 교회 건축을 하게 되었는데 돈이 없어 공사를 중단하게 되었다는 말을 듣고 백사겸은 무당 일을 해서 번 돈 전부를 건축 헌금으로 내놓고 돈이 없어서 교회 일을 하는 사찰이 되었다.

선교사는 그의 아들이 똑똑한 것을 보고 미국으로 데리고 가서 예일 대학교에서 철학박사 학위를 받도록 후원했다. 아들은 선교사의 도움으로 공부를 다 마치고 귀국하여 우리나라의 초대 참의원 의장, 문교부 장관, 연세대학교 총장을 지냈다. 그 아들이 바로 백낙준 박사이다. 무당의 아들로 살아갈 수밖에 없는 사람이 예수를 믿고서 우리나라에 큰 공을 세우는 유명인이 되었다.

이스라엘의 두 번째 왕으로 기름 부음을 받았던 다윗도 그 당시 사람들에게 전혀 주목을 받지 못하는 무명인이었다. 다윗이 사람들에게 주목받지 못한 것은 사무엘이 이스라엘 왕으로 기름 붓기 위해 이새의 일곱 아들을 모았을 때 다윗(דוד, 사랑받는 자)이 그 자리에 없었던 것이 한 예다. 그 당시 다윗의 나이가 15세쯤 되어 너무 어려 왕이나 용사가 될 수 없다는 생각에 부르지 않았다. 또 하나는 이새가 다윗의 이름 대신 "막내(קטן, 작은, 어린, 하찮은)"라고 부른 데서 다윗의 존재감을 알 수 있다(11절). 막내는 집안의 중요한 모임에 빠져도 되는 꼬마에 불과하여 다윗이 할 수 있는 일은 양을 치는 것이었다. 유진 피더슨은 "양치기는 농장 일 가운데 가장 힘이 덜 드는 일이요, 또 잘하지 못해도 별 해를 불러오지 않는 일로, 지금 시대로 말하면 이웃집 아이를 보아주는 일이나 슈퍼마켓에서 장 보는 일 등에 해당한다"라고 했다.[1] 이새가 '막내'라고 불렀던 다윗이 사무엘에 의해 이스라엘 왕으로 기름을 붓자 처음으로 '다윗'의 이름이 불리워졌다. "사무엘이 기름 뿔병을 가져다가 그의 형제 중에서 그에게 부었더니 이 날 이후로 다윗이 여호와의 영에게 크게

---

[1] 유진 피터슨, 『다윗, 현실에 뿌리 박은 영성』, 이종태 옮김, IVP, 2000년, 29.

감동되니라 사무엘이 떠나서 라마로 가니라"(13절). 이때부터 다윗의 이름이 이스라엘 역사 속에 등장했으며 구약에 600번 이상, 신약에 60번 이상 사용되었다. 다윗의 이름 못지않게 그의 고향 베들레헴(בֵּית־לֶחֶם, 떡집)[2]도 그 당시 이스라엘에서 보잘것 없는 동네였다. 미가 선지자가 베들레헴에 대해서 "베들레헴 에브라다야 너는 유다 족속 중에 작을지라도 이스라엘을 다스릴 자가 네게서 내게로 나올 것이라 그의 근본은 상고에, 영원에 있느니라"(미 5:2). 하나님은 그 당시 보잘 것 없었던 베들레헴에서 이스라엘 역사상 가장 존경받는 다윗이 태어나게 하셨다. 다윗의 출생은 장차 여자의 후손으로 오실 예수 그리스도가 베들레헴에서 태어나실 것을 예표로 보여준다. 이것 때문에 룻기의 배경이 베들레헴이며, 룻기 끝에 룻과 보아스의 결혼을 통해 다윗의 계보가 세워지는 것을 보게 된다. "베레스의 계보는 이러하니라 베레스는 헤스론을 낳고…살몬은 보아스를 낳았고 보아스는 오벳을 낳았고 오벳은 이새를 낳고 이새는 다윗을 낳았더라"(룻 4:18-20).

하나님이 다윗을 선택하신 것은 "하나님께서 세상의 미련한 것들을 택하시어 지혜 있는 자들을 부끄럽게 하신다"(고전 1:27)는 것을 보여준다. 오늘날은 각종 전문가를 지나치게 중시하다 보니 사회 각 분야와 직장과 교회에서도 평범한 사람이 설 자리가 없다. 다들 전문가로 인정받기 위해 치열하게 경쟁을 한다. 하나님은 다윗의 선택을 통해 비록 전문가를 중시하는 시대라고 할지라도 평범한 사람들도 하나님께 쓰임 받을 수 있다는 것을 보여주신다.

---

2 이 베들레헴은 예루살렘에서 남쪽으로 10km 떨어진 곳으로 비옥한 지역이다.

사람을 쓰는 데 있어서 하나님과 세상의 기준이 다르다. 세상은 이미 만들어진 전문가를 쓰지만, 하나님은 평범한 사람들을 각종 훈련을 통해 전문가로 만들어 가신다. 그러니 하나님께 쓰임 받기 위해서는 많은 시간과 훈련이 필요하다. 누구든지 이미 만들어진 사람을 쓰기는 쉽다. 그러나 평범한 사람이 전문가로 성장하기까지는 많은 시간과 훈련과 물질을 투자해야 한다. 이것 때문에 교회에서 실시하는 제자 훈련은 지식 훈련이 아닌 지식과 인격, 그리고 믿음의 훈련을 겸하는 전인 교육이다. 하나님이 다윗을 택하여 귀하게 사용하신 것처럼 나를 주님의 일꾼으로 사용하기를 원하신다. 부족한 내가 주님의 일에 쓰임 받는 것 자체가 큰 특권이다. 그러니 하나님이 주신 달란트와 은사를 끊임없이 개발해야 한다.

하나님께서 사람을 보는 기준(1-10절)

사무엘은 사울을 왕으로 기름 부었던 경험이 있었기에 하나님이 사울처럼 잘생긴 장남 엘리압(אֱלִיאָב, 하나님은 아버지시다)을 왕으로 세우실 것으로 생각했다(6절). 그러나 하나님이 그의 용모와 키를 보지 말고, 마음 중심을 보라고 했다. 하나님이 왕을 선택하는 기준은 외모가 아닌 마음 중심(לֵבָב, 속사람(inner man), 마음, 정신, 이해력, 의지)이었기에(7절), 장남 엘리압과 차남 아비나답(אֲבִינָדָב, 나의 아버지는 고귀하시다), 그리고 셋째 삼마(שַׁמָּה, 놀람, 황폐함)를 비롯하여 일곱 아들, 모두에게 기름 붓는 것이 거부되었다. 그들의 '마음 중심'이 하나님의 마음에 들지 않아 이새나 일곱 아들 모두가 큰 충격을 받았다. 지금까지 자신들의 우월감에 도취하여 살았는데, 이런 착각을 버리는 계기가 되었다. 사람들은 잘생긴 얼굴과 큰 키를 선호하는 것은 예나 지금이

나 변함이 없다. 오늘날 외모를 더욱 매력적으로 보이기 위해 부단히 노력한다. 이것 때문에 성형외과를 비롯하여 각종 화장품과 미용품들이 산더미처럼 쏟아져 나온다. 그런데 사람들이 외모에 집착하는 것과는 달리 내적인 모습, 즉 인격에 대해서는 그다지 신경을 쓰지 않는다. 그래서 화려한 외모에 비해 인격이 비뚤어진 사람이 많고, 화려한 외모에 속아 피해를 보는 사람들이 많다. 마음 중심을 무시한 화려한 외모는 가면을 쓴 것이나 다름이 없다. 그러니 외모 못지않게 인격을 향상 시키는 데 최선을 다해야 한다. 외모지상주의는 자기중심으로 살아가는 데 초점을 둔다면, 인격을 중시하는 것은 하나님과 주변 사람들을 위하여 사는 데 초점을 둔다.

다윗의 마음 중심(삼상 16:11, 왕상 9:4, 11:33, 15:5 참조)

하나님이 다윗의 마음 중심이 어떠하였기에 그를 왕으로 세웠을까? 다윗이 아무도 보지 않는 들판에서 성실하게 양을 친 데서 그의 마음 중심을 볼 수 있다. 다윗이 양을 치던 들판에는 맹수들이 양을 노리는 때가 많았다. 맹수가 출현하면 목자 중에 양을 두고 도망 갔으나 다윗은 양을 지키기 위해서 목숨 걸고 맹수와 싸웠다. 맡은 양을 보호해야 한다는 책임감으로 목숨 걸고 싸운 데서 왕에게 필요한 마음 중심을 볼 수 있다. 왕은 백성을 보호하는 일에 목숨을 걸어야 한다. 이스라엘 백성들이 사무엘에게 왕을 세워달라고 했을 때 이런 왕을 원했다. 이런 마음 중심이 없다면 아무리 외모와 경력이 화려해도 그는 결코 왕이 아니다. 다윗은 사울이 두려워하는 골리앗과 목숨 걸고 싸운 것도 이런 목자의 마음이 있었기 때문이다. 우리가 예수님을 믿고 따르는 것은 주님이 선한 목자의 심정을 갖고 양들을 위해 목숨을 버리셨기 때문이다. 오늘날도 이런 목자의 심정을 가지고 사는 사람을 신뢰하고 따른다. 그러니 내가 맡은 일에 꼭 감당하겠다는 책임감이 있어야 한다. 사람이 보는가 보지 않는가를 의식하지 말고 충실하게 일을 할 때 하나님이 마음 중심을 기억하실 것이다.

다윗은 마음 중심뿐 아니라 외모 또한 사람들의 이목을 끌 수 있는 매력이 있었다. 그의 얼굴이 아름답다고 한 것으로 보아 꽃미남이었다(삼상 16:12). 사울 앞에서 수금을 탄 것으로 보아 음악적인 재능이 있었고(16절). 주옥같은 시편을 73편이나 남긴 것으로 보아 문학적인 재능이 있었다. 또 맹수와 적군과 싸운 것으로 보아 용사의 기질을, 양을 치거나 사울의 말에 순종한 것을 보아 맡은 일에 최선을 다하는 성실함이 있었다. 또한 사울에게 쫓길 때 약 600명의 사람이 따른 것으로 보아 지도력이 있었고, 두 번이나 사울을 죽일 수 있었는데도 살려준 것으로 보아 감정을 억제하는 능력과 하나님이 세운 사람을 귀하게 생각하는 마음이 있었다. 이런 다윗의 모습은 내 마음 중심이 하나님 보시기에 선해야 하지만 외적인 모습 또한 끊임없이 개발해야 한다. 내가 좋은 성품과 실력을 갖출수록 사람들이 나의 존재를 인정하고 귀하게 볼 것이다(딤전 6:11-12 참조).

사울의 궁전에서 왕의 수업을 받다(14-23절)

다윗은 하나님이 세운 왕이라면 사울은 이스라엘 백성들이 요청해서 세운 왕이다. 두 왕을 뚜렷하게 구별시키는 말이 있다면 다윗은 '여호와의 영에 크게 감동'되었지만, 사울은 "여호와가 부리시는 악령이 그를 번뇌케 했다"(14절)는 것이다. 본문에 유독 "하나님이 부리시는 악령이 사울 왕을 번뇌케 했다"는 말이 반복해서 나온다(14절, 15절, 23절). 사

울의 신하들이 하나님이 부리시는 악령이 사울을 번뇌케 할 때 그것을 진정시키기 위해 수금을 잘 타는 사람을 구하자고 사울에게 제안했다. 사울이 이 제안에 찬성하여 다윗을 왕궁으로 데리고 왔다. "하나님이 부리시는 악령이 사울에게 이를 때에 다윗이 수금을 들고 와서 손으로 탄즉 사울이 상쾌하여 낫고 악령이 그에게서 떠나더라"(23절). 다윗의 수금 연주로 사울의 기분이 진정되었다. 이것은 성령 충만한 다윗이 성령의 능력으로 사울에게 임했던 악령을 쫓아내었다고 볼 수 있다.

한편 다윗이 사울 앞에서 수금을 연주하고, 사울의 무기든 자가 된 것은 왕의 수업을 받기 위한 하나님의 세밀한 인도하심으로 보아야 한다. 다윗이 왕으로 기름 부음을 받은 후 베들레헴 들판에서 양을 치고 있었다면 아무도 다윗을 주목하지 않았을 것이다. 그러나 그 당시 최고 지도자 사울의 부관으로 있었기 때문에 사람들의 주목을 받았다. 그 주목이 골리앗을 죽였을 때는 이스라엘 전체로 확산되었다. 이런 왕의 수업을 통해 다윗이 차기 이스라엘 왕이 될 수 있었다. 과거나 지금이나 하나님께서 귀하게 쓰는 사람들은 그 직분 수행에 맞는 합당한 훈련을 받았다. 요셉이 애굽의 총리가 되기까지 무려 13년 동안 억울하고, 어처구니가 없었던 혹독한 훈련의 과정이 있었다. 비록 우리가 사는 시대의 환경이 요셉과 다르지만, 요셉이 하나님께 쓰임 받는 데 필요했던 훈련의 과정이 우리에게도 필요하다. 그러니 믿음의 훈련받는 것을 피하거나 두려워하지 말고 자원해서 받아야 한다.

오늘날 우리들의 문제는 하나님의 일을 하겠다고 나서는 사람들이 많은 데 비해 하나님께 쓰임 받기 위해 꼭 필요한 훈련을 등한시한다. 예배와 골방에서 기도하고, 늘 말씀을 읽고 실천하는 경건 훈련과 복음을 전하고 다른 사람들의 말을 듣고, 배려하는 성품 훈련을 꼭 받아야 하는데, 이것들을 생략한 채 하나님의 일을 하려고 해서 여러 가지 부작용이 발생한다. 혹독한 훈련의 과정이 없으면, 하나님이 훈련을 통해 함께 하시는 것을 체험할 수 없다. 체험이 없으니 하나님 중심보다 사람 중심으로 일을 한다. 사람 중심으로 일을 하니 그를 통해 상처받는 사람들이 많이 생긴다. 세례 요한도 30년 준비하여 약 1년 정도 사역을 하였나면, 우리는 더 많은 준비를 해야 한다. 그러니 지금이라도 경건 훈련을 게을리하지 말아야 할 것이다.

18 다윗이 골리앗을 물리치다
(삼상 17:1-54)

핵심 말씀

"다윗이 블레셋 사람에게 이르되 너는 칼과 창과 단창으로 내게 나아 오거니와 나는 만군의 여호와의 이름 곧 네가 모욕하는 이스라엘 군대의 하나님의 이름으로 네게 나아가노라"(45절)

교만의 상징인 골리앗(1-11절)

교만(驕慢)의 사전적인 의미는 '잘난 체하는 태도로 겸손함이 없이 건방지다'는 뜻이다. 교만과 반대되는 말은 겸손(謙遜)이다. 우리에게 교만과 겸손의 양면이 있다. 이상하게도 내가 잘되면 교만해지고 무엇이 잘못되었거나 나의 부족을 깨닫게 되면 겸손해진다. 겸손은 하나님의 성품이라면 교만은 사탄이 주는 것이다. 그러기에 교만은 끈질기게 나를 따라다니면서 끊임없이 넘어뜨리려고 한다.

성경에서 교만 때문에 망한 대표적인 사람이 에스더에 나오는 하만(Haman)이다. 하만은 아하수에로 왕의 총애를 받자 은 일만 달란트를 뇌물로 준 후 페르시아 제국 내에 있는 전 유대인을 몰살시켜도 좋다는 허락을 받아낸다. 에스더는 그것을 저지하기 위해 왕과 하만을 위하여 잔치를 베푼다고 했다. 이 소식을 들은 하만은 왕뿐 아니라 왕비마저도 자신을 총애한다고 생각하고서 더욱 교만해졌다. 어느 날 하만이 가장 싫어하는 모르드개가 내시들이 왕을 암살하는 음모를 밝혀내었는데도 아무런 보상을 하지 않은 것을 알았던 아하수에로 왕이 마침 그곳을 지나던 하만에게 왕을 존귀하게 했던 사람에게 무엇을 하면 좋겠냐고 물었다. "그때 하만이 심중에 이르되 왕이 존귀하게 하기를 원하시는 사람은 자신밖에 없다고 생각하고서 왕이 입으시는 왕복과 왕께서 타시는 말과 머리에 쓰는 왕관을 가져다가 그 사람에게 입히고, 말을 태워 성 중 거리로 다니면서 왕이 존귀하게 하기를 원하는 사람에게는 이같이 하면 좋겠습니다"(에 6:1-11)라고 했다. 이에 왕이 하만이 했던 말을 하나도 빠짐없이 모르드개에게 하라고 했다. 에스더 6:12은 하만이 모르드개를 말에 태운 후 "번뇌하여 머리를 싸고 급히 집으로 돌아갔다"고 했다. 그때부터 하만의 교만이 꺾이기 시작했고, 결국 그의 음모가 발각되어 그의 가족의 몰살과 함께 자신도 모르드개를 매달려고 세워 놓았던 장대에 매달려 죽었다(에 8:10). 하만의 몰락은 "교만은 패망의 선봉이요 거만한 마음은 넘어짐의 앞잡이니라"(잠 16:18)는 말씀이 이루어진 것과 우리에게 겸손하게 살아야 한다는 교훈을 준다. 그런데도 우리가 교만에 빠지는 것은 다른 사람이 갖고 있지 않은 어떤 강력한 힘과 능력을 나 혼자 갖고 있을 때이다. 그때 나를 특별한 존재라고 생각하고서 기고만장하여 다른 사람을 무시한다.

 1절을 보면 블레셋의 군인들이 이스라엘과 싸우려고 유다에 속한 소고와 아세가 사이에 있는 에베스담밈에 진을 쳤다고 했다. 소고(שֹׂכֹה, 어린 가지)는 베들레헴에서 서쪽으로 약 22km 지점에 있는 도시로 본래 유다에게 속해 있었다. 블레셋이 이스라엘 영토 안에서 군대를 소집한 것으로 보아 블레셋의 강력한 힘과 이스라엘의 무력함을 실감할 수 있다. 에베스담밈은 '**피의 경계선**'이라는 뜻으로 이곳에서 피비린내 나는 많은 전쟁이 일어났다는 것을 알 수 있다. 사울이 왕이 된 후 이스라엘과 블레셋 간에 두 번째로 전쟁을 하게 되었는데 블레셋 진영에서 싸움을 돋우는 자가 있었다. 그의 이름은 골리앗(גָּלְיָת, **유랑자, 방랑자**)이었다. 그의 키는 여섯 규빗(**약 3미터, 1규빗: 45cm**) 한 뼘이요, 머리에는 놋투구를 썼고, 몸에는 비늘 같은 갑옷을 입었는데, 그 갑옷의 무게가 놋 오천 세겔(**약 57kg**)이며, 다리에는 놋 각반을 쳤고, 어깨 사이에는 놋 단창을 메었고, 창 자루는 베틀채 같고, 창 날은 철 육백 세겔이며 이것도 부족하여 골리앗 앞에서 방패든 자가 늘 따라다녔다(4-5절).

사무엘서 저자가 골리앗의 신체와 완벽한 무장 상태를 소개하는 것은 그 누구도 골리앗을 대적하여 이길 수 없다는 것을 강조하기 위해서이다. 골리앗이 40일 동안 이스라엘 군인들에게 대표 한 사람이 나와 자신과 겨루어 전쟁의 승패를 결정짓자고 외쳤으나 이스라엘 군사들은 두려워 떨고만 있었다. 사울도 이스라엘 사람 중에 키가 컸으나 골리앗의 신장과 무기에 기가 꺾여 싸울 생각을 하지 않았다. 그러니 골리앗은 더욱 교만하여 온갖 험한 말로 이스라엘을 모욕했다.

골리앗의 신장과 완벽한 무장은 비유컨대 세상의 힘이 클 뿐 아니라 언제나 위협적인 것을 보여준다. 오늘날 사람들이 골리앗처럼 강한 힘과 능력, 재력과 권력과 명예 등을 갖기 원하는 것은 그 힘으로 사람들 위에 군림하기 위해서이다. 그런데 강한 힘을 가질수록 교만해지기가 쉽고, 주변 사람과 인류 문명을 파괴하는 악마의 후예가 된다.

제2차 세계 대전 때 독일의 히틀러는 게르만 민족의 우수성을 내

세워 주변 나라를 침범했을 뿐 아니라, 죄 없는 유대인 600만 명을 학살하면서 온갖 인체 실험과 강제 노동을 시켰다. 일본은 만주에 731부대를 만들어 한국인과 러시아인, 그리고 중국인들을 상대로 온갖 세균전과 인체 실험을 하였다. 교만이 비례할수록 멸망이 빨리 오는 것처럼 히틀러와 일본은 1945년에 패망하여 망했다. 이것 때문에 잠언 16:5은 "무릇 마음이 교만한 자를 여호와께서 미워하시나니 피차 손을 잡을지라도 벌을 면하지 못하리라"고 했고, 18:12은 "사람의 마음의 교만은 멸망의 선봉이요 겸손은 존귀의 길잡이니라"고 했다.

하나님이 골리앗을 물리치기 위해 동원한 사람(41-53절)

사람의 생각으로는 골리앗을 물리치기 위해서는 그보다 더 강한 장수가 있어야 한다고 생각하지만, 아이러니하게도 골리앗처럼 강한 장수가 그보다 약한 자에게 쉽게 당하는 일도 있다. 삼손은 나귀 턱뼈로 블레셋 군인 일천 명을 때려 죽일 만큼 괴력의 사나이였다. 그렇지만 이런 삼손도 블레셋의 여자 드릴라의 미인계에 넘어가 그의 힘의 근원을 말했다가 블레셋의 포로가 되었다. 하나님이 골리앗을 물리치기 위해서 동원한 사람은 골리앗과 정반대의 이미지를 가진 소년 다윗이었다. 42절을 보면 다윗이 골리앗과 싸우러 나갔을 때 "그가 젊고 붉

고 용모가 아름다움이라"고 전한다. 이것은 아직 청소년기를 채 벗어나지 못했다는 것을 볼 수 있다. 다윗의 신체 조건과 무기와 무장 등은 골리앗과 정반대였기에 다윗과 골리앗의 싸움은 "어린아이와 어른 싸움으로" 비유되었다. 인간적으로 생각하면 다윗이 이길 수 없지만, 하나님이 교만한 골리앗을 물리치기 위해 다윗을 사용하셨다. 골리앗은 완벽하게 무장하고 있었지만, 하나님은 골리앗의 완벽한 방어망을 다윗이 던진 물매 돌로 깨뜨리셨다. 49절을 보면 "손을 주머니에 넣어 돌을 가지고 물매로 던져 블레셋 사람의 이마를 치매, 돌이 그의 이마에 박히니 땅에 엎드려진지라"(NIV: Reaching into his bag and taking out a stone, he slung it and struck the Philistine on the forehead. The stone sank into his forehead, and he fell facedown on the ground). 그 돌이 골리앗의 이마에 박혀 죽게 함으로 하나님은 가장 약한 자를 통해 가장 강한 자를 물리치시는 것을 보여주셨다.

인간적으로 생각하면 예수님이 매달리신 십자가는 한없이 작고 초라했으나 하나님이 그 십자가를 통해 사탄의 권세를 무너뜨리고 인류를 죄에서 구원하시는 대업을 완성하셨다. 골리앗은 자신의 힘만 믿고서 만군의 여호와를 무시했지만, 다윗은 골리앗이 모욕하는 만군의 여호와의 이름으로 물리쳤다. 이렇게 하므로 하나님 앞에 인간의 힘이 얼마나 무력한가를, 또 골리앗의 힘을 의지했던 블레셋도 골리앗과 함께 망한다는 것을 보여주셨다. "다윗이 달려가서 블레셋 사람을 밟고 그의 칼을 그 칼 집에서 빼내어 그 칼로 그를 죽이고 그의 머리를 베니 블레셋 사람들이 자기 용사의 죽음을 보고 도망하는지라 이스라엘과 유다 사람들이 일어나서 소리를 지르며 블레셋 사람들을 쫓아가서 가이와 에그론 성문까지 이르렀고, 블레셋 사람들의 부상자들은 사아라임 가는 길에서부터 가드와 에그론까지 엎드러졌더라"(51-52절). 블레셋은 골리앗의 힘만 믿고 40일 동안 기고만장했고, 골리앗이 있는 한 절대로 패배하지 않을 것으로 생각했다. 그러나 그들이 철옹성처럼 믿었던 골리앗이 다윗의 물매돌에 의해 쓰러지자 혼비백산하여 도망갔다. 이것은 인간의 힘을 믿을 때 보여주는 한계요 몰락의 길이 되는 것을 보여준다.

제2차 세계 대전 때 일본은 영국을 본받아 해군력을 강화했다. 일본은 해군력을 믿고, 진주만을 기습 공격하는 데 성공했으나, 6개월 후 미드웨이 해전에서 미군에게 항공 모함 4척이 격침되는 대패를 하므로 일본 해군이 천하무적이 아닌 것을 깨달았다.

종교개혁자 마르틴 루터는 로마 가톨릭에 대항하여 종교개혁을 단행할 때에 너무 큰 세력 앞에 자신의 무력함을 절감했다. 그러나 루터는 주님의 힘과 능력이 로마 가톨릭보다 더 크다는 것을 깨닫고 "내 힘만 의지할 때는 패할 수밖에 없도다. 힘 있는 장수 나와서 날 대신하여 싸우네! 그 장수 누군가 주 예수 그리스도 만군의 주로다. 당할 자 누구랴 반드시 이기리로다"라는 시를 지었다. 지금도 주님은 자신의 능력을 의지하는 자를 돕고 계신다. 그러니 우리는 세상 힘이 아닌 예수님의 능력을 의지하고, 주님의 능력으로 죄의 세력을 물리쳐야 한다.

골리앗의 출현이 주는 교훈(수 11:22)

골리앗의 출현은 그 누구를 막론하고, 일의 시작도 중요하지만, 마무리를 잘해야 한다는 교훈을 준다. 여호수아 11:21-22은 가나안 땅을 정복한 것을 요약하면서 "그 때에 여호수아가 가서 산지와 헤브론과 드빌과 아납과 유다 온 산지와 이스라엘의 온 산지에서 아낙 사람들을 멸절하고 그가 또 그들의 성읍들을 진멸하여 바쳤으므로 이스라엘 자손의 땅에는 아낙 사람들이 하나도 남지 아니하였고 가사와 가드와 아스돗에만 남았더라"고 했다.

아낙 자손의 거대한 신장은 가나안 땅을 정탐했던 10정탐꾼의 간담을 서늘하게 했고, 그들에 비해 자신들은 메뚜기와 같다고 할 정도로 위협적이었다. 이스라엘이 이런 아낙 자손을 하나도 남기지 않고 몰아내었다는 것은 승리 중의 승리이다. 그러나 22절은 "가사, 가드, 아스돗에만 남았더라"고 전한다. 개역성경은 세 도시가 '약간 남았었더라'고 한다. 세 도시는 블레셋의 도시로 여호수아가 가나안 정복할 때는 큰 힘을 발하지 못했으나 사사 시대에 이스라엘의 힘이 약해질 때 이스라엘을 위협할 정도로 엄청난 세력으로 성장했다.

가사는 드릴라의 미인계에 빠진 삼손이 블레셋의 포로가 되어 맷돌을 돌렸던 장소이다(삿 16:21). 아스돗은 홉니와 비느하스 때 블레셋이 이스라엘의 법궤를 빼앗아 아스돗에 있는 다곤 신상에 갖다 두었던 곳이며, 가드는 골리앗의 고향으로 40일 동안 이스라엘 전체를 위협할 정도로 엄청난 힘을 가진 자가 성장했던 곳이다.

여호수아가 너무 작다고 남겨둔 블레셋의 세 도시가 약 350년이 지나는 동안 이스라엘을 정복할 정도로 위협적인 세력이 되었다. 이것은 가나안 족속을 모두 몰아내어야 한다는 하나님의 말씀에 철저히 순종해야 하는 것과 어떤 일을 시작했으면, 마무리를 잘하여 후환이 없도록 해야 한다는 교훈을 준다. 나는 평소 마무리를 잘 하고 있는가? 마무리를 잘 하기 위해서 무엇부터 실천을 해야 되겠는가? 한번 자신을 살펴보자.

19 다윗이 골리앗을 물리친 비결
(삼상 17:12-58)

핵심 말씀

"이스라엘과 블레셋 사람들이 전열을 벌이고 양군이 서로 대치하였더라 … 그들과 함께 말할 때에 마침 블레셋 사람의 싸움 돋우는 가드 사람 골리앗이라 하는 자가 그 전열에서 나와서 전과 같은 말을 하매 다윗이 들으니라"(21-23)

전문가가 아니라도 도움이 될 때가 있다

공장에서 물건을 만들다 보면 가끔 불량품이 나온다. 불량품이 많을수록 그 제품에 대한 신뢰도가 떨어지기 때문에 회사마다 불량품을 없애기 위해 최선을 다한다. 오래전 일본 전기의 구마모토 반도체 공장이 있었는데 그 공장에서 다른 공장보다 불량품이 많이 나왔다. 소장 이하 전 사원이 사활을 걸고 불량품을 줄이기 위해 애를 썼으나 매일 똑같은 양의 불량품이 나왔다. 이사회에서 경영진과 공장장을 교체하자는 말이 나왔지만, 한 이사가 사람을 교체하기보다 반도체 생산라인 전체를 세밀하게 점검하자고 해서 점검을 하였는데 어느 라인에서 불량품이 나오는지 알지 못했다.

그러던 어느 날 교대 근무를 하던 여공 하나가 출근하다가 화물 열차가 지나가는 건널목에 서 있었다. 그날따라 긴 화물 차량이 지나가다 보니 평소보다 더 오래 서 있게 되었고 열차가 지나가면서 내는 진동이 느껴졌다. 그녀는 이 진동이 민감한 반도체 작업에 영향을 준다고 생각하고 조장에게 보고했다. 조장은 열차가 지나는 시간에 작업을 멈추고 주의 깊게 살펴보았지만 별다른 이상을 발견하지 못했다. 그런데도 그 여공의 말을 무시하지 않고 공장장에게 보고했고 공장장은 열차 선로와 반도체 공장 사이에 1m의 구렁(hollow)을 파고 물을 채워 열차의 진동을 흡수하는 장치를 만들었다. 그날부터 불량률이 뚝 떨어졌고, 다른 공장보다 더 많은 반도체를 생산할 수 있었다. 오늘날은 전문가를 중시하는 시대이지만 가끔 비전문가가 전문가들이 상상하지 못하는 획기적인 아이디어를 낼 때가 있다.

미국 뉴욕 한복판에 멋진 빌딩을 설계하고 초현대식 건물을 짓고 있었는데 거의 완성될 즈음에 건물 안에 엘리베이터를 설치하지 않았다는 것이 밝혀졌다. 설계도에 엘리베이터를 설치하는 것이 빠져 있었다. 날마다 전문가와 설계사들이 모여 고민을 하였지만, 건물 내부에 엘리베이터를 설치할 공간을 찾지 못했다. 아무런 해답을 찾지 못하고 고민을 하고 있는데 한 청소부가 지나가다가 그 말을 듣고는 '나 같으면 밖에 만들겠다'라고 했다. 모두가 그 말에 동의하여 외벽에 투명 유리를 사용하여 엘리베이터를 설치하였더니 시내 구경도 할 수 있었고, 획기적인 발상이라고 해서 그 건물이 유명해졌다. 전문가가 꼭 필요한 시대이지만, 비전문가의 의견도 중요하다. 왜냐하면 사람의 상상력은 비전문가라도 전문가가 생각하지 못했던 것을 생각하기 때문이다.

다윗과 골리앗을 비교하면, 골리앗은 전쟁을 위해서 태어났다면 다윗은 들판에서 양을 치기 위해 태어난 유약한 사람이다. 골리앗은 전쟁을 위해서 태어난 인간 병기다. 하나님이 이런 인간 병기를 전혀 무장하지 않았던 다윗을 통해 무력화시켰다. 다윗은 비전문가이지만 그의 용맹과 믿음, 그리고 달란트가 하나님의 손에 사용되면 인간 병기라도 얼마든지 무찌를 수 있다는 것을 보여 주었다.

다윗이 골리앗을 물리친 이유(12-54절)

다윗이 골리앗을 물리치게 된 첫 번째 이유는 정확한 타이밍에 있었다. 다윗이 전쟁터인 엘라 골짜기에 도착했을 때 "마침 군대가 전쟁터에 나아가 싸우려고 고함을 칠 때였다"(19절). 이때 다윗은 골리앗이 이스라엘 진영을 위협하기 위해 나와서 온갖 막말을 하는 것을 보았다. 만약 그때 다윗이 사울의 왕궁에 있거나 들판에서 양을 쳤거나 혹은 집이나 형들에게로 가는 도중이었다면 골리앗의 오만방자한 모습을 보지 못했을 것이다. 그러나 하나님이 정확한 때에 골리앗을 만나게 해 주셨다.

이와 비슷한 예가 룻기 2장에 나온다. 룻이 들판에서 이삭을 줍다가 "우연히 엘리멜렉의 친족 보아스가 속한 밭으로 갔는데 그때 보아스가 베들레헴으로부터 들판으로 와서 이삭을 줍는 룻을 보게 되었다"(룻 2:3). 만약 룻이 보아스가 도착하는 시간에 다른 밭에서 이삭을 주었다면, 또 룻이 보아스의 밭에 있을 때 보아스가 들판에 나오지 않았다면 두 사람은 만나지 못했을 것이다. 그런데 하나님께서 적절한 때를 통해 두 사람이 만나도록 해 주셨기에 룻기 저자는 '우연히'라는 말을 썼다. 그러나 그 배후에는 하나님이 두 사람을 만나도록 역사하심으로써 구속사의 도구가 되게 하셨다.

인생의 방향을 결정짓는 중요한 요소 중 하나가 바로 '타이밍(timing)이다. 언제 누구를 만났느냐, 언제 어디에 있었느냐, 또 무엇을 경험했느냐에 따라 인생의 방향과 결과가 달라진다. 필자가 제7영도교회에 부임했을 때 부채가 많았다. 어렵게 우리은행에서 대출받아 도시개발공사에 부채를 갚고, 제7영도교회 이름으로 등기를 하였다. 그때 도시개발공사 직원이 '취득세를 내야 한다'라고 했다. 그 당시 나는 세상 물정을 잘 몰라서 취득세가 무슨 세금인지도 몰랐다. 나중에 건물을 구입한 대가로 내는 세금인 줄 알았다. 그 당시는 돈 1만 원이 아쉬웠을 때였기에 어떻게 취득세를 마련할까 고민하다가 기도 중에 종교 기관은 세금을 내지 않아도 된다는 생각이 머리를 스쳐 갔다. 그 사실을 확인하기 위해 법무사에 계신 성안교회 이경민 장로님을 찾아갔고, 장로님의 도움으로 교회 등기와 취득세를 면제받을 수 있는 서류를 준비하여 오면 장로님이 알아서 처리해 주시겠다고 했다. 이렇게 해서 취득세도 면제받고 교회 등기를 할 수 있었다. 그런데 더 감사한 것은 이 장로님이 교회 등기 수수료를 받지 않으시고 우리 교회에 다 헌금을 해 주셨다. 이런 체험이 하나님의 교회를 살리기 위해 애쓰는 나에게 큰 힘이 되었다. 내가 이 장로님을 찾아가기 전에 장로님은 심장이 좋지 않아 백병원에서 심장에다 스텐을 박는 시술을 한 후 퇴원한 상태였다. 그 장로님께서 우리 교회 이름으로 등기를 다 해 주시고 1달 만에 심장이 악화되어 천국에 가셨다. 만약 내가 장로님이 병원에서 퇴원하고, 1달 후 천국에 가시는 그사이에 찾아가지 않았다면 결코 도움을 받지 못했을 것이다. 우리 교회로서는 장로님이 퇴원하신 그때가 등기를 할 수 있는 절묘한 타이밍이었다.

하나님이 우리 기도에 응답하시는 방법으로 적절한 시기와 분위기, 그리고 장소와 그 분야에 필요한 사람을 만나게 하신다. 그러니 어떤 문제를 해결하기 위해서 기도할 때 그 문제를 해결하여 달라고 기도하는 동시에 하나님이 정한 때와 적절한 시기가 맞도록 기도해야 한다.

두 번째, 다윗이 골리앗을 물리친 이유가 49절에 나온다. "손을 주머니에 넣어 돌을 가지고 물매로 던져 블레셋 사람의 이마를 치매 돌이 그의 이마에 박히니 땅에 엎드러지니라." 이것은 다윗이 물맷돌을 던지기 위해서 그동안 피나는 노력을 했다는 것을 보여준다. 다윗이 목자로 있을 때 맹수가 양을 잡아먹으려고 할 때 그 맹수를 물리치기 위해 수없이 물맷돌을 던졌다. 처음에는 정확하게 맞히지 못했지만 거듭된 연습 끝에 성확하게 맞혔다(37절). 그 피나는 노력의 결과가 단 한 번에 골리앗의 이마에 돌이 박히도록 한 것이다. 주어진 일터에서 최선을 다한 결과 골리앗을 죽이는 영광을 얻게 되었다.

하나님이 우리에게 구원이라는 선물과 함께 달란트와 은사를 덤으로 주셨다. 이 좋은 선물을 내가 개발하려고 노력하지 않으면 결코 빛을 발할 수 없다. 우리는 박지성 선수가 한때 축구를 잘했다는 것을 너무나 잘 아는데, 박 씨가 평발인 것을 알지 못한다. 평발로 90분을 뛰려고 하면 다른 사람보다 더 힘들고 고통스럽다고 한다. 박 씨는 이런 평발의 약점을 특유의 정신력으로 극복하고, 산소 탱크라는 별명을 얻을 정도로 90분 내내 운동장을 누비고 다녔다. 그 산소 탱크와 같은 힘은 평발의 약점을 극복하기 위해 피나는 노력의 결과물이다. 이것 때문에 혼다 소이치로는 "많은 사람이 성공을 꿈꾼다. 내게 있어 성공은 오직 반복적인 실패와 자기반성을 통해서만 가능하다"고 했다.

다윗이 골리앗을 물리친 세 번째 이유는 그의 마음 중심에 하나님이 있었기 때문이다. 다윗은 골리앗이 하나님과 이스라엘을 모독하는 것을 듣고 "이 할례받지 않는 블레셋 사람이 누구이기에 살아계시는 하나님의 군대를 모욕하겠느냐"(26절)는 말을 했다. 또 사울에게 "여호와께서 나를 사자의 발톱과 곰의 발톱에서 건져내셨은즉 나를 이 블레셋 사람의 손에서도 건져내시리라"(37절). 그리고 골리앗을 향하여 "너는 칼과 창과 단창으로 내게 나아 오거니와 나는 만군의 여호와의 이름 곧 네가 모욕하는 이스라엘 군대의 하나님의 이름으로 네게 나아간다"고 했다(45절). 이 말의 중심을 보면 하나님이 계시고 하나님을 의지하였기에 거인 골리앗도 쉽게 물리칠 수 있었다는 것을 확인할 수 있다. 이런 경건함과 하나님을 향한 마음 중심은 하루아침에 절대로 이루어지지 않는다. 지속적인 경건 생활과 말씀 앞에 자신을 쳐서 복종시키는 훈련이 있어야 한다. 그러니 우리는 하나님을 의지하면서 믿음의 성장에 대해 신경을 많이 써야 한다.

다윗이 이스라엘의 왕이다(55-58절)

블레셋의 전쟁에서 사울과 다윗의 다른 모습을 볼 수 있다. 이스라엘 백성들이 사무엘에게 주변 나라처럼 왕을 달라고 했을 때 그 왕의 역할은 외적의 침입으로부터 이스라엘을 보호하는 것이었다. "이스라엘 모든 장로가 모여 라마에 있는 사무엘에게 나아가서 … 모든 나라와 같이 우리에게 왕을 세워 우리를 다스리게 하소서 한지라"(삼상 8:4-5). "백성이 사무엘의 말 듣기를 거절하여 이르되 아니로소이다 우리도 우리 왕이 있어야 하리니 우리도 다른 나라들 같이 되어 우리의 왕이 우리를 다스리며 우리 앞에 나가서 우리의 싸움을 싸워야 할 것이니이다 하는지라"(19-20절). 그런데 사울은 골리앗의 위협 앞에 두려워 떨고만 있었다. 사울은 골리앗을 물리치면 "많은 재물로 부하게 하고, 왕의 사위로 삼고, 그 사람의 아버지에게 부과된 세금을 면제해 주겠다"는 당근만 제시할 뿐이었다(삼상 17:25).

이런 사울에 비해 다윗은 골리앗의 조롱에 분노했다. "이 할례 받지 않은 블레셋 사람이 누구이기에 살아 계시는 하나님의 군대를 모욕하겠느냐"(26절). 다윗은 말만 한 것이 아니라 실제로 사울에게 골리앗과 싸우겠다고 하면서 사울을 위로했다. "다윗이 사울에게 말하되 그로 말미암아 사람이 낙담하지 말 것이라 주의 종이 가서 저 블레셋 사람과 싸우리이다 하니"(32절). 사울은 다윗이 골리앗의 적수가 되지 못한다고 했을 때 다윗은 양을 칠 때 사나운 맹수들과 싸운 무용담을 이야기하면서 하나님의 군대를 모욕하는 할례 받지 않은 블레셋 사람도 맹수들처럼 이길 수 있다고 했다(35-36절).

골리앗의 죽음으로 블레셋 군인들이 모래알처럼 흩어져서 도망을 갔다(50-53절). 다윗은 골리앗의 목을 벤 후 그 머리를 가지고 예루살렘(ירושלים, 평화의 장소)으로 가져갔는데(54절), 이것도 이스라엘 왕의 모습을 보여준다. 그 당시 예루살렘에는 여부스 사람들이 살았는데, 이들이 강성하여 이스라엘이 정복을 못 했다. 그런데 다윗이 골리앗의 머리를 예루살렘으로 가져가서 자신의 힘을 과시했다. 나중에 왕이 된 후 예루살렘을 정복한 후 이스라엘의 수도로 삼았다. 그때부터 예루살렘은 다윗성이 되었다(삼하 5:6-7).

그 후 다윗은 골리앗의 머리를 가지고 사울 왕 앞으로 인도되었다(57절). 17장에서 나타나는 표면적인 대조는 다윗과 골리앗이지만, 그 뒤에 숨겨진 대조는 다윗과 사울의 모습이다. 두 사람의 모습에서 누가 이스라엘의 참 왕인가를 보여준다. 사람들이 볼 때는 사울이 왕이지만, 실제로는 이스라엘을 위기에서 구한 다윗이 왕이다. 하나님께서 다윗과 함께하시는 것은 사람을 외모로 보시지 않고, 중심을 보고 계시는 것을 보여주는 예이다. 사울은 하나님의 대리자로 왕의 직무에 충실하지 못한 데 비해 다윗은 어리지만, 왕의 직무를 성실히 수행했다. 사무엘서 저자는 두 사람 중에 누가 참 이스라엘의 왕인가를 독자에게 묻고 있다. 누가 왕의 직무를 수행하고 있다고 생각하는가?

20 다윗과 요나단의 만남 (삼상 18:1-5)

핵심 말씀

"다윗이 사울에게 말하기를 마치매 요나단의 마음이 다윗의 마음과 하나가 되어 요나단이 그를 자기 생명 같이 사랑하니라"(1절)

손수건 같은 만남

시인 정채봉 씨는 '만남'이라는 시에서 이런 말을 하였다.

가장 잘못된 만남은 생선과 같은 만남이다.
만날수록 비린내가 들어오니까.
가장 조심해야 할 만남은 꽃송이 같은 만남이다.
피어 있을 때는 환호하다가 시들면 버리니까.
가장 비천한 만남은 건전지와 같은 만남이다.
힘이 있을 때는 간수하고 힘이 다 닳았을 때는 던져 버리니까.
가장 시간이 아까운 만남은 지우개 같은 만남이다.
금방의 만남이 순식간에 지워져 버리니까.
가장 아름다운 만남은 손수건과 같은 만남이다.
힘이 들 때는 땀을 닦아 주고 슬플 때는 눈물을 닦아 주니까.

우리는 세상에 태어나서 지금까지 수많은 사람을 만났다. 그 만남 중에서 비린내와 꽃송이, 건전지와 지우개와 손수건 같은 만남 중에서 어느 만남을 가장 많이 하였을까? 비린내 같은 만남이 많았다면 불행한 삶을 살았고, 손수건 같은 만남이 많았다면 행복하게 산 것이다.

다윗이 이스라엘의 왕이 되기까지 두 사람이 다윗의 운명을 좌지우지했다. 한 사람은 사울 왕이고 다른 한 사람은 사울의 아들 요나단이다. 다윗과 사울의 만남은 비린내 나는 만남이었다. 그 이유는 다윗이 거인 골리앗을 죽이고, 이스라엘을 위기에서 구했으나 질투심에 사로잡힌 사울이 고마워하기는 커녕 다윗이 왕권을 노린다고 죽이려고 했기 때문이다. 비린내가 나면 모두가 피하듯이 다윗은 사울을 보면 도망가야 했다. 다윗에게 사울 왕의 만남만 있었다면 그의 인생이 불행하였겠지만, 비린내 같은 만남 속에서도, 손수건과 같은 만남이 있었다. 그 만남은 아이러니하게도 사울의 아들 요나단이었다. 요나단은 아버지가 왕이기에 당연히 차기 이스라엘의 왕이 되기에 유리한 위치에 있었다. 만약 요나단이 왕직을 생각했다면 사울처럼 다윗을 죽이려고 했을 것이다. 그러나 요나단은 왕의 자리를 탐내지 않고, 다윗이 왕이 되도록 적극적으로 도왔다.

우리 주위에 제1인자가 될 수 있는데도 대의를 위해 제2인자가 된 사람이 있다. 어떤 경우는 힘과 실력이 뒤져서 제2인자로 밀려나기도 하지만 요나단은 그렇지 않았다. 요나단의 자질로 보면 얼마든지 이스라엘 왕이 되고도 남았다.

요나단의 용맹성과 믿음(14절)

　우리는 다윗이 용감한 군인인 것은 알아도 요나단이 뛰어난 군인인 것을 잘 모른다. 요나단은 사울이 왕이 된 후 블레셋과 전쟁을 벌일 때 아버지의 오른팔이 되어 군인들을 이끌었다. 사울은 고지식하고 비인간적인 지도자라면 요나단은 매우 뛰어난 전략가였고, 합리성과 포용성을 갖추고 있었기에 사울보다 더 왕의 자질을 갖추어 왕위를 계승하기에 충분했다. 요나단이 군인으로서 뛰어난 자질을 보여준 것은 사울이 왕으로 즉위한 지 제2년에 블레셋의 대군이 이스라엘을 침범했을 때였다. 블레셋의 병거가 3만 대(요즘 말로 하면 탱크가 3만 대), 마병이 6천, 군사들이 해변의 모래알처럼 많았다(삼상 13:5). 사울은 이런 대군을 상대로 600명의 군사를 가지고 싸워야 했다. 그 상황에서 제사장이었던 사무엘이 길갈로 오지 않자 다급한 사울이 제사장이 드릴 수 있는 제사를 드리는 어리석음을 범했다(삼상 13장). 상황이 점점 악화될 때 요나단이 아무도 모르게 자기 호위병만 데리고 블레셋 진영에 들어가 순식간에 이십여 명을 죽였다. 사무엘상 14:14에는 요나단이 "반나절 갈이 땅 안에서 이십 명 가량의 블레셋 군인을 죽였다"고 했는데, 이것은 소 두 마리가 한나절 동안 대략 600평 정도의 땅을 간다면 반나절에 갈 수 있는 면적으로 300평 정도였다. 요나단과 그의 부관이 300평의 면적에서 블레셋 군인 20명을 단숨에 해치웠다. 요나단의 눈부신 활약으로 블레셋 진영이 크게 흔들렸고, 이스라엘이 승리했다. 두 사람이 좁은 공간 안에서 20명의 군인을 해치웠다는 것은 요나단의 용맹성을 충분히 입증해 준다. 마치 삼국지에 나오는 조자룡이 혼자서 조조의 100만 대군 사이를 누비면서 유비의 아들을 구해낸 것과 같다.

요나단은 용맹뿐 아니라 신앙도 특출했다. 요나단은 이스라엘이 블레셋과 대치하는 상황에서 전투하러 갈 때 병기 든 소년에게 "우리가 이 할례받지 않는 자들에게로 건너가자 여호와께서 우리를 위하여 일하실까 하노라, 여호와의 구원은 사람이 많고 적음에 달라지 아니하였느니라"는 말을 했다(삼상 14:6). 요나단은 "싸움의 승패가 군인의 숫자에 있지 않고 하나님께 있다는 것을 믿고서 블레셋 진영으로 간 데서 그의 믿음의 정도를 파악할 수 있다. 진적으로 하나님만 믿고 전장에 나갔기에 하나님이 요나단의 편이 되어 블레셋을 물리치게 하셨다. 이런 용맹과 신앙을 볼 때 그가 왕이 될 자질이 충분하였는데도 왜 다윗이 왕이 되는 것을 도왔을까? 그것은 하나님이 다윗과 함께하시는 것을 보았기 때문이다. 다윗의 생애를 보면 여호와가 함께하셨다는 말이 자주 나온다. 삼상 18:12에 "여호와께서 다윗과 함께 계시므로 사울이 다윗을 두려워하니라, 28절에는 "여호와께서 다윗과 함께 계심을 사울이 보고 알았고, 사울의 딸 미갈도 그를 사랑하므로 사울이 다윗을 더욱더욱 두려워하여 평생에 다윗의 대적이 되니라." 요나단은 하나님이 다윗과 함께하시는 것을 보았고, 하나님이 다윗을 이스라엘의 왕으로 기름 부어 세우신 것을 알고서 최선을 다해 다윗을 도왔다. 1절에 "요나단의 마음이 다윗의 마음과 하나가 되어 요나단이 그를 자기 생명 같이 사랑했다"고 한다. 또 3-4절에 요나단이 다윗을 자기 생명 같이 사랑하여 더불어 언약을 맺었고, 다윗에게 자신의 군복과 칼과 활과 띠를 주었는데, 이것은 군인으로서 최대의 호의와 예의를 갖춘 것이다.

언제 요나단이 다윗을 사랑했는가?

요나단이 다윗을 사랑한 것은 이스라엘을 공포의 도가니로 몰아

넣었던 골리앗을 죽인 직후였다. 다윗이 골리앗을 죽이므로 국민적인 영웅이 되었기에 요나단은 더 시기와 질투를 할 수 있었으나 정반대로 했다. 그 이유는 하나님이 다윗을 통해 역사하시는 것을 보았기 때문이다. 요나단은 전쟁의 승패와 인생의 생사화복이 하나님의 주권 아래 있음을 알았기에 하나님의 뜻을 존중히 여겼고 하나님의 뜻이라면 왕직까지도 포기할 줄 아는 믿음이 있었다.

몇 년 전에 개그맨 박성광 씨가 "1등만 기억하는 더러운 세상"이라는 유행어를 남겼다. 이것은 모든 것이 빨리 변해가는 현대 사회에서 살아남기 위해서는 '1등'과 '선두', 그리고 '우승'만을 외치는 사람들에게 경종을 울리는 말이다. 많은 사람이 1등 때문에 스트레스를 받고 있는데도 왜 1등만 고집할까? 1등이 되면 스타 대접을 받을 수 있기 때문이다. 우리나라 수영 선수들이 수없이 많지만 우리는 박태환만 기억한다. 그 이유는 그가 올림픽에서 금메달을 딴 스타이기 때문이다. 많은 선수가 박태환과 비슷한 실력을 갖추고 있는데도, 금메달을 따지 않았기 때문에 스타 대접을 받지 못한다. 사람들이 일등을 고집하는 또 다른 이유는 오직 1등만 기억을 하기 때문이다. 우리는 인류 최초로 달을 밟은 사람이 '닐 암스트롱'인 것은 알지만, 두 번째로 누가 달을 밟았는지 모른다. 대한민국 초대 대통령이 이승만이라는 것은 알아도 두 번째는 누구인지 모른다. 또 숭례문(崇禮門)이 우리나라 국보 제1호인 것을 아는데, 국보 2호가 무엇인지 아는 사람이 많지 않다. 이렇게 1등은 스타의 대접과 돈방석에 앉고, 오래도록 사람들의 기억 속에 남아 있기에 모두 1등을 선호하지만, 하나님은 1등만을 원치 않고 2등, 혹은 그 이하도 기억하신다. 그래서 꼭 1등이 아니어도 하나님께 영광 돌리면서 살아갈 수 있다. 요나단은 하나님의 영광을 위해서라면 2등 인생으로 살아도 된다고 생각했다. 하나님의 뜻을 실천하기 위해서는 2등 인생도 아름답다고 외쳤다. 그는 2등 인생을 살았지만, 무가치하게 1등의 삶을 산 사람보다 더 가치 있게 살았다. 그러니 우리는 만남을 귀하게 보고, 요나단이 다윗을 도왔듯이 내가 만나는 사람을 돕도록 하자.

손수건 같은 만남이 귀한 이유

손수건 같은 만남은 만남의 당사자들이 역사 속으로 사라져도 계속 만남의 여운이 남아 있다. 다윗과 요나단의 만남이 두 사람 당대에만 끝나지 않고, 그들의 사후에도 계속되었다. 사울이 다윗을 죽이려고 하자 요나단은 왕궁을 떠나는 다윗과 언약을 맺었다. "요나단이 다윗에게 이르되 평안히 가라 우리 두 사람이 여호와의 이름으로 맹세하여 이르기를 여호와께서 영원히 나와 너 사이에 계시고 내 자손과 네 자손 사이에 계시리라 하였느니라 하니 다윗은 일어나 떠나고 요나단은 성읍으로 들어가니라"(삼상 20:42).

어떤 신학자는 이 언약이 단순히 두 사람의 언약이 아니라, 다윗이 유다 지파의 대표로, 요나단은 베냐민 지파의 대표로 맺은 언약이라고 했다. 하나님이 이들의 언약을 어떻게 성취하셨을까? 먼저 요나단이 전사한 후 다윗이 이스라엘 왕이 되었을 때 장애자인 요나단의 아들 므비보셋을 죽이지 않고, 자기와 함께 식탁에서 음식을 먹도록 했다. 옛날에는 왕권이 바뀌면 이전 왕조 후손들을 모두 죽이는 것이 관례였다. 그런데 다윗은 므비보셋을 살려 준 것으로 만족하지 않고, 요나단과의 우정을 생각해서 자기와 함께 식탁에서 식사하도록 파격적인 은총을 베풀었다.

세월이 흘러 다윗도, 므비보셋도 죽으므로 다윗과 요나단의 언약도 역사 속에 묻혀 버렸다. 그러나 약 980년의 세월이 지난 후 유다 땅 베들레헴에서 예수님이 아브라함과 다윗의 후손으로 태어나셨다. 주님은 33년간 이 땅에 살면서 3년 동안 열두 제자를 세우신 후 인류의 죄를 위해 십자가에서 돌아가셨다. 예수님께서 부활 승천하시고 120명의 성도가 성령을 받고, 수많은 박해를 받으면서도 복음을 전했다. 그때 사울이라는 청년이 복음에 적대감을 가지고, 예루살렘에서 다메섹까지 기독교인을 잡으려고 갔다. 이런 그가 다메섹 도상에서 자신을 부르는 예수 그리스도를 만났고, 주님을 구주로 영접했다. 이 바울은 베냐민 지파의 사람이다.

예수님과 바울의 만남은 980년 동안 잊혔던 다윗과 요나단의 언약이 다시 살아나게 했다. 바울은 유다 지파 다윗의 후손인 예수님을 너무나 사랑해서 결혼도 포기하고, 세상의 자랑거리들을 배설물처럼 여기면서 오직 예수 그리스도를 증거하는 데 일생을 바쳤다. 이 바울 때문에 예수 그리스도의 복음이 이방 땅에 전해졌고, 2,000년의 세월이 흐르는 동안 우리에게까지 전해졌다. 우리는 성경책을 통해서 요나단과 다윗이 맺었던 언약과 바울과 예수님 사이에 피어난 아름다운 사랑의 노래를 읽고 감동을 받는다.

인생은 짧고 예술은 길다는 말처럼, 비록 나의 생명이 짧다고 해도, 손수건 같은 만남은 내가 죽어서도 계속 이어진다. 그러니 요나단이 어려움에 빠진 다윗을 도와주었듯이, 우리도 어려움에 빠진 사람들을 돕는 데 최선을 다하자. 성경에 '**주는 것이 받는 것보다 복이 있다**'는 말씀처럼 주는 인생이 되어 끊임없이 베풀고 또 베풀자. 그러면 나의 베풂이 부메랑이 되어 복으로 후손들에게 돌아갈 것이다.

전도서 4:10-12은 좋은 친구에 대해 이렇게 말한다. "혹시 그들이 넘어지면 하나가 그 동무를 붙들어 일으키려니와 홀로 있어 넘어지고 붙들어 일으킬 자가 없는 자에게는 화가 있으리라 또 두 사람이 함께 누우면 따뜻하거니와 한 사람이면 어찌 따뜻하랴 한 사람이면 패하겠거니와 두 사람이면 맞설 수 있나니 세 겹 줄은 쉽게 끊어지지 아니하느니라."

위에서 말하는 좋은 친구는 손수건 같은 만남에서 온다. 그래서 만남을 소중히 여기고 예수님 안에서 만난 사람을 돕는 데 최선을 다하자. 비록 각박한 세상이지만 좋은 믿음의 친구가 있는 한 내 인생이 외롭지 않고 아름다울 것이다.

21 사울이 다윗을 죽이려고 하다
(삼상 18:6-30)

핵심 말씀

"여인들이 뛰놀며 노래하여 이르되 사울이 죽인 자는 천천이요 다윗은 만만이로다 한지라 사울이 그 말에 불쾌하여 심히 노하여 이르되 다윗에게는 만만을 돌리고 내게는 천천만 돌리니 그가 더 얻을 것이 나라 말고 무엇이냐 하고"(8-9절)

질투와 시기는 자신을 망하게 한다(6-9절)

미얀마의 전설에 어떤 토기장이가 한 세탁소가 번창하는 것을 시기하여 세탁소 주인이 사업을 못 하게 하려고 황제를 설득하여 왕실의 검은 코끼리를 희게 만들라는 명령을 내리게 했다. 황당한 명령을 받은 세탁소 주인은 황제에게 코끼리를 담을 수 있는 큰 그릇이 필요하다고 아뢰자, 황제는 토기장이에게 큰 그릇을 만들라고 했다. 토기장이는 황급히 커다란 그릇을 만들어 세탁소 주인에게 배달했으나 코끼리가 그 안으로 들어서자마자 그릇은 산산조각이 났다. 계속 다른 그릇을 만들었지만, 코끼리의 무게를 감당할 수 없었다고 한다. 남을 망치려고 계략을 세웠으나 결국은 토기장이 자신이 망하고 말았다.

예일 대학교의 심리학 교수 살로비(P. Salovey) 박사는 미국 범죄의 20%가 질투 때문에 생긴 행위라고 말했다. 질투는 무서운 범죄 행위의 암적인 요인이다. 그런데 질투의 특성 중 하나가 자기와 관계없는 사람에게는 거의 질투를 하지 않는다. 옷가게를 하는 사람이 어떤 농부가 농사를 잘해 거금을 벌었다고 해서 질투를 하지 않으며, 회사원이 같은 동네의 식료품점이 잘되는 것에 질투심을 느끼지 않는다. 그러나 같은 분야에서 경쟁 관계에 있을 때 질투심이 일어난다. 설상가상으로 이 질투의 불길이 아주 가까운 인간관계에서 작용하기에 한 번 질투심이 발동하면 거센 불꽃처럼 점점 사나워진다. 자신의 결함을 질투로 바꾸는 사람은 불행한 삶을 살게 되고, 분발의 동기로 바꾸는 사람은 행복한 삶을 살 수 있다.

다윗이 골리앗을 죽이고 국민적인 영웅이 되었지만, 그때부터 출세 가도를 달린 것이 아니다. 사울에게 미움을 받고 궁궐에서 쫓겨나 도망자 신세가 되었다. 사울이 다윗을 죽이려고 한 것은 다윗이 전쟁에서 승리하고 돌아올 때 여인들이 부른 노래 때문이다. "무리가 돌아올 때 곧 다윗이 블레셋 사람을 죽이고 돌아올 때에 여인들이 이스라엘 모든 성읍에서 나와서 노래하며 춤추며 소고와 경쇠를 가지고 왕 사울을 환영하는데 여인들이 뛰놀며 노래하여 이르되 사울이 죽인 자는 천천이요 다윗은 만만이로다 한지라"(6-7절).

전쟁에서 승리했을 때 여자들이 춤을 추면서 군인들을 환영하는 것은 고대의 일반적인 풍습이었다. 군인들은 왕과 승리한 장군을 앞세우고 행진하며 백성들과 함께 승리의 기쁨을 나누었다. 히브리 시의 일반적인 관습은 10,000은 1,000의 병행구로 사용했다(신 32:30, 시 91:7). 그래서 여인들이 "사울이 죽인 자는 천천이요 다윗은 만만이다"라고 부른 것은 사울과 다윗이 수천 명을 죽였다는 뜻이다. 그런데 사울은 이것을 잘못 해석하여 화를 냈다. 평소 사울은 열등의식이 많았는데, 예전에 사무엘로부터 "사울보다 나은 이웃에게 나라를 떼어줄 것이라"는 말을 들었던 터라(삼상 15:28), 다윗이 나라 말고는 더 이상 얻을 것이 없다는 생각에 "그날 후로 사울이 다윗을 주목했다(NIV: And from that time on Saul kept a close eye on David"(9절). 여기 '주목하다'는 말은 '눈'(eye) 이란 뜻의 '아인(עין)'에서 파생된 말로, '의심에 찬 눈으로 관찰하다'는 뜻이다. 지금까지 사울은 다윗을 한 신하로 생각했으나, 이제는 자신의 왕권을 찬탈할 경쟁자로 보고 왕권(王權) 수호 차원에서 죽이려고 했다.

질투가 비열하고 무서운 것은 말 한마디에 오해하고 아무리 좋은 행동을 해도 비뚤어지게 바라본다는 것이다. 질투는 자기보다 못한 사람보다는 잘난 사람과 비교하므로 일어난다. 사람들의 비교의식은 사울처럼 사람들의 시선과 관심에 대한 욕망 때문에 시작된다. 내 영혼의 중심에 하나님이 계시지 않으면 늘 다른 사람과 비교하게 된다. 그러니 내 영혼의 중심에 하나님이 계시도록 해야 한다.

사울이 다윗을 죽이려고 하다(10-28절)

로마의 황제였던 마르크스 아우릴리우스는 "모든 것을 어떻게 생각하기는 네 마음에 달려 있다"는 말을 했다. 사울이 여인들의 노래를 듣기 전에는 다윗을 위기에 빠진 나라를 구한 영웅으로 생각했으나 노래를 들은 후부터는 다윗을 자기 왕권을 노리는 경쟁자로 생각하고 네 번에 걸쳐 죽이려고 했다. 다윗은 변함없이 사울을 사랑했고, 충성스러운 신하였으나 사울이 질투심에 사로잡혀 그 반대로 생각했다.

사울이 다윗을 죽이려는 첫 번째 시도는 다윗에게 두 번이나 창을 던졌을 때이다. "그 이튿날 하나님께서 부리시는 악령이 사울에게 힘 있게 내리매 그가 집 안에서 정신없이 떠들어대므로 다윗이 평일과 같이 손으로 수금을 타는데 그 때에 사울의 손에 창이 있는지라 그가 스스로 이르기를 내가 다윗을 벽에 박으리라 하고 사울이 그 창을 던졌으나 다윗이 그의 앞에서 두 번 피하였더라"(10-11절). 그 이튿날은 여인들의 노래를 들었던 다음날이다. 여인들의 노래를 듣는 순간부터 사울의 마음속에 질투심으로 가득 찼다. 다윗이 사울의 집 안에 있었기 때문에 사울과의 거리가 멀지 않았다. 그런데도 다윗이 두 번이나 사울이 던진 창을 피한 것은 하나님이 보호하여 주셨기 때문이다. "여호와께서 사울을 떠나 다윗과 함께 계시므로 사울이 그를 두려워한지라"(12절). 사울이 왕이 된 것은 외적으로부터 그의 백성을 보호하는 데 있었으나 질투심에 사로잡히자 나라를 구한 다윗을 죽이려고 하는 어리석음을 범했다.

사울이 다윗을 죽이려는 두 번째 시도는 맏딸 메랍(מֵרַב, 증대, 증가)을 미끼로 사용했을 때이다. 사울은 다윗이 블레셋과 싸움에서 승리하면 메랍을 아내로 준다고 했다. 사울이 다윗에게 "여호와를 위하여 싸움을 싸우라"(17절)고 했지만, 실상은 블레셋 사람들의 손에 다윗이 죽기를 바랬다. 질투가 무서운 것은 합리적으로 생각하지 못하고, 나쁜 한 방향만 생각하고 그것을 실행에 옮긴다는 것이다. 만약 사울이 분별력이 있었다면 다윗과 함께 이스라엘의 최고의 적 블레셋을 제압하는 데 힘을 썼을 것이다. 다윗이 골리앗을 죽이므로 블레셋은 다윗의 이름만 들어도 두려움에 떨고 있었다. 이런 블레셋을 다윗을 이용하여 정복할 수 있는데도 질투심이 그것을 못 하게 했다. 사울에게 있어서 다윗은 최고의 우군이었지만, 우군을 배척한 사울이 잘 되었을까? 전혀 그렇지 않다. 블레셋에게 있어서 다윗이 없는 이스라엘은 종이호랑이에 불과했다. 블레셋은 여러 번 이스라엘을 괴롭히다가 결국 사울은 블레셋과의 최후의 일전에서 패배하여 죽고 말았다(삼상 31장).

사울이 블레셋을 정복하면 맏딸 메랍을 준다고 했을 때 다윗이 적극적으로 반응을 하지 않은 것은 자신이 가난한 목동 출신으로 왕의 딸과 결혼하는데 부담이 되었기 때문이다. 사울은 메랍을 통해 다윗을 자극하지 못하자 메랍을 다른 사람에게 시집을 보냈다(18-19절). 여기서 사울의 이중적인 성격을 볼 수 있다. 예전에 사울은 골리앗을 물리치는 자에게 왕의 사위가 되는 특권을 준다고 약속했다. "… 그를 죽이는 사람은 왕이 많은 재물로 부하게 하고, 그의 딸을 그에게 주고, 그 아버지의 집을 이스라엘 중에서 세금을 면제하게 하시리라"(삼상 17:25). 골리앗을 죽이기 전에는 달콤한 제안을 했으나 막상 다윗이 골리앗을 죽이자 약속을 실행하지 않았다. 한 사람의 인격을 신뢰할 수 있는 기준은 말에 있어서 일관성이 있어야 한다. 어떤 일이 있어도 약속을 지켜야 한다. 그런데 사울은 자신이 한 말을 이행하지 않았다. 이렇게 정직하지 못한 사람이 왕이 되었으니, 왕직을 하나님의 영광보다 자기 야망을 성취하는 도구로 사용했다. 세상의 군왕들이 다 사울처럼 행동하므로 권력을 남용하며 나라를 초토화시켰다.

사울이 네 번째로 다윗을 죽이려고 썼던 방법은 다윗에게 딸 미갈(מיכל, 누가 하나님과 같은가?)을 주는 조건으로 블레셋 군인들의 포피(foreskins) 100개를 요구한 것이었다(25절). 고대 남자들은 아내를 얻기 위해 장인에게 신부값을 지불해야 했다. 야곱이 라헬을 얻기 위해 라반에게 7년 동안 신부값으로 노동력을 제공했다(창 29:10). 사울은 다윗이 신부값이 없어서 고민하는 것을 알고 은밀히 블레셋 사람들의 포피 백 개를 요구했다. 포피는 남자 생식기의 끝부분을 말하는데, 고대에는 적을 죽이고 그 증거로 신체 일부를 잘라 모았다. 사울의 의도가 아주 교묘한 것은 미갈이 다윗을 사랑한다는 것을 알고 메랍처럼 미갈을 주는 조건으로 다윗이 블레셋과 싸우다가 죽기를 바랐다. "사울이 스스로 이로되 내가 딸을 그에게 주어서 그에게 올무가 되게 하고, 블레셋 사람들의 손으로 그를 치게 하리라 하고"(21절). 정상적인 아버지라면 딸이 사랑하는 남자를 적군과 싸우다가 죽기를 바라겠는가? 악령에 사로잡히다 보니 완악한 생각을 한 것이다. 사울의 의도를 알았던 다윗은 블레셋 군인 200명을 죽이고 그 수대로 포피를 사울에게 갖다 주었다. 그 포피를 받은 사울은 다윗에게 미갈을 주었으나 자신의 의도대로 되지 않자 점점 불안했다. 28절은 불한한 사울의 심리를 "여호와께서 다윗과 함께 계심을 사울이 보고 알았고 사울의 딸 미갈도 그를 사랑하므로 사울이 다윗을 더욱더욱 두려워하여 평생에 다윗의 대적이 되니라"는 말로 요약했다.

하나님이 다윗과 함께하시다(14절, 28절)

사울이 여러 번 다윗을 죽이려고 했으나 실패한 것은 "여호와께서 다윗과 함께 계셨기 때문이다"(14절, 28절). 사울이 악령에 사로잡혔다면(10절), 다윗은 성령의 사람이었다. 사무엘서 저자는 사울이 다윗을 죽이려고 할수록 '여호와께서 다윗과 함께하셨다는 것'과 '다윗이 지혜롭게 행했다'는 것을 강조했다(5절, 14절, 30절). 이것은 아무리 사탄이 하나님의 사람을 해치려고 해도 하나님이 함께하시는 사람을 어떻게 할 수 없다는 것을 보여준다.

이런 예를 요셉의 생애를 통해서도 확인할 수 있다. 요셉이 꿈 때문에 형제들에게 미움을 받았다. 하루는 요셉이 도단에 있는 형제들에게 갔을 때, 형제 중에서 일부가 "야! 저기 꿈쟁이가 온다. 그를 죽여 한 구덩이에 던지고 악한 짐승이 그를 잡아먹었다고 하자. 그를 죽인 후 그의 꿈이 어떻게 되는지를 우리가 보자"(창 37:20)라고 하면서 요셉을 죽이려고 했다. 그때 르우벤이 반대하여 요셉을 물이 없는 우물에 넣었다. 그 후 유다의 제안으로 요셉을 애굽으로 가는 노예 상인에게 팔았다. 세월이 흘러 요셉이 애굽 총리가 되었을 때 가나안의 기근으로 양식이 떨어지자 요셉의 형제들이 양식을 사기 위해 애굽 총리에게 무릎 꿇고 절을 했다. 요셉이 형제들을 알았으나 "그들에 대하여 꾼 꿈을 생각하고 그들에게 이르되 너희는 정탐꾼이라 이 나라의 틈을 엿보려고 왔느니라"(창 42:9)고 했다. 그러자 형제들은 더욱 두려워하여 아니라고 하면서 요셉에게 또 절을 했다. 요셉의 생을 보면 사람이 나쁜 의도로 하나님이 함께 하시는 사람을 해치려고 하지만 하나님께서 보호하여 주시는 것을 확실히 확인할 수 있다. 이것 때문에 시편 73:28은 "하나님께 가까이함이 내게 복이라 내가 주 여호와를 나의 피난처로 삼아 주의 모든 행적을 전파하리이다"라고 했다. 하나님께 가까이하는 것이 복이 되는 것은 내가 하나님 안에서 형통한 삶을 살 수 있기 때문이다. 그런데 이 형통이 만사가 잘 풀리는 형통이 아니라 고난을 만나도 그 고난을 이길 수 있는 힘을 얻는 형통이다. 이런 은혜가 하나님이 함께하는 사람에게 있기에 고난 중에도 하나님을 찬양할 수 있다.

나는 대학을 다닐 때 정근자 사모가 쓴 『입으로 쓴 편지』라는 간증을 읽은 적이 있다. 그 책의 주인공 정근자 씨는 개인 병원의 간호사였는데, 어느 날 5층 옥상에 있는 배수구가 막혀서 쇠파이프로 그것을 뚫다가 옥상으로 지나는 5만 볼트 고압선에 감전되었다. 3일 만에 정신을 차려보니 온몸이 새까맣게 타버렸고, 두 팔과 한쪽 다리가 절단되어 있었다. 온몸이 바늘로 쿡쿡 찌르는 통증이 매일 계속되었다. 그녀는 극심한 통증과 장애자가 된 자신의 모습을 보고 살아갈 희망이 없어서 죽기로 하고 간호사에게 잠이 오지 않는다고 수면제를 달라고 해서 50알 정도 모아 베개 속에 감추었다. 그런데 막상 수면제를 먹으려고 하는데 손이 없어서 머리를 돌려 몇 알을 먹었지만, 나머지가 침대 바닥으로 떨어지는 바람에 먹지 못했다. 또 동맥을 끊기 위해 한쪽 다리를 침대 모서리에 비비기도 했고, 뇌진탕으로 죽기 위해 침대 밑으로 떨어지기도 했으나, 모진 것이 목숨이라고 죽지 못했다. 매일 죽을 생각만 하고 있었는데, 어느 날 한 전도사님이 병실로 찾아와 그녀에게 복음을 전했다. 이때 정근자 씨는 "하나님은 나 같이 두 팔이 없고, 한쪽 다리가 없는 사람도 사랑합니까?" 전도사님은 "하나님은 당신 같은 사람을 더 사랑합니다. 그러니 꼭 예수님을 구주로 영접하라"고 해서 예수님을 믿게 되었다.

병원에서 퇴원한 후 집에 있는데, 어느 날 아주 잘생긴 청년이 와서 그녀에게 평생 두 팔과 다리가 되어 줄 터이니 결혼하자고 청혼을 했다. 몇 번은 정신 나간 소리라고 고함을 치면서 거부를 했으나 끈질기게 청혼을 해서 두 사람이 결혼했다. 그 청년은 목사였다. 두 사람은 교도소와 사회복지 시설, 양로원 등을 다니면서 목사님은 설교를 했고 그녀는 절망에서 이긴 것과 예수님을 구주로 믿고 새 사람이 된 것을 눈물로 간증했다. 특히 죄수들에게 "여러분 저는 두 팔과 한쪽 다리가 없어도 예수님 안에서 희망을 품고 살아가는 데 왜 온 사지가 멀쩡한 여러분들은 못 살겠습니까? 부디 회개하시고 예수님을 구주로 영접하라고 했을 때 평소 눈도 끔쩍하지 않던 죄수들이 눈물을 흘리면서 회개하고 새 사람이 되었다. 하나님이 그녀를 통해 역사했던 내용을 입에 붓을 물고 썼다고 해서 『입으로 쓴 편지』라는 제목의 간증 책이 되었다.

    하나님이 함께하는 사람은 고난을 만나도 극복하는 힘을 얻을 수 있으므로 행복하다. 그러니 고난 앞에 좌절하지 말고, 하나님이 함께 하시는 것을 체험하자.

22 요나단과 미갈이 다윗을 돕다
(삼상 19:1-24)

핵심 말씀

"요나단이 그의 아버지 사울에게 다윗을 칭찬하여 이르되 원하건대 왕은 신하 다윗에게 범죄하지 마옵소서 그는 왕께 득죄하지 아니하였고 그가 왕께 행한 일은 심히 선함이니이다"(4절)

요나단이 다윗을 위해 변호하다(1-7절)

"사울은 그의 아들 요나단과 그의 모든 신하에게 다윗을 죽이라 말하였더니…"(1절). 지금까지는 사울이 비공식적으로 다윗을 죽이려고 했으나 19장부터는 공개적으로 죽이라고 했다. 요나단은 사울과 다윗과의 관계가 나빠질수록 제일 난처했다. 두 사람 갈등 사이에 있었던 요나단의 입장은 마치 고부갈등 사이에 있는 남편과 같았다. 고부갈등이 있을 때 남편은 누구의 편에 서야 할지 막막하다. 자식으로 어머니의 편을 서게 되면 아내와의 관계가 나빠지고, 아내의 편이 되면 이번에는 어머니가 섭섭하게 생각한다. 요나단의 입장이 이와 같았다. 만약 내가 요나단이라면 누구의 편에 서겠는가? 대부분 의인 다윗의 편에 서야 한다는 것을 알면서도 주저 없이 사울 편에 서려고 할 것이다. 그 이유는 왕의 자리 때문이다. 요즘 돈 몇 푼 때문에 친구를 배반하고, 돈 때문에 부모와 자식과 관계가 깨어진다. 요나단에게 있어 돈 몇 푼이 문제가 아니라 아버지의 뒤를 이어 왕이 되는가 하는 문제였다. 왕의 자리를 생각하면 다윗과의 우정을 버려야 하는데 그는 그렇게 하지 않았다. 요나단은 사울이 다윗을 죽이라고 했는데도 '다윗을 심히 좋아했고'(1절), 아버지 사울에게 다윗의 선함을 밝히기 위해 '다윗을 칭찬했다'(4절). 이렇게 하다가 죽임을 당할 수도 있었지만, 다윗을 "자기 생명 같이 사랑하였기 때문에"(18:1) 칭찬하는 것을 주저하지 않았다. 요나단이 사울에게 다윗을 위해 변호한 것을 보면 그가 진심으로 다윗을 사랑했음을 알 수 있다.

 요나단은 사울에게 다윗이 어떤 죽임을 당할만한 죄악을 저지르지 않았다고 했다. 다윗이 사울 왕과 이스라엘을 위해 목숨 걸고 골리앗과 싸워 죽인 것은 하나님의 도우심이 있었다고 했다. 이런 무죄한 다윗의 피를 흘리는 것은 하나님 앞에 큰 죄악이라고 했다(4-5절). 아무리 왕의 아들이라고 해도 왕에게 반항할 수 없는 것이 일반적인 정서인데 요나단은 다윗을 위해 모든 위험을 감수했다. 요나단이 이런 위험을 감수한 것은 "다윗을 자기 생명 같이 사랑하여 더불어 언약 맺은 것"(삼상 18:3)을 지키기 위해서이다. 요나단의 간청에 사울은 "여호와께서 살아 계심을 두고 맹세하면서 다윗을 죽이지 않겠다"고 했다(6절).

 내게 아무런 불이익이 없을 때는 다른 사람을 쉽게 변호할 수 있다. 그러나 이익이 있을 때는 그 이익을 초월하여 변호하기가 쉽지 않다. 오늘날 우리가 요나단의 행동에 감동하면서도 그와 같이 살지 못하는 것은 이익 앞에 너무 약하기 때문이다. 그래서 요나단처럼 희생을 감수하지 않는다.

 인간적으로 보면 요나단이 아버지 사울에게 충성해야 하지만 아버지가 잘못하고 있음을 알았기에 그 잘못을 지적했다. 부모와 형제, 배우자의 잘못된 행동을 지적하기란 쉽지 않다. 어떤 큰 죄를 지어도 문제를 진지하게 받아들이지 않고, 대부분 가족이니까 봐준다는 식으로 넘어간다. 그러나 그것은 일시적으로 위기를 모면할 뿐 장기적으로 보면 가족 모두를 망치는 것이 된다. 죄를 덮어두는 것은 본인과 가족 모두를 망하게 하는 것이기에 가족의 죄에 더 엄한 잣대를 대야 한다.

사울 딸 미갈이 다윗을 구해주다(8-17절)

사울은 여호와의 이름으로 다윗을 죽이지 않겠다고 맹세했지만, 그 맹세가 오래가지 못했다. 8절은 이스라엘과 블레셋 간에 전쟁이 났을 때 다윗이 블레셋 사람들을 크게 쳐 죽이고 대승을 거두었다. 백성들은 다윗의 승리가 반가웠지만, 사울에게는 결코 그렇지 못했다. 다윗이 승리했다는 소식을 듣는 순간 시기심이 발동하여 다윗을 죽이려고 창을 던졌으나 다윗이 피하므로 다섯 번째의 살해 시도가 실패했다(9-10절).

다윗이 아내 미갈에게 사울이 창으로 자기를 죽이려고 했었던 것을 말했다. 미갈은 위기의 심각성을 깨닫고 창문으로 줄을 내린 후 다윗에게 그 줄을 타고 내려가 멀리 도망가라고 했다(11절). 그녀는 우상을 가져다가 침상에 누이고 염소 털로 엮은 것을 그 머리에 씌운 후 의복으로 덮어 마치 다윗이 자는 것처럼 위장했다. 사울이 보낸 살해조가 왔을 때 미갈은 다윗이 몸이 아파서 자고 있다고 했다(14절). 미갈의 말을 들은 살해조는 다윗 죽이는 것을 단념하고 사울에게 되돌아갔다. 유진 피터슨은 이것을 두고 **"군인들의 세계에서는 무방비**

상태의 환자는 죽이지 않는다는 암묵적인 결투 예법이 있었던 것처럼 보인다"고 했다.[1]

미갈이 사용한 우상은 사람의 형상을 한 집안의 수호신 테라핌(תְּרָפִים, teraphim)이었다. 가나안 사람들은 크기가 작은 우상 드라빔과 큰 우상 테라핌을 집안에 두고 수호신으로 섬겼다. 미갈의 우상 숭배는 그 당시 이스라엘 사람들이 율법에 대해 얼마나 무지했는가를 보여준다. 사울이 또 살해조를 보내어 다윗이 누워있는 침상째로 가져오면 자신이 죽이겠다고 해서 살해조가 미갈에게 갔다가 미갈이 자신들을 속인 것을 알게 되었다. 이것으로 사울이 다윗을 죽이려고 했던 여섯 번째의 시도가 수포(水泡)로 돌아가버리고 말았다.

다윗은 미갈의 도움으로 도망가면서 시편 59편을 지었다.[2]

"나의 하나님이여 나의 원수에게서 나를 건지시고 일어나 치려는 자에게서 나를 높이 드소서 악을 행하는 자에게서 나를 건지시고 피 흘리기를 즐기는 자에게서 나를 구원하소서 그들이 나의 생명을 해하려고 엎드려 기다리고 강한 자들이 모여 나를 치려 하오니 여호와여 이는 나의 잘못으로 말미암음이 아니요 나의 죄로 말미암음도 아니로소이다 내가 허물이 없으나 그들이 달려와서 스스로 준비하오니 주여 나를 도우시기 위하여 깨어 살펴 주소서 주님은 만군의 하나님 여호와, 이스라엘의 하나님이시오니 일어나 모든 나라들을 벌하소서 악을 행하는 모든 자들에게 은혜를 베풀지 마소서 (셀라) 그들이 저물어 돌아와서 개처럼 울며 성으로 두루 다니고 그들의 입으로는 악을 토하며 그들

---

1 유진 피터슨, 『다윗, 현실에 뿌리박은 영성』, 66에서 인용.
2 시편 59편의 표제는 "다윗의 믹담 시, 인도자를 따라 알다스헷에 맞춘 노래, 사울이 사람을 보내어 다윗을 죽이려고 그 집을 지킨 때에"로 되어 있다.

의 입술에는 칼이 있어 이르기를 누가 들으리요 하나이다 … 나는 주의 힘을 노래하며 아침에 주의 인자하심을 높이 부르오리니 주는 나의 요새이시며 나의 환난 날에 피난처심이니이다 나의 힘이시여 내가 주께 찬송하오리니 하나님은 나의 요새이시며 나를 긍휼히 여기시는 하나님이심이니이다."

미갈이 다윗의 목숨을 구해 준 것은 하나님께서 어려움에 빠진 성도를 그냥 두지 않고 돕는 사람을 붙여 주시는 것을 말한다. 돕는 자가 멀리 있는 것이 아니라 항상 가까이 있다.

한때 밥풀떼기 별명을 가진 개그맨(gagman) 김정식 씨가 목사가 된 후 하나님께서 그와 함께하신 것을 간증했다. 그는 장애인 사역을 하다 보니 여러 번 이사했고 늘 밑 빠진 독에 물을 붓는 것처럼 돈이 모자랐다. 그 당시는 힘든 목회로 많이 지쳐 있었을 때였다.

하루는 어머니가 뇌졸중으로 쓰러져 혼자 큰 병원 응급실로 모시고 갔으나 침대가 없어서 들것에 누운 채로 병원 바닥에 두었다. 그날 저녁 병원에서 두 시간 걸리는 교회에서 간증하기로 되어 있었으나 문제는 어머니를 돌볼 사람이 없었다. 간증을 취소하려고 해도 오래전부터 광고가 나갔기에 취소가 쉽지 않았다. 그는 "주님! 어머니를 이대로 두고 가면 체면이 말이 아니지만, 주님께서 알아서 해 주십시오"라고 기도한 후 간증 하러 갔다. 간증을 다 마치고 밤늦게 응급실로 돌아오니 어머니가 병실로 옮겨져 있는 것이 아닌가? 간호사는 한 의사가 어머니를 병실로 옮겼다고 했다. 김 목사는 그 의사를 몰랐으나 그 의사의 어머니가 다녔던 교회에서 한때 간증을 했는데 그때부터 어머니가 아들 의사에게 김 목사에 대해 이야기를 많이 했다고 한다. 그날 의사가 우연히 응급실로 들렀다가 들것에 누워있는 환자가 김 목사의 어머니인 줄 알고 응급처치를 끝낸 후 병실로 옮겼다는 것이다. 그 말을 들은 김 목사는 어머니의 손을 잡고 "하나님은 우리의 피난처시요 힘이시니 환난 중에 만날 큰 도움이시라 그러므로 땅이 변하든지 산이 흔들려 바다 가운데에 빠지든지 바닷물이 솟아나고 뛰놀든지 그것이 넘침으로 산이 흔들릴지라도 우리는 두려워하지 아니하리로다(셀라)"(시편 46편)을 암송했다. 하나님은 지금도 환난 당하는 자를 돕기 위해 사람을 보내신다. 그 도구가 내가 될 수도 있기에 항상 다른 사람을 도울 준비를 해야 한다.

사울이 옷을 벗고 벗은 몸이 되다(18-24절)

다윗은 사울을 피해 라마(רָמָה, 높은 곳, 고지)로 가서 사무엘을 만나 나욧(נָיוֹת, Naioth)에 살았다 [3] (18절). 어느 곳이나 시대를 막론하고, 출세를 위해 불의한 세력에 동조하는 자가 있다. 어떤 사람이 사울에게 다윗이 라마 나욧에 있다고 고자질을 하자(19절), 사울은 다윗을 잡기 위해 세 번이나 체포조를 보냈다. 사울이 선지자의 생도들이 훈련받고 있는 신학교로 다윗을 체포하기

---

3 나욧은 지명이 아니라, 선지생들이 모여 살면서 훈련받던 학교이다. 사무엘이 고향인 '라마에 세운 공동체'라 하여 '라마-나욧'이라 일컫는다. 다윗이 사무엘과 함께 라마 나욧에 살았다는 것은 그 공동체 안에 있는 선지자의 생도들과 같이 지냈다는 뜻이다. 송태근 『쾌도난마, 사무엘상 2』, 지혜의 샘, 2018, 70.

위해 체포조를 보냈는데 여기서 다윗에 대한 지나친 광기를 볼 수 있다.

체포조가 라마 나욧에 가자마자 하나님의 영에 사로잡혀 그들의 의지와 상관없이 예언했다. 이것은 엘리야가 자신을 잡으려고 온 아합의 군인들을 두 번이나 하늘의 불로 태워 죽였던 사건을 연상시킨다(왕하 1:9-14). 체포조에게 하나님의 영이 임한 것은 하나님의 권세가 인간 왕의 권세를 완전히 복종시킬 수 있음을 보여준다. 사울이 직접 다윗을 잡기 위해서 라마 나욧으로 갔으나 하나님의 영이 사울에게 임하여 그도 예언했다(24절). 그런데 악령에 사로잡혔던 사울에게 성령이 역사하자 옷을 다 벗고 벌거벗은 채로 온종일 사무엘 앞에 누워있었다. 사울이 벌거벗은 것은 이스라엘의 가장 강력한 권력자도 하나님 앞에서는 한낱 피조물에 불과하다는 것과 하나님의 대리자인 사무엘 앞에서 왕복을 벗었다는 것은 하나님이 그의 왕직을 박탈하였음을 보여준다. 이것으로 다윗을 잡으려는 사울의 계획이 무산되었다. 하나님은 지금도 위기에 빠진 성도를 돕는데 열심을 내신다.

이덕진 목사가 쓴 『빛 가운데 사로잡혀』라는 책을 보면 우즈베키스탄에서 하나님의 도우심을 받았던 간증이 나온다. 이 목사님이 우즈베키스탄에 부흥 집회를 인도할 때 그 나라 정보부 요원들이 부흥회 현장을 덮쳤지만 기지를 발휘하여 잘 빠져나왔다. 문제는 집회를 마치고 귀국하기 위해 공항으로 왔을 때 일어났다. 선교사들과 함께 한국으로 짐을 다 부치고 비행기에 탑승하려고 하는데, 정보부 요원들이 출국을 못 하도록 여권을 압수해 갔다. 선교사들은 정보부 요원들을 보자 다 도망을 갔고, 말도 통하지 않고 아는 사람도 없어서 혼자 공항 구석에서 기도하였다고 한다. 그때 타슈켄트에서 큰 뷔페를 운영하는 안수 집사를 만났는데, 그는 우즈베키스탄 고위층과 친하게 지냈고, 한국에 계신 장모가 위독하다는 소식을 듣고 급하게 공항에 나왔다가 이 목사님을 만나게 된 것이다. 이 목사님은 부흥회 동안 그의 뷔페에서 식사하면서 그 안수 집사와 친하게 지냈다고 한다. 그는 즉시 몇 명의 고위층에게 전화를 건 후, 정보부 요원에게 뚜렷한 혐의도 없이 여권을 압수하면 안 된다고 항의를 하자, 요원들이 아무런 말도 못 하고 화를 내면서 여권을 땅에 던졌다고 한다. 이 목사님은 즉시 땅에 떨어진 여권을 주워 비행기에 탑승했고 비행기가 출발하기까지 불안하여 가슴이 뛰었다고 한다. 그런데 한국에 와서 보니 위독하다고 한 안수 집사님의 장모님이 멀쩡했다고 한다. 그때 이 목사님은 하나님이 위기에 빠진 자신을 도와주시기 위해 그 안수 집사님을 장모님 핑계로 공항에 보낸 것을 알게 되었다는 것이다. 그것을 통해 어떤 상황에서도 하나님을 의지하면 하나님이 무슨 방법을 써서라도 해결하여 주시는 것을 체험했다고 한다.

23 다윗이 요나단과 헤어지다
(삼상 20:1-42)

핵심 말씀

"요나단이 다윗에게 이르되 평안히 가라 우리 두 사람이 여호와의 이름으로 맹세하여 이르기를 여호와께서 영원히 나와 너 사이에 계시고 내 자손과 네 자손 사이에 계시리라 하였느니라 하니 다윗은 일어나 떠나고 요나단은 성읍으로 들어가니라"(42절)

사람은 억울함을 참지 못한다(1절)

2008년 2월 17일에 장래가 촉망되는 두 경찰관이 한 취객이 택시비 때문에 택시기사와 시비가 붙어 렌터카에서 칼을 들고 난동을 벌인다는 전화를 받았다. 두 경찰이 출동하여 취객을 제압하는 데 성공했으나 어찌 된 일인지 검찰이 경찰관 중에 1명을 4가지의 죄명으로 기소했다. 경찰이 재판을 받게 되었는데 판사는 취객이 칼로 경찰을 위협했다고 인정할만한 증거가 없고, 경찰이 허위공문서를 작성하고 행사한 부분이 유죄가 된다고 하면서 벌금 200만 원을 선고했다. 6대의 CCTV 중 5대가 취객이 난동을 벌이는 장면을 증거로 제시했고, 그것을 목격한 택시기사가 있었는데도 이런 판결이 나오자 경찰이 항소했다. 항소심에서 취객이 택시기사에게 금품을 주고 위증 교사한 것과 경찰서 내의 사건 계장이 취객과의 친분을 이용하여 향응(響應)을 받고 사건을 가해자와 피해자로 바꿔치기한 것이 밝혀졌다. 동료 경찰의 모함으로 정당하게 공무 집행을 한 것이 죄가 되었고, 2년 7개월간의 법정 다툼 끝에 대법원에서 무죄 확정 판결을 받았다.

세상을 살아가다 보면 이 경찰관처럼 억울한 일을 당할 때가 많다. 이런 억울한 일을 다윗도 당했다. 다윗은 사울이 자신을 죽이려고 하는 것을 이해할 수가 없었다. 왜냐하면 사울에게 죽임을 당할 만큼 나쁜 짓을 하지 않았기 때문이다. 오히려 이스라엘의 골칫거리였던 골리앗을 죽이므로 국방에 대한 사울의 고민을 깔끔하게 해결해 주었기에 상을 받아야 했다. 다윗은 억울함을 참지 못하고 사울이 라마 나욧에 있는 틈을 타서 왕궁에 있는 요나단에게 와서 자신의 억울한 심정을 하소연했다. "내가 무엇을 하였으며, 내 죄악이 무엇이며, 네 아버지 앞에서 내 죄가 무엇이기에 내 생명을 찾느냐?"(1절).

오늘날 자살하는 사람들이 많다. 다들 자살할만한 절박한 사정이 있을 것이다. 그런데 이 사람들의 문제는 자신의 문제를 털어놓고 이야기할 사람이 없다는 것이다. 문제를 털어놓는다고 다 해결되는 것이 아니지만, 문제를 털어놓고, 그것을 들어주는 것으로도 어느 정도 문제 해결의 길을 발견할 수 있다. 이런 기회가 없어서 극단적인 선택을 하는 것이다. 오늘 신문을 보니 어떤 아파트에서 자살을 시도하려고 했던 사람이 경비원의 말을 듣고 자살을 포기했다는 기사가 있었다. 사람은 사회적인 동물이기에 갈등을 누군가에게 털어놓기를 원한다. 특히 다윗처럼 억울한 일을 만났을 때는 속 시원하게 털어놓고, 더 위로받기를 원한다.

내가 힘들 때 요나단과 같은 사람을 찾아갈 수 있는가? 역으로 억울한 일을 만났던 사람이 나를 요나단으로 생각하고 억울함을 털어 놓는가? 털어놓았다면 인내를 가지고 아픈 사정을 들어주자. 그래야 자신의 문제를 알아주고 들어주는 사람이 있다는 것을 알고 극단적인 선택을 하지 않을 것이다.

다윗의 아픔을 공감하는 요나단(2-34절)

다윗의 하소연을 들은 요나단은 아버지 사울이 정말 다윗을 죽이려고 하는지 그 의도를 파악하여 다윗에게 알려 주기로 했다. 그 당시 매월 첫째 날(음력)이 되면, 왕과 신하들이 번제물과 화목제물을 드리고 함께 식사하는 관례가 있었다(민 10:10). 다윗이 이 자리에 참여하지 않았을 때 사울이 어떤 반응을 보이느냐에 따라 죽일 의도가 있고 없고를 파악할 수 있었다. 다윗은 요나단에게 사울과의 식사를 통해 자신을 죽일 의도가 있는지 파악하여 달라고 했고(8절), 요나단은 그렇게 하겠다고 약속한 후 다윗이 에셀 바위 곁에 숨어 있을 때 요나단이 화살 셋을 그 바위 곁으로 쏜 후 아이를 보내어 화살을 찾게 하는데 "화살이 네 이쪽에 있으니 가져오라고 하면, 사울이 다윗을 죽일 의도가 없으니 왕궁으로 돌아오고, 화살이 네 앞쪽에 있다 하거든 죽일 의도가 있으니 하나님의 뜻으로 알고 네 갈 길로 가라고 했다"(18-22절). 이렇게 약속한 후 다윗은 들판에 숨었고, 요나단은 사울과 함께 식사했다. 사울이 첫날에는 다윗에 대해 아무런 말도 하지 않았는데 그것은 무슨 사고가 있어서 참석하지 못했다고 생각했기 때문이다. 율법은 '부정한 사람이나 부정한 짐승과 물건 등을 만진 자는 부정하다고 간주하여 화목제물의 고기를 먹으면 백성 중에서 끊어질 것이라고 했다(레 7:20-21). 이런 관례로 부정한 자는 식사 자리에 참석하지 않았다. 사울은 이튿날이 되어도 다윗이 참석하지 않자, 그 이유를 요나단에게 물었고, 요나단은 다윗이 베들레헴에서 형제들과 제사를 지내고 싶다고 간청하여 보내주었다고 했다(28-29절). 그 말을 들은 사울이 대노하여 그의 본심을 드러내었다.

"사울이 요나단에게 화를 내며 그에게 이르되 패역무도한 계집의 소생아 네가 이새의 아들을 택한 것이 네 수치와 네 어미의 벌거벗은 수치 됨을 내가 어찌 알지 못하랴 이새의 아들이 땅에 사는 동안은 너와 네 나라가 든든히 서지 못하리라 그런즉 이제 사람을 보내어 그를 내게로 끌어오라 그는 죽어야 할 자이니라 한지라 요나단이 그의 아버지 사울에게 대답하여 이르되 그가 죽을 일이 무엇이니이까 무엇을 행하였나이까 사울이 요나단에게 단창을 던져 죽이려 한지라 요나단이 그의 아버지가 다윗을 죽이기로 결심한 줄 알고 심히 노하여 식탁에서 떠나고 그 달의 둘째 날에는 먹지 아니하였으니 이는 그의 아버지가 다윗을 욕되게 하였으므로 다윗을 위하여 슬퍼함이었더라"(30-34절).

요나단은 아버지가 다윗을 죽일 의도가 있다는 것을 알리기 위해 이전에 다윗과 약속한 방법대로 화살을 쏘면서 말했다. 이렇게 해서 두 사람이 헤어지게 되었는데 그 헤어지는 장면이 우리의 심금을 울린다. "다윗이 곧 바위 남쪽에서 일어나서 땅에 엎드려 세 번 절한 후에 서로 입 맞추고 같이 울되 다윗이 더욱 심하더니 요나단이 다윗에게 이르되 평안히 가라 우리 두 사람이 여호와의 이름으로 맹세하여 이르기를 여호와께서 영원히 나와 너 사이에 계시고 내 자손과 네 자손 사이에 계시리라 하였느니라 하니 다윗은 일어나 떠나고 요나단은 성읍으로 들어가니라"(41-42절). 그 후 두 사람은 십 광야 수풀에서 다시 만났고(삼상 23:15-18), 요나단이 블레셋과의 전쟁에서 전사하므로 다시는 만나지 못했다(삼상 31장). 다윗은 요나단의 죽음을 애도하면서 "내 형 요나단이여! 내가 그대를 애통함은 그대는 내게 심히 아름다움이라 그대가 나를 사랑함이 기이하여 여인의 사랑보다 더하였도다"라고 했다(삼하 1:26).

사람을 거치게 하는 자가 있을 때(34절)

요나단은 비극적인 상황에서도 하나님의 섭리를 깨닫고, 받아들이려고 한 것으로 보아 신앙과 인격이 탁월한 사람이었다. 또 다윗을 자기 생명처럼 사랑한 것을 통해(17절) 진실한 관계 맺기를 원하는 사람이었다. 이런 요나단 때문에 다윗이 사울의 손에서 안전하게 벗어날 수 있었다. 그러기에 다윗과 요나단의 우정은 이 시대를 살아가는 우리에게 큰 본보기가 된다.

역사를 공부할 때 '만약'이라는 단어를 붙인다면 역사의 방향이 달라진다고 한다. 만약 아담과 하와가 선악과를 먹지 않았다면, 지금 인류가 죄 때문에 고통스러워하지 않을 것이다. 만약 사울의 질투심만 없었다면 다윗을 친아들처럼 사랑했다면 요나단과 다윗이 힘을 합쳐 블레셋을 정복하고, 주변에 있는 대적들을 물리치고 부강한 나라가 되었을 것인데, 질투심이 이것을 망쳤다. 사울이 질투의 종이 되어 다윗과 요나단의 좋은 관계를 깨어버렸는데, 이런 일이 지금도 일어나고 있다.

어떤 사람이 북한의 김정은이가 스위스에 유학하여 자본주의의 맛을 보았기 때문에 김정일보다 더 북한을 개방하고 남북 간에 화해할 것이라고 했다. 그런데 김정은이는 정반대로 그의 아버지보다 더 폐쇄적이고 북한 주민을 공포 정치로 탄압하고 있다. 만약 김정은이가 나라와 민족을 생각했다면 이미 남북통일이 되어 우리나라는 지금보다 더 큰 나라 더 큰 국력으로 부산에서 출발한 열차가 평양을 거쳐 시베리아 횡단 열차로 영국 런던까지 화물을 운송할 것이다. 그런데 자기 권력에 집착하다 보니 남북통일을 가로막을 뿐 아니라, 남북한 모두에게 큰 고통을 주고 있다.

사도 바울은 문제 많은 고린도 교회에 편지를 쓰면서 "그런즉 너희가 먹든지 마시든지 무엇을 하든지 다 하나님의 영광을 위하여 하라 유대인에게나 헬라인에게나 하나님의 교회에나 거치는 자가 되지 말고"(고전 10:31-32)라고 했다. 거치는 자가 되지 말고(NIV: Do not cause anyone to stumble) 여기 '거치는 자(ἀπρόσκοπος)'는 돌에 걸려 넘어지다, 다리를 걸어 넘어뜨린다는 뜻이다. 거치는 자가 되지 말라고 한 것은 잘 가는 사람의 다리를 걸어 넘어뜨리지 말라는 뜻으로, 고린도 교회 안에서 신실하게 주님을 섬기고 있는 사람들의 믿음 생활을 방해하지 말라는 뜻이다. 오늘날 교회 안에도 거치는 자가 많다. 이들의 특징은 몸과 마음과 물질로 봉사하지 않으면서 자기보다 열심히 봉사하는 사람을 시기하고, 질투한다. 이런 자들이 많을수록 교회가 잎만 무성한 무화과나무처럼 아무런 열매가 없다.

바울은 방해꾼이 되지 않기 위해서는 "나와 같이 모든 일에 모든 사람을 기쁘게 하여 자신의 유익을 구하지 아니하고 많은 사람의 유익을 구하여 그들로 구원을 받게 하라 내가 그리스도를 본받는 자가 된 것 같이 너희는 나를 본받는 자가 되라"(고전 10:33-11:1)고 했다.

좋은 친구가 인생을 행복하게 한다(41-42절)

"철이 철을 날카롭게 하는 것 같이 사람이 그의 친구의 얼굴을 빛나게 하느니라"(잠 27:17)는 말처럼 요나단이 있었기 때문에 다윗의 생애가 더욱 빛을 발했다. 이것을 통해 참된 우정은 상대방의 마음을 받아줄 뿐 아니라, 친구를 위해 희생해야 하는 것을 보여준다. 오늘날 현대인들은 참 외롭다. 우리에게 먹을 것, 입을 것, 돈과 거주할 집과 개인적으로 누리고 즐길 수 있는 것이 많은데도 외로운 것은 속마음을 털어놓고 함께 아픔을 나눌 친구가 없기 때문이다.

한 청년이 평소에 친구가 많은 것을 아버지에게 자랑하였고, 친구들이 자기를 위해 목숨까지도 기꺼이 바칠 것이라고 떠들었다. 어느 날 아버지가 아들에게 친구들의 우정을 시험해 보자고 제안을 했다. 깊은 밤, 아들은 아버지의 제안대로 돼지를 잡아 거죽에 둘둘 말아 어깨에 메고 아버지와 함께한 친구 집을 찾아가서 다급한 목소리로 "친구야! 내가 그만 실수로 사람을 죽였는데, 이 시체를 어디에다 숨겨야겠는데, 좀 도와달라"고 했다. 그 순간 친구의 얼굴빛이 변하더니 그의 말이 채 끝나기도 전에 문을 닫아 버렸다고 한다. 아들은 큰 실망을 한 채 더 친한 친구를 찾아가서 앞에서 했던 말을 하였더니 그 친구 역시 이런저런 구실을 대며 부탁을 거절했다. 이렇게 해서 세 번째, 네 번째 친구를 찾아갔지만, 거절당하여 아들은 친구와의 진실한 우정을 포기해야만 했다.

이제 아버지의 차례가 되어 아버지의 유일한 친구였던 한 노인을 찾아가서 자초지종을 이야기했더니 그 노인이 대문을 활짝 열어주면서 "어서 들어오게, 시체는 물론, 자네도 숨겨 주겠네! 어서 빨리 들어오게, 한숨 돌리고 나서 대책을 세우세"라는 말로 아버지를 맞아들였다고 한다. 이에 아버지는 친구의 진실한 우정에 감동하여 모든 것을 사실대로 털어놓았고, 그 일로 두 사람이 더 좋은 우정을 돈독히 다질 수 있었다고 한다.

참된 친구는 마음과 마음이 통하면서 요나단처럼 어려울 때 고통

분담을 나누려는 자세가 있어야 한다. 요나단이 왕의 자리를 포기하면서까지 다윗을 도와준 것은 하나님이 다윗과 함께하시는 것을 보았기 때문이다. 하나님의 뜻을 따르기 위해 자신의 욕심을 버리고 최선을 다해 다윗을 도왔기에 진실한 친구가 된 것이다.

우리가 좋은 우정을 다지기 위해서 모두에게 최선을 다해야 하겠지만 우선은 믿음의 사람들에게 해야 한다. 믿음의 사람들은 하나님의 나라를 확장하는 주역들이고 늘 내 곁에 있다. 2019년을 되돌아보면 우리 교회 안에서 좋은 일로 행복했고, 슬픈 일로 가슴 아팠지만 서로 도우면서 여기까지 왔다. 동역자들의 노고에 감사하면서 새해에도 더욱 아름다운 추억을 만들어 보자.

24 다윗이 제사장 아히멜렉에게로 가다
(삼상 21:1-15)

핵심 말씀

"다윗이 놉에 가서 제사장 아히멜렉에게 이르니 아히멜렉이 떨며 다윗을 영접하여 그에게 이르되 어찌하여 네가 홀로 있고 함께 하는 자가 아무도 없느냐 하니"(1절)

하나님께서 침묵하실 때(1절)

일본의 저명한 작가 중에 '엔도 슈사꾸'가 『침묵』(沈默, 1966년)이라는 소설을 썼다. 이 소설은 17세기 일본에서 실제로 일어났던 천주교 박해를 배경으로 하고 있다. 전반부는 한 신부가 성도들이 예수 믿는다는 죄목으로 온갖 박해받는 것을 로마 교황청에 편지로 보고하는 형식으로 되어 있고, 후반부는 그 편지를 읽고 감동받은 작가가 창작한 것이다. 책의 내용 중에 일부만 소개하면 한 신부의 전도로 두 농부가 예수를 믿게 되었는데, 예수 믿는 그 날부터 온갖 박해를 받았다. 그런데도 신앙의 절개를 지키다가 동네 사람들이 보는 앞에서 바닷가에 세워진 나무 십자가에 매달리게 된다. 날씨는 춥고 눈과 비까지 섞여 내리던 밤에 밀물이 밀려와서 두 농부의 목까지 잠기자 추위에 떨기 시작했다. 그러다 아침 조수로 바닷물이 빠져나갔을 때 바닷가에는 두 농부가 매달린 십자가만 외롭게 서 있었고 둘은 아직도 살아 있는지 희미한 신음을 내고 있었다. 오후가 되어 다시 조수가 밀려오고 하얀 거품을 머금은 파도가 사정없이 십자가를 때릴 때, 두 농부는 추위와 고통 속에 신음하다가 서서히 죽어갔다. 그런데 두 농부가 신앙의 절개를 지키다가 순교를 하는데도 하나님은 그냥 침묵만 지키고 계셨다. 두 사람이 하나님의 영광 때문에 죽는 그 날도 바닷가에는 출렁거리는 파도 소리만 들릴 뿐 그 어떤 기적도 일어나지 않았다. 언덕 위에 숨어 두 농부가 순교하는 모습을 처음부터 끝까지 지켜보던 신부가 하나님의 침묵 때문에 괴로워하다가 "하나님! 당신은 정말 살아계십니까? 살아계신다면 왜 당신의 백성들이 죽어 가는데도 말없이 침묵만 지키고 계십니까? 도대체 지금 당신은 어디에 계십니까?"라는 절규를 했다. 이 절규는 신부만의 절규가 아니라 우리 모두의 절규이다. 왜냐하면 우리도 이미 침묵하시는 하나님을 경험하였기 때문이다.

다윗은 사울이 자신을 죽이려는 것을 확인한 순간부터 마음이 무척 괴로웠다. 사울에게 죽임을 당할 만큼 나쁜 짓을 하지 않았는데 사울이 원수처럼 죽이려고 하니 이해가 되지 않았다. 그 괴로운 심정을 하나님께 수없이 부르짖었지만, 하나님이 침묵만 지키고 계셨기에 답답했다. 다윗은 요나단과 헤어진 후 곧바로 놉(בֹנ, 높은 곳)[1]으로 갔다. 놉에는 제사장 아히멜렉(אֲחִימֶלֶךְ, 왕의 형제)[2]이 있었고, 그의 흉패

---

[1] '놉'은 당시 수도였던 기브아에서 동남쪽으로 약 4km에 있는 성읍이었다.
[2] 아히멜렉은 제2차 아벡 전투 때 죽은 엘리의 아들 비느하스의 손자였다.

에는 '우림과 둠밈[3]'이 있었다(출 28:30). 그것으로 하나님의 뜻을 찾았기에 다윗은 하나님의 뜻을 알고 싶어서 제사장에게로 간 것이다. 다윗의 갑작스러운 출현에 아히멜렉이 두려워 떨었다. 왜냐하면 사울이 다윗을 잡으려고 한 것을 이미 알고 있었기 때문이다(삼상 19:19-24). 그러기에 다윗의 출현에 당황하여, "왜 너와 함께 하는 사람 없이 혼자 왔느냐"고 물었다(1절).

거짓말을 하는 다윗(2-9절)

다윗은 극비리에 왕의 명령을 수행하기 위해 혼자 왔다고 하면서 곧 부하들이 올 것이라고 했다(2절). 다윗이 분명히 거짓말을 하였는데 성경은 여기에 대해 그 어떤 도덕적인 잣대를 대지 않았다. 어떤 심리학자는 "사람이 거짓말을 하면 안 된다는 것을 알면서도 다윗처럼 위기의 순간을 모면하기 위해, 본인의 실수를 모면하기 위해, 또 자존심을 지키거나 약점을 감추기 위해 거짓말을 한다"고 했다. 분명 거짓말은 나쁜 것이지만, 살아가다 보면 기생 라합이 이스라엘 정탐꾼을 숨기기 위해 선의의 거짓말을 한 것처럼 우리도 그럴 때가 있다. 다윗이 위기를 모면하기 위해서 거짓말을 한 것을 보면 그도 위기 앞에 당황하는 연약한 성정을 가진 사람임을 보여준다.

몹시 배가 고팠던 다윗은 아히멜렉에게 빵 다섯 개를 달라고 했으나 아히멜렉은 성소에서 물려낸 진설병(陳設餠)[4] 외에는 먹을 것이

---

3 우림과 둠밈은 빛 '완전함'이란 뜻으로 제사장이 하나님의 뜻을 묻기 위해 사용한 도구였다(민 27:21).

4 항상 진설하는 떡이라 불렸다(민 4:7). 이스라엘 지파의 크고 적음에 관계없이 떡의 크기가 같은 것은 하나님께서 12지파에게 같은 은혜를 내려 주시기 때문이다. 이 떡은 여호와 하나님을

없다고 했다. 진설병(show
-bread)은 성소(聖所)의 상
위에 차려 놓은 빵으로 이
스라엘 12지파를 상징하는
12개의 빵을 각각 6개씩 두
줄로 상위에 진열했다. 한
가지 특이한 것은 안식일

마다 새로운 빵으로 갈아서 진열했고, 물러낸 빵은 제사장만 먹을 수 있었다(레 24:5-9). 진설병은 하나님이 그의 백성에게 일용할 양식을 공급하여 주신다는 영적 의미가 있기에 신약 시대에 생명의 떡으로 이 땅에 오신 예수 그리스도를 상징한다.

아히멜렉은 배고픈 다윗을 위해 제사장만이 먹을 수 있는 빵을 주어 먹게 하므로 그와 다윗 모두 율법을 어겼다. 그런데 예수님은 다윗의 행위를 비난하지 않고 오히려 옹호했다. 주님께서 바리새인들이 제자들이 안식일에 밀 이삭을 잘라 먹었다고 비난할 때 제자들의 행동이 정당하다는 근거로 "다윗이 진설병 먹은 것을 예로 드셨다"(마 12:3-4). 이 사건은 성도들이 급할 때 성경에 나와 있는 각종 규례를 얼마든지 어길 수 있다는 근거를 제공하기보다 하나님의 자비와 관련이 있다. 하나님의 자비와 제사가 충돌할 때 자비가 제사보다 우선한다는 원리를 가르쳐 준다. 이것 때문에 주님은 바리새인에게 "나는

위한 것인 동시에 제사장을 위한 것이다(레 24:9). 이와 마찬가지로 생명의 떡이신 예수 그리스도는 하나님의 마음을 만족시켜 드리는 동시에 또한 제사장과 같은 우리에게 신령한 양식을 공급하여 주신다. 죠오지 C. 니드햄, 『성막에 나타난 예표와 실체』 박영호 역, 기독교문서선교회, 1990, 90-94.

자비를 원하고 제사를 원하지 아니하노라 하신 뜻을 너희가 알았더라면 무죄한 자를 정죄하지 아니하였으리라"(마 12:7)는 말씀을 하셨다.

하나님께서 율법을 주신 목적은 죄를 어긴 자를 처벌하는 데 있지 않고, 죄로부터 사람들을 보호하기 위해서이다. 하나님은 우리의 연약함과 법을 지키지 못하는 상황을 아시고, 율법을 융통성 있게 지키도록 하셨다. 예를 들면, 이스라엘 사람은 정한 기간에 유월절을 지켜야 하지만, 장례식에 참석했거나 여행 중이거나 혹은 부정한 일로 유월절을 지키지 못할 수가 있다. 그런 사람은 그다음 달 14일 해질 때 유월절을 지키고, 어린양과 무교병과 쓴 나물을 먹도록 했다(민 9:11). 이렇게 하여 유월절을 지키지 않으므로 이스라엘 중에서 끊어지는 것을 방지했다. 이런 율법의 정신에 따라 이 세상의 어느 법도 법 집행에 융통성이 있어야 한다.

다윗은 아히멜렉에게 **"내가 왕의 일이 급하여 내 칼과 무기를 가지고 오지 않았다고 하면서 어떤 무기가 있으면 좀 달라**"(8절)고 했다. 이것은 거짓말을 하면 계속 거짓말을 한다는 것을 보여준다. 그러기에 좀 불편하고 힘들어도 처음부터 솔직하게 말하면 거짓말을 하지 않아도 된다. 다윗도 성소에 있는 제사장이 무기를 갖고 있지 않다는 것을 잘 알고 있었다. 그런데도 무기를 달라고 한 것은 이전에 골리앗을 죽인 후 하나님의 도우심으로 골리앗을 죽인 것을 기념하여 그 칼을 성소에 헌납하였기 때문이다. 다윗은 자신이 헌납했던 골리앗의 칼을 직접 달라는 말은 못 하고 우회적으로 말하자 아히멜렉도 그 의중을 알고 골리앗의 칼을 주었다.

그런데 골리앗의 칼이 다윗을 어떤 위험으로부터 보호하는 수단은 될 수 있을지 모르나 거짓말로 무기를 얻어가는 다윗의 모습은 이

전에 골리앗과 싸울 때와는 대조적이다. 골리앗과 싸울 때는 칼과 창이 아닌 물맷돌을 가지고, 만군의 여호와의 이름으로 싸웠는데 사울에게 쫓길 때는 과거 믿음과 용맹이 사라진 것을 볼 수 있다. 하나님은 다윗이 골리앗과 싸울 때나 사울에게 쫓길 때도 함께 하셨는데 위기 앞에 하나님을 의지하지 않고, 거짓말로 위기를 모면하고 칼을 구한 것은 믿음이 많이 흔들렸기 때문이다. 이것을 보면 다윗도 우리처럼 연약한 한 인간에 불과하다.

다윗이 놉을 떠나자마자 아히멜렉에게 큰 재앙이 닥쳐왔다. 오늘날 CCTV가 현장을 꼼꼼하게 지켜보고 있는 것처럼 아히멜렉이 다윗에게 진설병과 칼을 주는 것을 본 사람이 있었다.

그는 사울의 목자장으로 다윗에게 대적이 되는 도엑(דּוֹאֵג, 걱정하는, 두려워하는)이다. 사무엘서 저자는 "그 날에 사울의 신하 한 사람이 여호와 앞에 머물러 있었는데, 그는 도엑이라 이름하는 에돔 사람이요, 사울의 목자장이었더라"(7절)는 말로 도엑으로 인해 벌어질 대학살극을 예고했다.

미치광이 노릇을 하는 다윗(10-15절, 시편 34편)

사람은 두려운 일을 만나면 평소에 잘 하지 않던 이상한 행동을 하게 된다. 다윗은 도엑이 자신을 보았기 때문에 더 이상 이스라엘에 숨을 곳이 없다고 판단하여 가드 왕 아기스(אָכִישׁ, 뱀을 길들여 부리는 사람)[5]에게 갔다. 가드는 블레셋의 중요한 다섯 개의 도시 국가 중의

---

5 아기스는 블레셋의 지배자들이 사용한 전통적인 명칭이다(왕상 2:39). 오늘날 대통령의 칭호처럼 블레셋 왕의 명칭이다. 아기스의 본명은 아비멜렉으로 시편 34편의 표제는 『다윗이 아비멜렉(אֲבִימֶלֶךְ, 아버지는 왕이시다) 앞에서 미친 체하다가 쫓겨나서 지은 시』라고 했다.

하나로 이스라엘에서 가장 가까운 곳이 있었다(삼상 5:8, 6:17 참조). 블레셋은 각 도시를 지역 군주가 다스리고 있었는데, 아기스가 가드의 군주였다. 그런데 가드는 골리앗의 고향일 뿐 아니라, 다윗이 골리앗을 죽였던 것을 본 사람들이 많았다. 더욱이 다윗의 수중에 골리앗의 칼이 있었기 때문에 휘발유를 들고 불 속에 뛰어든 것이나 다름이 없었다. 어떤 분은 다윗이 얼마나 급했으면 가드 왕에게로 갔겠느냐고 했는데, 이것은 다윗의 치명적인 실수였다. 다윗의 얼굴을 알아본 가드 사람이 아기스에게 "왕이여! 이자가 이스라엘 왕 다윗입니다. 이자가 골리앗을 죽인 자입니다. 이스라엘 여인들이 사울이 죽인 자는 천천이요, 다윗이 죽인자는 만만이라는 노래의 주인공입니다. 이자를 죽여서 후환을 없애야 한다"는 말을 했다. 다윗은 가드 왕 아기스를 심히 두려워하여 미친 체하고 대문짝을 끄적거리며, 침을 수염으로 흘렸다(11-13절). 고대에는 미친 사람에게 악령이 들어갔다고 생각했고, 미친 사람은 신의 저주를 받은 것이기에 인간적인 심판에서 면제받았다. 또 고대인들은 수염은 남성성(性)을 상징하는 중요한 것이기 때문에 수염에 침을 흘리는 것을 아주 수치스러운 행위로 간주했다. 다윗이 미치광이 흉내를 내자 아기스가 화를 내면서 "우리나라에 미치광이가 없어서 또 미치광이를 데리고 왔느냐 빨리 내쫓으라"고 고함을 쳤다(14-15절). 하나님이 이스라엘을 왕으로 기름 부었던 다윗이 이방 왕 앞에서 미치광이 흉내를 내어 목숨을 구할 정도로 비참하게 되었다. 혹자는 하나님이 다윗을 이렇게 비참하게 만들 것 같으면 왕으로 기름 붓지 않은 것이 나았지 않았느냐고 반문한다. 다윗이 아기스에게로 간 것은 분명 큰 실수였으나 하나님이 사지로 들어간 다윗을 지켜주셨다. 만약 아기스가 신하들의 말을 듣고 다윗을 세밀하게 조사했다면, 금방 다윗의 정체와 연극이 탄로 났을 것이다. 하나님이 아기스의 판단력을 흐리게 하셨다. 또 다윗에게 순간적으로 미치광이 흉내를 내도록 지혜를 주셨다. 다윗은 미치광이 흉내를 내면서도 속으로는 간절히 기도했을 것이다. 이것 때문에 극적으로 살아남은 다윗은 시편 34:6[6]에서 "이 곤고한 자가 부르짖으매 여호와께서 들으시고 그의 모든 환난에서 구원하셨도다"는 고백을 했다. 하나님은 다윗이 곤고할 때 하였던 기도를 들어주신 것처럼 지금도 곤고한 성도의 기도에 응답하신다.

한국 전에 참전한 빌(Bill) 이라는 미군 병사가 전투 중에 폭탄을 맞아 하반신이 마비되어 평생을 병원에서 살게 되었다. 그래서 그의 아내 스텔라가 생계를 이어가면서 고된 삶을 살았다. 3년 후 그녀가 남편의 손을 잡고 울면서 이혼을 제안했다. "나는 도저히 이렇게 살 수 없으니 헤어져요. 당신은 나라에서 주는 연금으로 치료받으며 생활할 수 있어요. 나는 내 인생을 살겠어요." 빌은 눈물을 글썽이며, 아내에게 이렇게 말했다. "당신의 행복을 빌겠소. 하지만 하루만 더 참아 주시오." 그 날밤 빌은 눈물로 기도했다. "전능하신 하나님! 제게 힘을 주옵소서. 성령의 능력으로 저를 일으켜 주소서." 그 순간 기적이 일어났다. 마비되었던 손발이 움직인 것이다. 하나님의 이적을 체험한 빌은 그 후 훌륭한 전도자가 되었다. 물론 그의 아내도 가정을 지켰다.

내가 기도한 대로 다 응답되는 것은 아니지만 기도를 통해 곤고한 자를 돕는 하나님을 만날 수 있다. 이것 때문에 시편 46:1은 "하나님은 우리의 피난처시요 힘이시니 환난 중에 만날 큰 도움이시라"라고 했다.

---

[6] 시편 34편은 다윗이 아기스로부터 구출받고 난 후에 지은 시이다.

25 이 곤고한 자가 부르짖으매
(시 34:1-22)

핵심 말씀
"의인은 고난이 많으나 여호와께서 그의 모든 고난에서 건지시는도다"(19절)

극적인 구원을 체험한 다윗의 노래(1-6절)

2019년 12월 8일에 잉글랜드 프리미어리그(EPL) 토트넘에 소속된 손흥민 선수가 번리(Burnley FC)와의 홈 경기에서 전반 32분 폭풍 질주로 3:0으로 달아나는 골을 넣었다. 토트넘 진영에서 공을 잡은 손흥민은 약 70m를 홀로 내달리며 무려 6명의 번리 선수를 따돌리고 골망을 흔들어 전 세계 축구 팬들을 열광케 했다. 호나우두(브라질), 디에고 마라도나(아르헨티나) 등 옛 슈퍼스타들의 역사적인 '장거리 질주 슈퍼 골'을 떠올리게 하는 득점 장면이었다. BBC의 크룩 해설위원도 "그라운드 끝에서부터 끝까지 달리며 수비수 한 무더기를 떨쳐낸 뒤 골을 넣는 장면을 보여준 것은 라이베리아 대통령이 마지막이었다면서 오랜만에 손흥민이 그것을 해냈다"라고 극찬했다. 1996년 AC밀란(이탈리아) 소속이던 웨아 대통령은 베로나(헬라스 베로나 fc)를 상대로 82m를 질주한 뒤 득점한 바 있다. 크룩 해설위원은 "손흥민의 골은 분명 '올 시즌 최

고의 골 장면' 후보감"이라면서 "라이베리아 대통령의 업적에 비견될 만하다"고 했다.[1]

손흥민이 약 70m를 홀로 내달리며 무려 6명의 상대 선수를 따돌리고 골을 넣은 것이 극적인 장면이라면, 이 골보다도 더 소중한 목숨이 죽음 직전에서 극적으로 구출되었다면 그 기쁨과 환호성이 손흥민의 짜릿한 골과는 비교가 되지 않을 것이다.

다윗은 가드 왕 아기스에게 죽을 뻔하였다가 이런 극적인 구원을 체험한 후 시편 34편을 썼다.[2] 시편 34편은 "내가 여호와를 항상 송축함이여 내 입술로 항상 주를 찬양하리이다"로 시작하여 "나와 함께 여호와를 광대하시다 하며 함께 그의 이름을 높이세"(3절)로 찬양이 절정에 이른다. 다윗이 여호와를 항상 송축하고, 그의 입술로 주를 찬양하는 이유는 하나님께서 다윗이 아기스 왕의 손에서 죽게 될 절체절명의 순간에 위기를 벗어나게 해 달라고 기도한 것을 들어 주셨기 때문이다. 다윗은 그때 자신의 상태를 "곤고한 자(This poor man)"라고 했다(6절). 다윗이 사울을 피해 가드 땅으로 간 그때만큼 '곤고한' 적은 없었다. 자기 신분을 숨기면서 죽음의 순간을 피하려고 굴욕적인 연기를 해야 했다. 그 상황에서 그가 간절히 바라고 의지했던 것은 하나님 한 분이었다. 하나님이 곤고한 다윗의 기도를 들어 주셨기 때문에 "이 곤고한 자가 부르짖으매 여호와께서 들으시고 그의 모든 환난에서 구원하셨도다"라고 했다(6절). 우리도 다윗처럼 곤고한 삶을 살아가고 있기에 더욱 여호와를 의지하여 곤고한 삶을 극복하는 힘을 공급받아야 한다.

---

1 https://blog.naver.com/sain0912/221730438574에서 인용.
2 다윗이 아비멜렉 앞에서 미친 체하다가 쫓겨나서 지은 시(삼상 21:10-15 참조).

앞에서 손흥민 선수가 극적으로 골을 넣고 환호하는 것을 예로 들었다. 만약 우리가 손흥민이었다면 경기가 끝났다고 해서 극적인 골에 대해 더 이상 말하지 않았을까? 그렇지 않을 것이다. 너무나 짜릿해서 계속 말을 할 것이고, 그가 은퇴한 후에는 축구계의 전설이 되어 후배들과 매스컴을 통해 회자(膾炙)될 것이다. 손흥민의 골이 하나의 전설이 되었다면 손 선수보다 더 극적으로 구원받은 다윗은 더 많은 사람에게, 자신이 구원받은 것을 말했을 것이고 그 간증을 들었던 사람들이 하나님의 살아계심과 하나님께서 그의 자녀들이 부르짖는 기도에 응답하신다는 것을 확실히 믿을 것이다. 또 그들도 다윗처럼 곤고한 삶을 탈피하기 위해 영적 몸부림을 칠 것이고 그 과정을 통해 하나님을 만날 것이다. 그러면 그들의 체험이 메아리처럼 여러 사람에게 전해져서 하나님의 위대하심을 높일 것이다. 이것 때문에 다윗은 "내 영혼이 여호와를 자랑하리니 곤고한 자들이 이를 듣고 기뻐하리로다"(2절)라고 했다.

주를 경외하는 자는 주의 보호하심을 받는다(7-10절)

다윗이 다급한 나머지 가드로 간 것은 큰 실수였으나 하나님께서 이런 다윗의 기도를 들어주신 이유는 무엇일까? 그가 여호와를 경외(יִרְאָה, The fear of the Lord)하였기 때문이다. '경외'는 인간이 하나님을 향해 가지는 거룩한 두려움을 말한다. 그러나 노예가 주인에게 가지는 수동적인 두려움이 아니라, 자녀가 아버지를 향해 갖는 능동적인 두려움인 공경을 가리킨다. 따라서 "여호와를 경외한다는 것은 하나님을 창조자로 인정하며 그분만 절대적으로 섬기겠다는 자세이다."[3]

우리가 시편 34편에 나오는 다윗의 감격을 이해하려고 하면 아기스 왕 앞에서 자신의 정체가 탄로 날까 봐 두려움에 떠는 다윗이 되어 보아야 한다. 많은 사람이 다윗을 죽여야 한다고 외치는데도 가드 왕 아기스가 다윗을 쉽게 미치광이로 본 것이 이상하지 않는가? 아기스의 신하 중에는 다윗이 골리앗을 죽이는 것을 목격한 자도 많았다. 그 후에도 다윗이 블레셋을 치는 것을 본 자도 있었다. 또 다윗의 수중에 골리앗의 칼이 있었기 때문에 그 칼이 골리앗을 죽인 다윗임을 가르쳐 주고 있다. 게다가 다윗이 처음부터 미치광이 흉내를 낸 것이 아니라, 아기스의 부하들이 다윗을 죽여야 한다고 말을 할 때부터 미치광이 흉내를 내었다. 아기스는 한 지역을 다스리는 군주이기에 매사에 신중했을 것이다. 이런 그가 부하들의 말을 듣고 진짜 다윗이 맞는지? 정말 미치광이인지 조사를 할 수도 있었다. 이런 과정을 생략하고 다윗을 미치광이로 취급한 것이 이상하지 않는가? 다윗은 7절에서 "여호와의 천사가 주를 경외하는 자를 둘러 진 치고 그들을 건지시는도다"(7절)라는 말로 아기스가 성급하게 판단을 내릴 수밖에 없었던 이유를 설명했다. 하나님께서 위기에 빠진 다윗을 구하기 위해 천사를 보내 아기스의 판단력을 흐리게 했고, 그의 부하들이 아기스의 명령에 따르도록 하셨기 때문이다.

성경에는 천사를 '주의 사자(使者)', 혹은 '주의 천사'라는 말로 자주 등장한다. 예수님이 탄생하실 때는 천사 가브리엘이 나타나 예수

---

[3] 『그랜드 종합주석, 9권, 잠언』 성서교재간행사, 1994, 41.

님의 수태 소식을 알렸다. 또 주의 천사가 아브라함에게 나타나 소돔과 고모라의 멸망 소식을 알렸다. 성경은 우리 구원을 목적으로 기록되었기에 천사가 어떻게 창조되었는지 자세히 말하지 않으나 히브리서 2:14에 "모든 천사들은 섬기는 영으로서 구원받을 상속자들을 위하여 섬기라고 보내심이 아니냐"는 말씀을 통해 천사는 하나님의 형상대로 지음 받은 사람을 섬기기 위해 지음 받았음을 알 수 있다. 천사는 성도들을 섬기고, 돕는 일을 한다. 하나님께서 천사를 보내 위기에 빠진 다윗을 구출하셨다면 내가 위기에 빠질 때도 천사를 보내신다. 천사는 영적 존재이기 때문에 사람의 눈으로 볼 수 없으나 지금도 믿는 성도를 돕기 위해 활동하고 있다. 이런 천사의 도움으로 극적으로 구원받은 다윗이기에 "너희는 여호와의 선하심을 맛보아 알지어다 그에게 피하는 자는 복이 있도다 너희 성도들아 여호와를 경외하라 그를 경외하는 자에게는 부족함이 없도다 젊은 사자는 궁핍하여 주릴지라도 여호와를 찾는 자는 모든 좋은 것에 부족함이 없으리로다"(8-10절)라고 자신있게 말했다.

복 받기를 원하는 사람(11-15절)

좋은 스승에게서 좋은 제자가 나온다는 것은 만고불변의 진리이다. 지금 베트남의 축구가 박항서 감독을 만남으로 승승장구를 하고 있다. 박항서 감독은 2002년에 거스 히딩크 감독이 한국 축구 대표팀을 맡을 때 대표팀 수석 코치였다. 그는 히딩크로부터 선수 전원이 공격과 수비를 동시에 하는 멀티플레이어(multilayer) 전술을 배웠다. 히딩크는 한국팀에게 유럽과 남미팀처럼 경기를 주도하는 스타 플레이어가 없다는 것을 인정하고, 11명이 90분 동안 전원 공격과 수비를 같이 하는 전술을 구사했다. 선수들이 이 전술을 실행하려면 엄청난 체력이 뒷받침되어야 하기에 히딩크는 선수들의 체력보강에 신경을 썼다. 체력이 뒷받침되면 90분 동안 공격과 상대 팀을 압박할 수 있기에 체력보강을 우선으로 했다. 우리는 산소 탱크 박지성 선수가 90분간 쉴새 없이 경기장을 뛰어다니는 것을 보았다. 이것은 체력이 뒷받침되기 때문에 가능했다. 히딩크로부터 이런 전술을 배웠던 박항서 감독이 베트남 선수들의 체력보강에 주력했고, 그다음 전원 공격과 수비를 겸하는 전술을 구사하여 강팀들을 차례로 격침시키고 우승했다.

명장 히딩크 수하에서 박항서 감독 같은 제자가 나왔다면 하나님의 은혜로 수많은 위기를 극복한 다윗이야 말로 하나님에 대해서 가르치는 영적 스승이 되지 않을 수 없다. 꼭 학교라는 제도를 통해 스승과 제자의 관계로 하나님에 대해 가르치고 배운 것은 아니다. 하나님의 도우심으로 극적으로 구원받은 것을 여러 사람들에게 말을 하였고, 그 간증을 들었던 사람들이 하나님이 살아계시는 것과 하나님께서 그의 백성을 도와주시는 분임을 알게 되었고, 다윗처럼 하나님의 능력을 체험하기 위해서 기도를 하였기에 다윗의 간증이 영적 스승의 역할을 한 것이다.

모진 고난을 믿음으로 극복한 욥이 **"내가 주께 대하여 귀로 듣기만 하였사오나 이제는 눈으로 주를 뵈옵나이다"**(욥 42:5)라는 고백을 한 것처럼 사람은 자기가 체험한 것 만큼 말하게 되어 있다. 하나를 알면 하나 밖에 말을 못 하지만 10개, 100개 이상 알수록 더 많은 것을 말한다. 다윗은 사울에게 쫓기면서 수많은 사선을 넘었다. 그때마다 하나님께 부르짖었고, 하나님의 도우심을 체험했다. 그 간증을 여러 사람들이 들었고, 간증을 통해 하나님이 살아계시는 것 구체적으로 알게 되었다. 또한 그들도 하나님을 만나기 위해서 기도할 것이다. 다윗은 이런 일이 계속 일어나기를 바라는 마음으로 "너희 자녀들아 와서 내 말을 들으라 내가 여호와를 경외하는 법을 너희에게 가르치리로다"(11절). 그리고 "생명을 사모하고 연수를 사랑하여 복 받기를 원하는 사람이 누구뇨 네 혀를 악에서 금하며 네 입술을 거짓말에서 금할지어다 악을 버리고 선을 행하며 화평을 찾아 따를지어다"(12-14)라고 교훈하고 있다. 왜 복 받기를 원하는 사람은 혀를 악에서 금하며, 입술에서 거짓말을 금해야 할까? "여호와의 눈은 의인을 향하시고 그의 귀는 그들의 부르짖음에 기울이시기"(15절) 때문이다. 우리가 혀로 말씀을 읽고, 기도하면서 하나님을 찬양하고, 또 다른 사람을 축복하기 때문에 여호와를 경외하는 것과 기도하는 혀는 결코 떨어질 수 없다. 그래서 혀로 악을 금하고, 거짓말을 하지 않는 대신 하나님이 주신 은혜와 구원을 자랑하는 사람이 되어야 한다.

하나님의 도우심을 받으려면(16-22절)

미국 디트로이트시의 어느 추운 겨울날, 한 유명한 정비사가 출근하는 중에 자동차가 고장이 나서 차를 세워 놓고 고장의 원인을 찾으려 했으나 찾지 못하고 추운 날씨에 떨고 있었다. 그때 지나가던 세단 하나가 멈춰 서더니 한 노신사가 차에서 내려 "도와드릴까요"라고 말을 건넸다. 정비사는 속으로 "이 도시에서 제일 유명한 정비사인 내가 못 고치는 차를 어떻게 노인장께서 고치겠습니까?"라는 말을 하고 싶었지만, 그의 정중한 태도에 차를 맡겼다. 노신사는 차의 몇 군데를 만지더니 시동을 켜 보라고 했다. 그 정비사는 별 기대감 없이 시동을 켜는 순간, 부렁하고 시동이 걸렸다. 정비사는 "도대체 저분이 누구이기에 내가 고칠 수 없었던 차를 손쉽게 고친단 말인가…" 궁금해하고 있는데, 노신사는 명함을 한 장을 주고 떠났다. 그 명함에는 '헨리 포드(Henry Ford)'라고 적혀 있었다. 헨리 포드가 누구인가? 바로 그 자동차를 만든 사람이다. 그 도시 최고 정비사가 못 고치는 차를 자동차를 만든 헨리 포드는 엔진 소리만 들어도 어디에 이상이 있는지 다 안다.

이처럼 내 인생이 고장이 났을 때 수많은 사람이 정비공처럼 나의 고장 난 부분을 고쳐 주겠다고 한다. 그러나 그들은 고장 난 부분을 정확하게 모르고, 설령 안다고 해도 고칠 능력이 부족하거나 없다. 그러나 나를 지으신 하나님은 나의 체질과 재능과 은사까지 다 아신다. 내가 하나님을 의지하면 하나님이 나의 편이 되신다. 하나님이 나의 편이시기에 하나님이 나를 의인으로 인정하시고 내 기도에 응답하신다. 그래서 15절에 "여호와의 눈은 의인을 향하시고 그의 귀는 그들의 부르짖음에 기울이시는도다", 17절은 "의인이 부르짖으매 여호와께서 들으시고 그들의 모든 환난에서 건지셨도다", 19절은 "의인은 고난이 많으나 여호와께서 그의 모든 고난에서 건지시는도다"라고 했다.

26 다윗이 아둘람 동굴에 숨다
(삼상 22:1-23)

핵심 말씀

"그러므로 다윗이 그 곳을 떠나 아둘람 굴로 도망하매 그의 형제와 아버지의 온 집이 듣고 그리로 내려가서 그에게 이르렀고 환난 당한 모든 자와 빚진 모든 자와 마음이 원통한 자가 다 그에게로 모였고 그는 그들의 우두머리가 되었는데 그와 함께 한 자가 사백 명 가량이었더라"(1-2절)

혼자만은 아니란다(1-2절)

현대 선교의 아버지인 윌리엄 캐리(William Carey, 1761-1834)가 인도에서 인도어로 된 성경을 번역하기 위해 각 지방의 언어를 조사하여 지방 문법책을 만들었다. 이 문법책을 종합하여 인도 문법책과 단어 사전을 만들다 보니 20년의 세월이 흘렀다. 그런데 1812년 3월 12일에 집에 불이 나서 성경 번역을 위한 자료들이 순식간에 잿더미가 되었다. 캐리는 땅을 치면서 "하나님! 지금 당신의 말씀이 불타고 있습니다. 인도어로 된 성경이 불타고 있습니다"라고 울부짖었다. 그 후 캐리와 동료 선교사들이 잿더미 위에서 예배를 드리면서 "우리가 알거니와 하나님을 사랑하는 자 곧 뜻대로 부르심을 입은 자들에게는 모든 것이 합력하여 선을 이루느니라"(롬 8:28)는 말씀을 읽고, 하나님께 성경 번역 작업을 계속할 수 있게 해 달라고 기도했다. 캐리의 화재 소식이 영국으로 전해졌고, 수많은 교회가 캐리를 돕기 시작했다. 그것을 계기로 3,000명이 선교사로 지원했고 그중에 500명의 선교사와 번역 전문가가 인도로 와서 캐리가 20년 동안 해 왔던 일을 단 2년 만에 복구했다. 그 후 벵골어와 여러 지방어로 된 성경책을 출판할 수 있게 되자 캐리는 "하나님으로부터 위대한 결과를 기대하십시오. 하나님을 위해 위대한 일을 시도하십시오(Expect great things from God; attempt great things for God)"라는 말을 했다.

우리가 어떤 일에 실패할 수 있고, 삶에 지쳐 외로울 수 있다. 그때 하나님은 우리를 돕거나 위로하기 위해 돕는 사람을 붙여 주신다. 엘리야가 바알의 우상 종교와 싸우다가 지쳐 하나님께 자기 혼자만 남았다고 한탄할 때 하나님은 바알에게 무릎을 꿇지 않은 7,000명을 예비해 두셨다고 하면서 결코 엘리야 혼자가 아니라고 했다. 그 하나

다윗이 피신했던 아둘람의 한 동굴. 아둘람에는 이와 같은 석회암 동굴이 수없이 널려 있다.

님께서 나 홀로 외롭게 살도록 내버려 두시지 않는다.

다윗이 가드에서 구사일생으로 살아남자 급히 가드를 떠나 아둘람[1]으로 갔다. 아둘람은 여호수아에게 정복당한 뒤 야르뭇과 소고와 아세가와 더불어 유다 지파의 성읍이 되었다(수 12:7, 15:20, 35). 아둘람은 '피난처', '은신처'란 의미에 걸맞게 인근 산보다 산림이 우거진 야산 숲속에 석회암으로 된 동굴이 많았다. 근처에 엘라 골짜기나 고대 도로에서 골짜기 하나씩을 뒤로하고 있어 인적이 뜸했다. 다윗이 사울 왕의 추격을 피해 블레셋의 가드로 도망갔지만 가드 사람들이 그를 알아보자 미친 체하여 아기스를 속이고 가드를 떠나 아둘람으로 피신했다. 아둘람 굴 앞에 서면 베들레헴 언덕까지 훤히 올려다보이고, 베들레헴에서 엘라 골짜기에 이르는 직선의 길이 선명하게 보인다. 다윗이 골리앗과 싸울 때 엘라 골짜기에 진을 치고 있던 형제들의 안부를 묻기 위해 그곳에 간 적이 있다.

아둘람에 선 당시 다윗의 심정을 상상해 보자. 자신의 고향 베들레헴을 지척에 두고도 가지 못하고 쫓기는 신세가 되었다. 앞산 너머 엘라 골짜기에서는 물맷돌 몇 개로 골리앗을 때려눕혔을 때 당시 사울 왕의 환대는 물론이고 "사울의 죽인 자는 천천이요, 다윗은 만만이로다"는 국민적 환대를 한 몸에 받았다. 이런 다윗이 이방 왕 앞에서 미친 체하며 자신의 정체를 숨겨야 할 정도로 비참하게 되었다. 다윗은 유대 땅과 블레셋의 중간 지대인 아둘람을 은신처로 삼았으나, 사울이 있는 한 여전히 불안하기는 마찬가지였다.

---

1 시편 57편의 표제 "다윗의 믹담 시, 영장으로 알다스헷에 맞춘 노래, 다윗이 사울을 피하여 굴에 있던 때에."

아둘람 공동체가 주는 의미(1-5절)

그런데 아둘람은 다윗의 삶에 분기점이 되었다. 왜냐하면 다윗이 아둘람에 있다는 소식을 듣고 그의 가족과 400명 가량 무리가 오므로 더 이상 혼자가 아니었다(1-2절). 도망자 다윗 주변에 사람들이 모여들었다는 것은 그가 진정한 왕인 것을 보여준다. 처음에는 남자만 400명이 모였으나 나중에 600명으로 불어났고(23:13), 아이들과 여자까지 합치면 2,000명이 훨씬 넘었다. 다윗은 이스라엘 왕으로서 이들을 통솔했다. 그런데 다윗에게 온 구성원이 환난 당한자와 빚진 자, 마음이 원통한 자, 즉 삶의 불만이 많은 당시 사회의 저변 계층이었다. 가장 비참한 바닥까지 내려간 다윗과 하찮은 사람들이 모인 것이 무슨 대수가 있겠느냐고 반문할 수 있으나 이것은 큰 오산이다. 왜냐하면 이들이 다윗과 함께 통일 왕국을 세우는데 일등 공신의 역할을 했기 때문이다. 하나님은 이들을 통해 훗날 이스라엘 역사를 새로 쓰는 주역이 되게 하셨다.

내 삶이 다윗처럼 절망의 나락으로 빠질 때 하나님은 나를 돕는 사람들을 붙여 주신다. 비록 그들이 지금 큰 영향력을 발휘하지 못해도 실망하지 말자. 전능하신 하나님께서 그들과 함께하시면서 무너진 교회를 세우고, 새로운 비전을 통해 사회에 신선한 영향을 끼칠 수 있다. 예수님의 열두 제자가 그 당시 지극히 평범한 사람이었지만, 주님으로 인해 그들은 교회를 설립하는 초대 멤버가 되었다. 내 주변에 사람이 모여든다는 것은 그만큼 희망이 있다는 증거이다. 그들과 함께 아둘람의 공동체의 기적을 재연해 보자.

다윗과 함께 하는 사람들이 많아지자 사울에게 발각될 가능성이 커졌고, 다윗 부모님이 노년에 광야에서 생활하기가 쉽지 않게 되자 다윗은 사해 동쪽의 모압 땅인 미스베(망대)에 있는 모압 왕이 거했던 요새로 갔다. 다윗은 모압 왕에게 자신과 가족을 보호해 달라고 부탁했다(4절). 이때 선지자 갓(גָד, 행운)[2]이 왔고, 그는 즉시 다윗에게 유다 땅으로 가라고 했다. 다윗은 갓의 말을 듣고 그일라와 아둘람 사이의 수목이 우거진 헤렛(חֶרֶת, 숲) 수풀로 갔다(5절). 안전한 모압 땅에서 나와 유다로 가면 그의 가족과 따르는 사람들이 사지로 들어가는 것이 된다. 그런데 왜 하나님이 갓을 통해 다윗에게 유다로 가라고 하셨을까? 다윗이 사울에게 쫓기는 매우 급한 순간에도 하나님을 의지하는 훈련을 시키고, 어떤 위험을 만나더라도 하나님이 다윗과 함께한다는 것을 가르쳐 주기 위함이다. 또 이스라엘 왕인 다윗이 있어야 할 곳은 이방 땅 모압이 아니라, 이스라엘 땅이었다. 그는 자기 영토에서 그의 백성들을 돌보는 일을 해야 했기에 유다로 돌아가야 했다.

많은 사람이 고통과 불편함이 없는 안락한 환경이 하나님의 인도하심과 축복이라고 생각한다. 그런데 이런 환경에 있으면 대부분 믿음이 퇴보한다. 그래서 하나님은 우리를 불안하고 고통스러운 곳으로 몰아넣어 믿음의 훈련을 시키신다. 동시에 어떤 위험 속에도 하나님이 함께하시는 것을 보여주신다. 아브라함이 안락한 갈대아 우르를 버리고 척박한 가나안 땅으로 온 것도 이런 이유 때문이다. 척박한 환경이 아브라함을 믿음의 조상으로 만들었다면 지금 내 삶에 힘든 것이 더욱 나를 성숙한 사람으로 만들 것이다.

---

2 다윗을 섬긴 선지자 혹은 선견자로(삼하 24:11), 본문 외에 다윗이 인구 조사를 하였을 때 갓이 세 가지 재앙 중에 하나를 택하라는 하나님의 말씀을 전했다(삼상 24:11-14). 갓은 다윗이 성전 봉사를 정비하는 일을 도왔으며(대하 29:25) 다윗의 시종 행적을 기록하였다(대하 29:29).

사울이 놉의 제사장들을 죽이다(6-23절)

세상살이가 쉽지 않은 것은 단순히 먹고살기가 힘든 것 때문만이 아니다. 나의 실수나 혹은 착한 사람들이 사심 없이 나를 도와주므로 인해 어떤 피해를 보기 때문이다. 나로 인해 선한 사람이 피해를 볼 때 참 마음이 괴롭다.

1960년대 말부터 중국에서 문화 혁명이 일어났다. 정치적인 입지가 좁아진 모택동이 세상 물정이 어두운 청년들을 이용하여 자신의 정적을 제거하려고 문화 혁명을 일으켰다. 그때 수많은 청년 홍위병(紅衛兵, HungweiPing)이 무고한 사람들을 잡아들이고 죽이는 등 온갖 만행을 저질렀다. 중국 문화 혁명 때 한 십대 후반의 소년이 모택동을 신으로 받들었는데, 어느 날 그의 어머니가 사람을 신으로 받들면 안 된다고 했다. 그 말을 들은 소년은 어머니가 모택동을 모독하는 역적으로 반드시 처단해야 할 적이라 생각하니 더 이상 어머니로 보이지 않았다. 그는 당국에다 어머니를 고발했고, 어머니는 3개월 동안 모진 고문을 받다가 총살당했다. 오랜 세월이 흐른 후 모택동의 만행이 온 천하에 드러났고, 그도 세상 물정과 세상이 돌아가는 것을 알면서부터 철없는 자기 때문에 죄 없는 어머니가 죽었다는 죄책감에 시달렸다고 한다. 잘못된 사상이 한 사람의 인생만 망치는 것이 아니라, 그의 가족과 사회 전체를 망친다.

사울은 다윗이 유다로 왔다는 소식을 듣자 신하들을 모아놓고 다윗을 잡는데 적극적이지 않다고 질책했다. 그때 도엑이 사울에게 제사장 아히멜렉이 다윗에게 진설병과 골리앗의 칼을 준 것에 대해 고자질했다. 사울은 아히멜렉과 놉에 있는 제사장들을 소환하여 심문하면서 다윗을 도와준 것은 왕과 국가를 배반하는 일이라고 했다. 그

때 아히멜렉은 최선을 다해 다윗과 자신의 행동을 변호했다. 그는 다윗이 사울에게 어떤 존재인지를 일깨워주었고, 자신이 다윗을 위해 기도해 준 것은 그렇게 특별한 것이 아니라고 했다. 또 자신은 다윗의 종이 아닌 사울 왕의 종이라고 고백하면서 이번 일에 어떤 의도가 있었던 것이 아니라고 했다(14절). 그러나 질투와 피해 의식과 분노와 미움이 가득 찬 사울은 좌우에 있는 호위병들에게 아히멜렉과 그의 가족들과 친척들을 죽이라고 했으나 호위병이 제사장들을 죽이라는 명령을 따르지 않았다. 왜냐하면 왕이 선포한 사형 선고의 근거가 이해하기 어려웠고, 제사장을 죽이는 것은 하나님을 대적하는 것이었기 때문이다. 그러자 사울은 도엑에게 제사장을 죽이라고 했다. **"에돔 사람 도엑이 돌아가서 제사장들을 쳐서 그날에 세마포 에봇 입은 자 팔십 오명을 죽였고 제사장들의 성읍 놉의 남녀와 아이들과 젖 먹는 자들과 소와 나귀와 양을 칼로 쳤더라"**(18-19절). [3] 성경은 도엑이 '에돔(Edom)' 사람임을 강조하므로 그가 하나님을 두려워하지 않았기에 제사장을 주저없이 죽였다고 했다.

    사울이 왕이 된 목적이 무엇인가? 그의 백성을 이방인의 손에서 구원하기 위해서이다. 백성들이 이 일을 하려고 왕을 요구했고, 세웠다(8:4-5). 그러나 사울은 백성을 보호할 사명을 저버리고 공권력으로 하나님을 섬기는 제사장들을 죽이는 엄청난 죄를 저질렀다. 하나님을 두려워하였다면 결코 이런 만행을 저지르지 않았을 것이다.

---

3 도엑이 제사장 85명을 죽인 것은 하나님의 성소에서 악을 행한 엘리와 그 자손들에 대한 심판의 예언이 후대에 이루어진 것이다(삼상 3장). 시편 52편은 도엑이 제사장을 죽였다는 소식을 들은 다윗이 지은 것이다. 표제는 "에돔 사람 도엑이 사울에게로 가서 다윗이 아히멜렉의 집에 와 있었다고 알렸을 무렵에"로 되어 있다.

아히도벨이 전혀 나쁜 짓을 하지 않았는데도 다윗을 돕다 죽임당한 것에서 우리는 세상살이의 모순을 발견할 수 있다. 우리들의 머릿속에는 세상살이가 1+1=2라는 수학 공식처럼 딱 맞아떨어지기를 바란다. 또 인과응보의 법칙에 따라 착하게 살면 상을 받고, 나쁘게 살면 벌을 받아야 한다고 생각하지만, 실상은 그렇게 되지 않을 때가 많다. 오히려 착한 일을 했던 사람은 고난을 받고, 온갖 나쁜 짓을 했던 사람은 아무 문제 없이 잘 사는 것을 볼 수 있다. 이것 때문에 세상이 불공평하다고 외치면서 여기에 대한 답을 찾으려고 하지만 답을 찾지 못해 답답할 때가 많다. 이런 모순 때문에 세상살이가 힘든 것이다. 내가 아무리 고민해도 여기에 대한 답을 찾지 못하기 때문에 하나님의 섭리에 맡길 수밖에 없다(시편 73편 참조).

도엑이 제사장을 죽이므로 출세를 했으나 여전히 살인자라는 딱지를 달고 살았다. 그가 죽었다고 해서 악행이 덮어지지 않고 성경을 읽는 독자들을 통해 그의 악행이 온 천하에 폭로되고 있으니 역사는 무서운 것이다.

27 다윗이 그일라를 구원하다
(삼상 23:1-14)

핵심 말씀
"다윗이 여호와께 다시 묻자온대 여호와께서 대답하여 이르시되 일어나 그일라로 내려가라 내가 블레셋 사람들을 네 손에 넘기리라 하신지라"(4절)

여호와께 묻자와 이르되(1-5절)

요셉과 다윗의 생애를 살펴보면 한 가지 공통점이 있다. 그것은 두 사람 다 고난을 많이 당했으나 하나님이 한 번도 직접 나타나셔서 말씀하지 않으셨다는 것이다. 아브라함과 야곱은 어려움을 당할 때마다 하나님이 나타나셔서 말씀하셨지만, 요셉과 다윗에게는 한 번도 나타나시지 않았다. 하나님께서 두 사람이 억울한 일을 만나 괴로워하는데도 침묵만 지키고 계셨다. 그런데도 두 사람이 성공적인 삶을 살 수 있었던 비결은 무엇일까? 바로 "기도"에 있었다. 다윗이 아기스로부터 구출 받은 후 기도의 사람이 되었다.

사무엘상 22:5은 다윗이 모압에서 돌아와 헤렛 수풀에 머물렀다고 했다. 어느 날 다윗은 블레셋 사람들이 그일라 지역을 약탈하고 있다는 소식을 들었다. '그일라'는 아둘람에서 남쪽으로 약 5km 떨어진 성으로, 블레셋의 가드에서 아주 가까운 곳이다. 이때는 추수를 끝내고 곡식을 저장할 때였다. 그때 사람들이 헤렛 수풀이 있는 다윗에게 와서 블레셋 사람들이 그일라를 약탈한다고 말했다. 사울이 이스라엘을 통치하고 있었기에 실제적인 왕은 사울이고, 다윗은 예비 왕이다. 그런데 사람들이 사울에게 가지 않고 다윗에게 온 것은 사울보다 더 신뢰하였기 때문이다. "이에 다윗이 여호와께 묻자와 이르되 내가 가서 이 블레셋 사람들을 치리이까 여호와께서 다윗에게 이르시되 가서 블레셋 사람들을 치고 그일라를 구원하라 하시니"(2절). "이에 다윗이 여호와께 묻자와 이르되" 이 구절에서 다윗의 기도가 습관화된 것을 알 수 있다. 아기스로부터 극적으로 구원받자 하나님을 절대적으로 신뢰하게 되었고, 이것이 그를 최고의 영성가로 만들었다. 이런 차원에서 생각하면 성도에게 오는 고난을 나쁘게만 볼 것이 아니다. 고난을 통해 하나님을 더 깊이 만날 수 있다면 그 고난은 필요한 아픔이요, 나를 복되게 하는 도구가 된다.

하나님이 다윗에게 블레셋 족속을 치라고 했으나 문제는 다윗을 따르는 사람 600명이 블레셋을 칠 수 없다고 했다. 그 이유는 블레셋은 정규군으로 군사와 무기가 풍부하지만, 자신들은 겨우 600명밖에 되지 않고, 사울이 다윗이 블레셋과 싸운다는 소식을 듣게 되면 잡으러 올 것이고, 그러면 다른 곳으로 도망가 은신처를 찾아야 한다는 것이다. 전부 상식적으로 맞는 말로 다윗과 그를 따르는 사람들의 생명과 직결되는 말이었다. 그러자 "다윗이 여호와께 다시 묻자온대 여호와께서 대답하여 이르시되 일어나 그일라로 내려가라 내가 블레셋 사람들을 네 손에 넘기리라 하신지라." "다윗이 여호와께 다시 묻자온대" 다윗은 상식으로 맞는 말에 반박하지 않고 또 하나님께 물었다.

오늘날 우리는 인간적인 상식을 옳다고 생각하여 그 상식을 뛰어

넘어 일하려고 하지 않는다. 돈도 없고 사람도 시간도 없고, 여건 조성이 안 되어 무엇을 못 하겠다고 한다. 이 말들이 하나도 틀리지 않고 상식에 맞기에 더 이상 앞으로 나가려고 하지 않는다. 그런데 상식에 맞는 말이라고 할지라도 하나님의 뜻을 묻는 기도를 진지하게 해야 한다. 하나님은 인간의 상식을 뛰어넘어 일하신다. 다윗은 다시 기도하여 블레셋을 치면 승리할 것이라는 하나님의 응답을 받고, 하나님의 말씀대로 블레셋을 쳐서 물리친 후 그일라의 주민을 구했다.

빌립보서 4:6-7은 "아무것도 염려하지 말고 다만 모든 일에 기도와 간구로, 너희 구할 것을 감사함으로 하나님께 아뢰라 그리하면 모든 지각에 뛰어난 하나님의 평강이 그리스도 예수 안에서 너희 마음과 생각을 지키시리라"라고 한다. 필자는 이 말씀을 실감 나게 체험한 적이 있었다. 2002년 4월 19일에 제7영도교회에 부임했을 때, 교회가 아파트 상가에다, 사람도 돈도 없어서 참 어려웠다. 그런데 이것보다 더 힘든 것은 교회가 비탈진 도로 가에 있다 보니 가로수 벚꽃나무가 무성하면 교회가 보이지 않았다. 그래서 상가 옥상에다 십자가를 세워야 했는데 이전 목사님이 교회가 입주할 때 아파트 주민들이 반대하여 옥상에 십자가를 세우지 않겠다고 서약을 한 것이 걸림돌이었다. 그때 약속했던 분들이 다 떠났기에 십자가를 세웠다. 그 후 아파트 측은 소장을 중심으로 하여 교회를 집요하게 방해했다. 주일날 차를 타고 교회 오시는 분들의 차를 아파트 주차장에 파킹을 못하게 했다. 또 구청에 민원 제기를 하여 옥상에 세워진 십자가를 철거하라고 해서 교회에서 매일 철야 기도를 하였는데, 기도 중에 성령께서 빌립보서 4:6-7의 말씀을 주신 것이다. 아파트 측의 극심한 박해로 인해 빌립보서의 말씀이 이루어지지 않을 것 같았다. 그런데 6개월 후 아파트 소장의 갑작스러운 죽음으로, 아파트 사람들이 하나님이 살아계심을 알게 되었고, 더 이상 교회를 핍박하지 않았다. 소장의 죽음을 계기로, 교회 입주를 극심하게 반대했던 사람들이 자연사하거나, 몸이 아파 거동을 못 하고, 다른 곳으로 이사를 가므로 교회는 핍박에서 자유로울 수가 있었다.

기도는 해 본 자만이 체험할 수 있다

영국의 애국가는 찬송가 70장 "피난처 있으니 환난을 당한 자 이리 오라" 곡에다가 영국 여왕을 찬양하는 가사를 붙였다. 이 곡의 배경은 "하나님은 우리의 피난처시요 힘이시니 환난 중에 만날 큰 도움이시라 그러므로 땅이 변하든지 산이 흔들려 바다 가운데에 빠지든지 바닷물이 솟아나고 뛰놀든지 그것이 넘침으로 산이 흔들릴지라도 우리는 두려워하지 아니하리로다"(시 46:1-3)는 말씀이다.

1,600년대 중반에 스코틀랜드의 장로 교인들이 "하나님은 우리의 피난처시요 힘이시니 환난 중에 만날 큰 도움이시라"는 말씀을 체험한 적이 있다. 그 당시 영국의 메리 여왕이 가톨릭을 믿으면서 스코틀랜드 장로 교인들을 극심하게 핍박했다. 그녀가 너무 많은 사람을 죽이자 "피의 여왕"이라는 별명이 붙여졌고 개의 이름을 "메리"라고 지어 조롱했다. 어느 날 메리의 군사들이 장로 교인들을 잡아 죽이려고 해서 많은 사람이 산으로 도망갔고, 다급한 나머지 산중턱에 있는 굴속으로 들어갔다. 굴 입구는 좁았으나 안에는 많은 사람이 지낼 만큼 넓은 공간이 있었다. 문제는 군인들이 그 굴을 쉽게 발견할 수 있다는 것이었다. 굴 밖에서 군인들이 주변을 수색하는 소리가 들렸고 굴을 발견하기만 하면 모두 죽었다고 생각했다. 성도들은 다급한 위기를

돌파하기 위해서 기도했을 때 어디선가 거미 한 마리가 나타나서 동굴의 입구를 뒤덮듯이 거미줄을 쳤다. 동굴 입구에 도착한 대장이 부하에게 동굴을 샅샅이 수색하라고 했으나 부하 중에 한 사람이 "입구에 거미줄이 빽빽이 쳐져 있는 걸 보니, 이 굴속에는 사람이 없는 것 같습니다"라는 말에 대장이 수긍하여 다른 곳을 수색하자고 해서 떠나므로 굴속에 있었던 성도들이 살 수 있었다.

기도는 내 삶의 불가능한 것을 가능하게 해 줄 뿐 아니라, 어려운 삶을 역전시킬 수 있다. 우리가 기도 응답에 대한 간증을 수없이 들어도, 내가 직접 기도 체험을 하지 않으면 그 간증은 다른 사람의 간증에 불과하다. 그러니 기도를 해야 하고, 기도하기 위해 시간을 내어야 한다. 동시에 간절히 기도하는 몸부림이 있어야 한다.

많은 성도가 너무 바빠서 기도할 시간이 없다고 한다. 하루하루 바쁘게 살아 가고 있기에 현실적으로는 맞는 말이다. 그런데 너무 바빠서 기도할 시간이 없다는 것은 내가 하나님의 능력으로 살기보다 내 능력과 지혜와 경험을 더 신뢰한다는 뜻이다. 아직도 내가 대단한 사람으로 내 능력과 처세술을 믿고 있다면 이런 생각을 빨리 버리고, 전적으로 하나님을 의지하자. 온 맘과 정성을 다해 내 영혼아! 깨어 하나님을 찬양하라고 외치면서 기도하자. 그러면 어떤 일이 있어도 영적으로 잠들지 않을 것이다.

은혜를 저버리는 그일라 사람들(6-14절)

예전에는 서양 사람들만 애완견을 좋아했는데, 요즘은 우리나라 사람들도 애완견을 많이 키운다. 개에게 '엄마, 아빠, 언니, 형'이라고 하니 참 웃긴다. 사람들이 애완견을 좋아하는 이유 중의 하나는 개는 절대로 배신을 하지 않기 때문이다. 개는 주인이 사랑을 주는 것만큼 목숨을 걸고 주인에게 충성한다. 이런 개에 비해 사람은 너무 쉽게 배신을 한다. 우리 주변에 개보다 못한 사람들이 많은데 그 개보다 못한 사람들이 그일라에 있었다.

다윗이 사울에게 은신처가 발각될 위험이 있었음에도, 그일라의 주민들을 구하기 위해 블레셋을 쳤다. 만약 다윗이 그들을 구하지 않았다면 양식을 다 빼앗겨서 굶어 죽는 일이 속출했을 것이다. 그런데 이렇게 구출 받은 사람이 다윗에게 등을 돌렸다. 물론 다윗에게 먹을 것을 제공하고 감사를 했던 사람도 있었지만, 일부는 출세를 위해 다윗이 그일라에 있다는 것을 사울에게 고자질했다. "다윗이 그일라에 온 것을 어떤 사람이 사울에게 알리매 사울이 이르되 하나님이 그를 내 손에 넘기셨도다. 그가 문과 문 빗장이 있는 성읍에 들어갔으니 갇혔도다 사울이 모든 백성을 군사로 불러모으고 그일라로 내려가서 다윗과 그의 사람들을 에워싸려 하더니"(7-8절).

우리는 고자질하는 사람들을 보고 "어떻게 그럴 수가 있느냐?"고 하겠지만, 이것이 인간의 타락한 본성이다. 사람들은 어떤 이익 앞에 받은 은혜를 외면하고 의리를 생각지 않는다. 다윗이 숨은 곳을 사울에게 고자질했던 사람이 있다면 그 반대로 사울이 다윗을 잡으러 온다는 것을 알리는 사람도 있었다. 그때 다윗은 다시 하나님의 뜻을 물었다. "다윗은 사울이 자기를 해하려 하는 음모를 알고 제사장 아비아달에게 이르되 에봇을 이리로 가져오라 하고 다윗이 이르되 이스라엘 하나님 여호와여 사울이 나 때문에 이 성읍을 멸하려고 그일라로 내려오기를 꾀한다 함을 주의 종이 분명히 들었나이다 그일라 사람들이 나를 그의 손에 넘기겠나이까 주의 종이 들은 대로 사울이 내려 오겠나이까 이스라엘의 하나님 여호와여 원하건대 주의 종에게 일러 주옵소서 하니 여호와께서 이르시되 그가 내려오리라 하신지라 다윗이 이르되 그일라 사람들이 나와 내 사람들을 사울의 손에 넘기겠나이까 하니 여호와께서 이르시되 그들이 너를 넘기리라 하신지라"(9-12절).

다윗은 하나님의 음성을 듣고 그곳을 떠나 십 광야로 피신했다. 사울이 계속 다윗을 추격했으나 잡지 못했다. "다윗이 광야의 요새에도 있었고 또 십 광야 산골에도 머물렀으므로 사울이 매일 찾되 하나님이 그를 그의 손에 넘기지 아니하시니라"(14절). 사울이 막강한 군사력과 다윗의 동태를 사울에게 알리는 정보망도 하나님이 함께하는 사람 다윗을 잡지 못했다. 그 누구도 하나님이 함께하는 사람을 당해낼 수가 없다.

기도를 멈추었을 때 일어난 일들

다윗이 바쁘고 생명의 위협을 느낄 때는 열심히 기도했다. 그런데 이스라엘 왕이 된 후 기도의 간절함이 식고, 건성으로 기도하였을 때 위기가 찾아왔다. 다윗의 생애를 보면 두 개의 큰 오점이 나온다. 하나는 밧세바와 간음을 한 것이다. 그때 요압이 군사를 이끌고, 암몬과 전쟁을 하고 있었는데 다윗은 저녁 때에 낮잠에서 깨어나 왕궁 옥상을 거닐다가 목욕하는 밧세바를 보고 유혹에 빠져 간음을 했다. 밧세바가 아이를 밴 것으로 보아 간음의 횟수가 많았던 것 같다. 다윗은 간음을 은폐하기 위해 밧세바의 남편 우리야를 죽였다. 나라가 전쟁 중일 때 왕이 낮잠을 잘 것이 아니라, 간절히 이스라엘의 승리를 위해 기도해야 하는데, 다윗의 편안함이 기도를 쉬는 죄를 범했다.

또 한번은 다윗이 인구 조사를 통해 20세 이상 전쟁에 나갈 수 있는 군인의 숫자를 알기 원했다. 군인의 숫자는 군사력을 말한다. 다윗이 요압에게 인구 조사를 명령했을 때 요압이 반대했다. 사무엘하 24:1에는 다윗이 인구 조사를 한 것을 "여호와께서 다시 이스라엘을 향하여 진노하사 그들을 치시려고 다윗을 격동시키사 가서 이스라엘과 유다의 인구를 조사하라 하신지라"고 했지만, 역대상 21:1은 "사탄이 일어나 이스라엘을 대적하고 다윗을 충동하여 이스라엘을 계수하게 하니라"고 전한다. 사탄이 일어나 이스라엘을 대적했다는 것은 다윗이 그만큼 기도 생활을 등한시했다는 것을 보여준다. 기도 없이 인구 조사를 감행하자 하나님이 교만한 다윗을 깨우치기 위해 전염병을 일으켜 이스라엘 전역에 7만 명이 죽게 했다. 그 후에도 각종 시험이 와서 다윗이 아주 힘든 노후를 보냈다. 내가 오늘 성령 충만했다고 해서 기도를 등한시하면 다윗과 같은 시험을 만날 수 있다. 따라서 어떤 일이 있어도 기도를 쉬는 죄를 범해서는 안 된다.

28 하나님과 한 편인 사람(삼상 23:15-29)

핵심 말씀

"전령이 사울에게 와서 이르되 급히 오소서 블레셋 사람들이 땅을 침노하나이다 이에 사울이 다윗 뒤쫓기를 그치고 돌아와 블레셋 사람들을 치러 갔으므로 그 곳을 셀라하마느곳이라 칭하니라"(27-28)

사면초가(四面楚歌)의 유래(15-18절)

필자는 어렸을 때 장기를 둔 적이 있었는데 장기의 묘수는 상대편을 외통으로 몰아넣어 이리도 저리도 피할 수 없는 외통수가 되게 하는 데 있다. 장기는 중국의 한(漢) 나라와 초(楚)나라의 대결을 염두에 두고 만들어졌는데 여기에 항우(項羽)와 유방(劉邦)이라는 인물이 등장한다. 항우는 힘이 센 장수로 유방과 함께 진 나라를 무너뜨린 후 자신을 초패왕이라 부르면서 천하를 좌지우지하려고 했다. 이에 한왕(漢王)의 유방이 항우의 처사에 불만을 품고 5년에 걸쳐서 초나라와 전쟁을 하게 되었는데 장기는 이때를 배경으로 하고 있다.

처음에는 항우가 유리했지만, 항우는 자신의 힘만 믿고 지혜로운 신하들의 말을 무시하다가 유방에게 밀렸다. 계속 패배를 하다가 결국 초나라 군사는 안휘성(安徽省)에서 한나라 대군에게 겹겹이 포위되었다. 항우의 군사들은 몇 명 되지 않은 데다가 군량마저 떨어져 사기가 많이 떨어졌는데, 한밤중에 한나라 진영에서 초나라 사람들이 부르는 구슬픈 노래가 들려왔다. 그 노래는 그리운 고향에 관한 것이었는데, 초나라 군사들이 그 노래를 듣고 눈물을 흘리면서 앞을 다투어 도망갔다. 이것은 유방의 책사였던 장량이 포로 잡힌 항우의 군사들을 모아 초나라의 노래를 부르도록 했는데, 그 심리 작전이 맞아떨어졌다. 항우는 자신의 마지막인 줄 알고 결국 자살을 선택했다. 온 사방에서 초나라 노래가 들린다는 뜻에서 '사면초가(四面楚歌)'란 말이 생겼다. 이것은 온 사방이 포위되어 더 이상 도망갈 곳이 없다는 뜻이다. 험한 세상을 살아가다 보면 누구나 이런 위기를 만날 수 있다.

방금 읽은 본문은 다윗이 사울에게 포위되어 사면초가(四面楚歌)에 빠진 것을 말한다. 다윗이 블레셋의 손에서 그일라의 거민들을 구했으나 그 거민 중 일부가 사울에게 다윗이 그일라에 있다고 고자질을 하므로 사울은 십(זִיף, Ziphites)[1] 광야까지 다윗을 잡으러 왔다. 십 광야는 그일라에서 남동쪽으로 21km, 헤브론에서 남쪽으로 8km 떨어진 곳으로 사해 서쪽 광야 지대에 위

---

1 십의 거민을 뜻하며, 십 사람은 헤브론 남동쪽의 십 성읍의 주민을 가리킨다(삼상 23;19, 26:1, 시 54:2).

치하였다. 그때 요나단이 몰래 다윗을 만나 '하나님을 힘 있게 의지하라'고 격려했다. "곧 요나단이 그에게 이르기를 두려워하지 말라 내 아버지 사울의 손이 네게 미치지 못할 것이요 너는 이스라엘 왕이 되고 나는 네 다음이 될 것을 내 아버지 사울도 안다 하니라 두 사람이 여호와 앞에서 언약하고 다윗은 수풀에 머물고 요나단은 자기 집으로 돌아가니라"(17-18절). 불안에 떨고 있는 사람에게 하나님을 굳게 의지하라는 말보다 용기와 확신을 주는 말은 없을 것이다. 자신의 아버지인 사울 왕의 불의한 일에 대항하여 하나님이 함께하시는 다윗을 위해 행동하고 있는 요나단의 모습은 우리에게 많은 것을 가르쳐 준다. 우리가 하나님의 축복으로 인해 기쁨을 누리고 있는 순간에, 혹 주변 사람이 세상의 어려움이나 위기 속에서 두려움에 휩싸여 있지 않은가? 그들이 비록 예수님을 믿지 않는 불신자라고 해도 그들의 믿음 없음을 비판하기보다 그들에게 다가가서 하나님을 굳게 의지하라는 말씀을 전해야 한다. 이것이 그들에게 가장 필요한 말이다.

다윗은 요나단의 격려에 힘입어 하길라(חֲכִילָה, 어두운)[2] 수풀 요새로 숨었는데 십 사람들이 기브아로 달려가서 사울에게 다윗의 은신처를 가르쳐 주었다. 사울이 군사를 이끌고 오므로 그때부터 추격자와 도망자 사이에 쫓고 쫓기는 숨바꼭질이 계속되었다. 이 불공평한 대결에서 누가 승자이겠는가? 사실 다윗의 승리를 예상하는 사람은 많지 않았다. 그의 가족이나 요나단, 그리고 사무엘만이 다윗의 승리를 예상했지 나머지는 사울의 승리를 기정사실로 받아들였다. 사울

---

2 하길라는 남 유다의 십 광야 근처에 있는 산으로 오늘날 십의 동쪽 9km, 다할레트 엘 콜라(Dachlet el-kola)로 생각된다.

은 막강한 군사력과 다윗에 대한 현상금을 걸어 사회 여론과 정보망을 자기편으로 만들었기 때문이다.

다윗의 사면초가(四面楚歌)(19-26절)

다윗이 사울에게 쫓기다가 막다른 길목인 마온(מָעוֹן, 거주)[3] 광야에서 사울과 바위산을 두고 서로 대치했다. 그때의 모습을 "사울이 산 이편으로 가매 다윗과 그의 사람들은 산 저편으로 가며 다윗이 사울을 두려워하여 급히 피하려 하였으니 이는 사울과 그의 사람들이 다윗과 그의 사람들을 에워싸고 잡으려 함이었더라"(26절). 절체절명(絕體絕命)의 위기에 빠진 다윗은 그 누구의 도움도 받을 수 없는 사면초가에 빠져 항복하느냐, 아니면 죽느냐를 선택해야 했다.

잠시 다윗의 이야기를 중단하고 6·25 사변에 관해 이야기해 보자. 금년은 6·25가 일어난 지 70년째가 된다. 6·25는 1950년 6월 25일 새벽에 북한군이 남한을 침범하므로 시작되었다. 북한이 남한을 침범했다고 해서 남침(南侵)이다. 대한민국이 건국된 이래로 국가적으로 가장 큰 위기로 온 국토가 잿더미가 되었고, 수많은 인명 피해를 내었다. 사망이 374,160명, 부상자 229,625명, 납치를 비롯해 행방불명된 사람이 388,234명으로 총 992,019명이 공식적인 피해이다. 이 숫자는 남한만 계산한 것으로 북한 동포와 중공군까지 계산하면 수백만 명이 죽었을 것이다. 그뿐 아니라 지금도 천만의 이산가족이 남북분단의 희생양이 되었다. 6·25 때 우리는 다윗과 같은 형편이었다.

---

[3] 마온은 유다 성읍이며(수 15:55), 십과 갈멜 근처 유다의 산지에 위치했다.

전쟁 준비가 안 되어 있는 상황에서 북한의 침범으로 남한은 속수무책으로 무너졌다. 주일날 북한의 남침으로 불과 3일 만에 서울이 함락되었고, 7월 20일에는 대전이, 그리고 전쟁이 발생한 지 한 달인 7월 25일에는 낙동강 방어선까지 밀렸다. 8월 18일에 대구도 위험하다고 해서 정부를 부산으로 옮겼다. 전선이 낙동강까지 밀렸을 때 누가 보아도 승리는 공산주의자들의 것으로 보였다. 그런데 세상 일은 상황을 뒤집는 하나님이 계시기 때문에 사람들의 생각과는 다르게 전개될 때가 있다. 6·25 때 남한은 다윗과 같은 사면초가에 빠졌지만 전능하신 하나님께서 우리의 편이 되시어 전세를 역전시켰기 때문에 다윗과 우리는 동지이다.

블레셋이 사면초가에 빠진 다윗을 돕다(27-29절)

사울의 포위망만 좁혀오면 다윗은 잡히기 때문에 다윗 편의 사람들은 모두 죽었다고 생각했다. 그때 하나님께서 특별한 방법으로 위기에 빠진 다윗을 도우셨는데 그것이 27절에 기록되어 있다. "사자가 사울에게 와서 가로되 급히 오소서 블레셋 사람이 땅을 침로하나이다." 사울이 다윗을 잡으려고 하는 찰나에 이스라엘 최대의 적인 블레셋이 이스라엘을 치자, 사울은 블레셋과 싸우기 위해 다윗 잡는 것을 포기했다. 하나님께서 블레셋을 동원한 것은 정말 놀라운 일이었다. 왜냐하면 블레셋은 다윗을 도울 사람들이 아니었기 때문이다. 다윗이 블레셋의 장수 골리앗을 죽였기에 그들도 다윗을 미워했다. 이런 블레셋이 다윗이 사울에게 잡히려고 하는 찰나에 이스라엘을 쳐들어오므로 사울은 포위망을 풀고 그 장소를 떠나므로 다윗은 사울의 손아귀에서 벗어났다. 블레셋은 자신들이 일으킨 전쟁이 그들의 대적 다윗의 목숨을 살려주게 될 줄은 꿈에도 몰랐다. 나중에 다윗이 블레셋을 칠 때 자신들이 일으킨 전쟁으로 인해 다윗을 살려주었다는 것을 알았다면 그때 이스라엘을 친 것을 두고두고 후회했을 것이다. 블레셋이 이스라엘을 침범하므로 다윗의 목숨을 구하게 되었는데, 이것이 역사의 아이러니요, 하나님의 섭리이다.

6·25 사변 때 우리는 낙동강 전선까지 밀린 상황에서 극적으로 유엔의 도움을 받았다. 유엔 안전보장이사회가 7월 7일에 미국을 중심으로 유엔군을 파견하기로 했다. 16개국이 군인들을 파송할 준비를 할 동안 미군과 국군은 낙동강 방어선에서 인민군과 최후의 항전을 벌였는데, 이것이 유명한 영산 전투이다. 이 전투로 8월 15일까지 부산을 점령하려던 김일성의 계획이 무산되었고, 결국 9월 15일에 유엔군이 인천 상륙 작전을 시도해서 6·25가 역전되었다. 친북좌파들은 이것을 원통하게 생각해서 인천에 있는 맥아더 장군 동상에다 불을 질렀다. 맥아더가 인천 상륙 작전을 개시하지 않았다면 북한이 남한을 통일할 수 있었는데, 그것이 안 된 것을 맥아더와 미국 책임으로 돌렸다.

그때 우리나라는 세계에서 가장 가난한 나라 중의 하나였기에 유엔의 도움을 받기가 쉽지 않았다. 게다가 6·25의 배후에 소련이 있었고, 그 소련이 유엔안전보장이사회에서 거부권을 행사하게 되면 유엔군을 파송할 수 없었다. 그런데 그날 소련 대표가 회의에 지각했다. 오는 도중 갑자기 자동차가 고장이 나서 회의장에 도착했을 때는 이미 한국전에 유엔군을 파견하기로 결정된 후였다.

다윗이 도움을 받을 수 없는 블레셋에게 도움을 받은 것처럼 우리도 극적으로 유엔군의 도움을 받았다. 하나님이 도우신 결과 사울은 다윗 잡는 것을 포기했고, 다윗은 간신히 목숨을 건졌다. 이 다윗처럼 우리도 6·25 때 극적으로 살아남았다. 인천 상륙 작전 이후 지금 이 정도의 땅덩어리가 남아 있는 것도 다 미국과 유엔군의 도움 때문이다. 그 후 우리가 한강의 기적을 일으켰고, 세계 10대 경제 대국으로 성장했고, 오늘 우리가 자유롭게 예배를 드리고 있다.

역사는 우리에게 하나님과 한 편인 사람, 하나님의 도우심을 받는 사람은 반드시 승리한다는 것을 보여준다. 하나님께서 우리 편에 계시면 그 누구도 이길 수 없다. 하나님이 다윗을 돕자 사울은 속수무책이었다. 하나님이 우리나라를 돕자 기세등등하던 인민군은 수많은 사상자를 남기고 도망갔다. 꼭 기억할 것은 언제나 최후의 승리는 하나님과 함께 하는 자의 몫이다. 사울은 정보를 주는 사람들, 군인들과 한 편이 되어 싸웠다면, 다윗은 하나님과 한 편이었다. 인민군이 소련, 중국과 한 편이었다면, 우리는 하나님과 한 편이었다. 그때 한국 교회 성도들이 눈물로 하나님께 기도했다. 그때부터 곳곳에 구국기도원들이 세워졌고, 이승만 정부는 부산 피난 시절 구국기도회를 열었는데 이것이 승리의 견인차가 되었다.

이 시간 간절히 소원하기는 우리가 모두 하나님과 한 편이 되어야 한다. 하나님과 함께 싸우고, 하나님의 도우심을 구해야 한다. '하나님, 저를 도와주세요. 하나님만이 저희 힘이시오, 피난처이십니다!'라는 기도를 하므로 한평생 하나님과 한편이 되길 빈다.

다윗은 극적으로 목숨을 구한 것에 감사하여 시편 18편에서 "나의 힘이 되신 여호와여 내가 주를 사랑하나이다 여호와는 나의 반석이시요 나의 요새시요 나를 건지시는 자시요 나의 하나님이시요 나의 피할 바위시요 나의 방패시요 나의 구원의 뿔이시요 나의 산성이시로다 … 사망의 줄이 나를 얽고 불의의 창수가 나를 두렵게 하였으며 음부의 줄이 나를 두르고 사망의 올무가 내게 이르렀도다 내가 환난에서 여호와께 아뢰며 나의 하나님께 부르짖었더니 저가 그 전에서 내 소리를 들으심이여 그 앞에서 나의 부르짖음이 그 귀에 들렸도다"라고 했다.

하나님과 함께 싸우는 것은 국가적인 문제만 아니라, 나의 삶과도 밀접한 관련이 있다. 이 자리에 사업의 위기, 자녀들의 공부와 취직이 잘되지 않고, 부부 사이의 갈등과 그 누구에게 하소연할 수 없는 마음의 상처와 원치 않는 질병으로 고생하면서 사면초가에 빠진 분이 있을 것이다. 이런 어려움을 하나님과 함께 싸우자. 다윗은 하나님과 한편인 사람의 승리를 확신하고서 시편 27편 1-3절에서 이렇게 선언하고 있다. "여호와는 나의 빛이요 나의 구원이시니 내가 누구를 두려워하리요 여호와는 내 생명의 능력이시니 내가 누구를 무서워하리요 나의 대적, 나의 원수된 행악자가 내 살을 먹으려고 내게로 왔다가 실족하여 넘어졌도다 군대가 나를 대적하여 진 칠찌라도 내 마음이 두렵지 아니하며 전쟁이 일어나 나를 치려 할찌라도 내가 오히려 안연하리로다." 아멘.

29 다윗이 첫 번째로 사울을 살려주다
(삼상 24:1-22)

핵심 말씀

"다윗의 사람들이 이르되 보소서 여호와께서 당신에게 이르시기를 내가 원수를 네 손에 넘기리니 네 생각에 좋은 대로 그에게 행하라 하시더니 이것이 그 날이니이다 하니 다윗이 일어나서 사울의 겉옷 자락을 가만히 베니라"(4절)

용서의 위대성

오랫동안 외국 생활을 했었던 한 원로 목사님이 귀국하여 어떤 목사님과 대화를 나누면서 "요즘 우리 한국 사회에서 가장 필요로 하는 것이 무엇입니까?" 그 목사는 짤막하게 "용서와 화해입니다"라고 했다. 또 오랫동안 데모를 하다가 학교에서 제적당한 한 대학생이 예수님을 믿고 새로운 삶을 살고 있어서 그에게 같은 질문을 하였더니 그도 "용서"라고 했다. 또 어떤 정치인과 식사를 하면서 의도적으로 "요즘 한국 사회에서 가장 요구되는 것이 무엇이라고 생각하십니까?"라고 물었더니 그도 "용서입니다"라고 대답했다.

우리나라는 세계에서 유일하게 원조받던 나라에서 민주화와 경제화를 동시에 이룩하여 세계 10위권의 경제 대국이 되었다. 이렇게 급속하게 성장하다 보니 여러 가지 부작용이 속출했는데, 그중의 하나가 사회 갈등이다. 정치권의 갈등, 이념 갈등, 갑을 갈등, 노사의 갈등, 도덕적인 갈등과 양극화 등이 우리 사회를 불행의 늪으로 빠지게 한다. 이 갈등을 해결할 수 있는 유일한 방법은 서로 용서하고 화해하는 것인데, 이것이 잘 안 된다. 그 이유는 우리가 예수 그리스도의 십자가를 통해 나의 죄가 용서받았음에도 불구하고 여전히 죄악된 옛 성품을 따라 살기 때문이다. 또 용서하면 언제나 내가 손해 본다는 생각과 함께 용서는 약자나 패배자의 전유물이라고 생각한다. 그러다 보니 용서가 어렵다. 이런 세상에 원수를 사랑하고 '용서'를 통해 신선한 감동을 준 사람은 미국의 16대 대통령 에이브러햄 링컨이다. 링컨에게 '에드윈 스탠턴'이라는 정적이 있었다. 그는 당시 유명한 변호사로 한번은 링컨과 함께 어떤 사건을 맡게 되었는데, 그 사실을 법정에서 알고서 링컨을 보자마자 "저따위 시골뜨기와 어떻게 같이 일을 하라는 겁니까?"라며 나가 버렸다. 또 링컨을 가리키면서 "고릴라를 보기 위해서 아프리카까지 갈 필요가 없이 일리노이의 스프링필드에 가면 진짜 고릴라를 볼 수 있다"는 무례한 말로 링컨을 무시했다.

그런데 대통령이 된 링컨이 내각을 구성할 때 가장 중요한 국방부 장관을 스탠턴으로 임명하려고 하자 참모들이 이의를 제기했다. 왜냐하면 링컨이 대통령에 당선되었을 때 스탠턴은 "링컨이 대통령이 된 것이 국가적 재난"이라고 했기 때문이다. 링컨은 재고를 건의하는 참모들에게 "나를 수백 번 무시한들 어떻습니까? 그는 사명감이 투철한 사람으로 국방부 장관을 하기에 충분합니다." 참모들이 "그래도 스탠턴은 당신의 정적이니 없애 버려야 하지 않습니까?" 그때 링컨은 빙그레 웃으면서 "저는 사랑으로 정적이나 원수를 녹여 친구로 만들어서 원수를 없애버리려고 합니다." 3년 후 링컨이 암살자의 총에 맞아 숨을 거두었을 때 스탠턴은 링컨을 부둥켜안고 "여기 세상에서 가장 위대한 사람이 누워 있다"는 말로 통곡했다고 한다.

다윗이 사울을 살려 주다(1-7절)

사울이 블레셋을 쫓기를 중단하고 돌아왔을 때 다윗이 엔게디[1] 광야에 숨었다는 제보를 받았다. 사울은 온 이스라엘에서 택한 군사 3,000명(상비군)을 이끌고 다윗을 잡기 위해 엔게디로 갔다(2절). 국가 공권력을 외적을 막는 데 사용해야 하는데 다윗 잡는데 사용하는 것은 사울이 왕이 된 목적을 저버리는 행위이다.

사울은 용변을 보기 위해 한 동굴로 들어갔는데, 그 동굴에 다윗과 그를 따르는 사람들이 숨어 있어서 '원수를 외나무다리'에서 만나는 꼴이 되고 말았다. 사울은 밝은 곳에 있다가 동굴로 들어갔기 때문에 동굴 안을 자세히 보지 못했지만 동굴 안에 있었던 다윗의 일행은 금방 사울임을 알고서 가슴이 철렁했다. 그런데 사울 혼자 들어와

---

1 '염소의 샘'(Spring of the goat)이란 뜻으로, 사해(死海)의 서부 중앙에 있는 요새지이다. 석회석 고원 지대이며, 또 온천수가 있는 오아시스 지역이다. 후일 솔로몬은 사랑하는 자를 '엔게디 포도원의 고벨화 송이'에 비유하기도 했다(아 1:14). 오늘날의 지명은 '아인 이디'(Ain-jidy)인데, 곳곳에 숨을 수 있는 동굴들이 많다.

서 용변을 보자 "**다윗의 사람들이 이르되 보소서 여호와께서 당신에게 이르시기를 내가 원수를 네 손에 넘기리니 네 생각에 좋은 대로 그에게 행하라 하시더니 이것이 그 날이니이다 하니 다윗이 일어나서 사울의 겉옷 자락을 가만히 베니라**"(4절). 여러 사람이 사울이 동굴 안으로 들어온 것은 하나님이 다윗의 원수를 갚도록 하기 위함이라고 했으나 다윗은 그 말을 무시하고 사울이 벗어놓은 겉옷 자락을 몰래 베었다. 그러나 곧 여호와가 기름 부어 세운 왕의 옷자락 벤 것에 마음이 찔려 부하들에게 사울을 죽이지 말라고 했다(5-6절).

만약 다윗이 사울을 죽였다면 원수를 갚고, 더 이상 도망 다니지 않아도 되었을까? 아니다. 오히려 역효과를 내어 다윗에게 불리하게 전개되었을 것이다. 먼저 굴 밖에 있는 사울의 군사들에 의해 다윗과 그를 따르는 자들이 몰살당했을 것이다. 왜냐하면 군사들이 사울이 동굴 안에서 살해된 것을 보고 동굴을 수색할 것이고, 퇴로가 차단된 다윗 일행은 모두 잡혔을 것이다. 3,000명 중에는 다윗을 좋아하는 군사도 있겠지만 다윗을 정적으로 생각하는 군사들이 있었기에 왕을 죽인 다윗을 가만두지 않았을 것이다. 두 번째 다윗과 요나단과 아름다운 우정에 금이 갈 것이다. 요나단이 아버지를 죽인 다윗을 계속 사랑하겠는가? 세 번째는 "**지략이 없으면 백성이 망하여도 지략이 많으면 평안을 누리느니라**"(잠 11:14)는 말씀처럼 아무리 사울이 악해도 이스라엘의 왕이다. 다윗이 사울을 죽였을 때 이스라엘 민심이 다윗에게 등을 돌릴 것이다. 누가 선왕을 죽이고 쿠데타로 왕이 된 다윗을 따르겠는가? 만약 이런 선례를 후손들에게 남기게 되면 그들도 다윗을 따라 쿠데타를 일으킬 것이다. 다윗이 극한 상황에서도 감정을 따르지 않고, 이성적으로 행동했다. 다윗의 부하들이 사울 죽이는 것이 하나님의 뜻이라고 했으나, 하나님의 말씀이 다윗에게 임하지 않았기에 사울을 죽이지 않았다. 이런 다윗에 비해 우리는 너무 쉽게 자기중심적으로 하나님의 뜻을 해석하고 적용하면서 우길 때가 많다. 다윗의 행동을 통해 하나님의 뜻은 하나님과 성경 중심으로 해석하고 적용해야지 감정에 따라 해석하는 것이 아님을 배워야 한다.

잠언 16:32 "노하기를 더디하는 자는 용사보다 낫고 자기의 마음을 다스리는 자는 성을 빼앗는 자보다 나으니라" 는 말씀처럼 우리가 싸울 일도 싸우지 않으면서 해결하고, 싸우지 않아도 될 일을 서로 싸워서 원수가 되는 경우가 있다. 내가 어느 유형에 속한다고 생각하는가? 오늘부터 싸우지 않고 승리하는 법을 배워 나와 원한 맺힌 사람이 없도록 하자.

다윗이 사울에게 자기를 변호하다(8-15절)

다윗이 굴에서 나와서 사울과의 일정한 거리를 둔 후 사울에게 "내 주 왕이여!" 하고 불렀다. 사울이 돌아보자 다윗이 예의를 갖추고 땅에 엎드려 절을 했다. 그리고 사울의 겉옷 벤 것을 보여주었을 때 사울은 자신이 동굴에서 죽임을 당할 수 있었다는 사실을 알고 간담이 서늘했다. 다윗은 오늘날 정치인들이 여론전을 펼치는 것처럼 사울과 군사 3,000명 앞에서 자신이 사울을 죽이지 않았던 이유를 일곱 가지로 요약하여 여론전을 펼쳤다.

먼저, 사울이 고자질한 사람들의 말을 듣고 다윗이 자신을 죽일 것으로 생각했는데, 다윗은 결코 그런 생각을 한 적이 없다고 했다(9-10절). 두 번째, 다윗은 하나님을 두려워하기 때문에 여호와가 기름 부어 세운 왕의 몸에 손을 대지 않았고(10절). 세 번째, 베어낸 왕의 옷자락을 보여주면서 사울은 다윗을 죽이려고 하였지만, 다윗은 왕을 살려주므로 결코 사울에게 범죄한 일이 없다고 했다(11절). 네 번째, 다윗은 보복하는 것을 하나님께 맡겨서 결코 다윗의 손으로 왕을 해치지 않았다고 했다(12절). 다섯 번째, "악은 악인에게서 난다"는 속담을 인용하여 다윗이 사울을 죽이므로 악인이 되기 싫다고 했다(13절). 여섯 번째, 다윗 자신을 '죽은 개와 벼룩'으로 비유하면서 이스라엘 왕처럼 고귀하신 분이 왜 죽은 개와 벼룩 같은 자를 추격하느냐고 정중하게 꾸짖었다(14절). 일곱 번째, 하나님이 재판장이 되셔서 왕과 다윗 사이를 심판하시어 다윗의 억울함을 풀어주시고, 왕의 손에서 건져 주시기를 원한다고 했다.

로마서 12:19-20에 "내 사랑하는 자들아 너희가 친히 원수를 갚지 말고 하나님의 진노하심에 맡기라 기록되었으되 원수 갚는 것이 내게 있으니 내가 갚으리라고 주께서 말씀하시니라 네 원수가 주리거든 먹이고 목마르거든 마시게 하라 그리함으로 네가 숯불을 그 머리에 쌓아 놓으리라"는 말씀처럼 다윗은 원수 갚은 것을 하나님께 맡겼고, 하나님이 사울의 머리에 숯불을 쌓도록 했다. 사울은 타락한 죄성의 지배를 받았다면, 다윗은 성령의 지배를 받고 있었기에 말씀 앞에 자신의 원한과 감정을 죽였다. 그리기에 다윗이 하나님의 마음에 합한 사람이 되었다. 이런 다윗을 따라 우리도 하나님의 말씀이 나를 지배하도록 해서 성령을 따라 살아야 한다.

사울이 다윗을 축복하다(16-22절)

호소력이 있는 명연설은 큰 소리로 말하지 않아도 대체로 문장이 짧고 적절한 열거법과 대조법, 그리고 반복법과 점층법을 효과적으로 사용하여 연설자가 말하려고 하는 의도를 분명하게 전달하여 청중들이 그 의도대로 따라오게 한다. 또 전혀 비어를 사용하지 않고도 청중들의 잘못을 꾸짖어 양심의 가책을 느끼게 하거나 바르게 살 것을 촉구한다. 이런 명연설을 마루틴 루터 킹(Martin Luther King, Jr) 목사가 1963년 8월 28일에 "나에게 꿈이 있습니다, I Have a Dream"는 주제로 한 적이 있었다. 그는 백인들의 흑인차별로 엄청난 고통을 겪다가 에이브러햄 링컨(Abraham Lincoln)이 노예 해방 선언문에 서명한 지 100 주년을 맞이하여 링컨 기념관 앞에서 연설했다. "… 나에게는 오늘 꿈이 있습니다. 나는 꿈이 있습니다. 어느 날 모든 골짜기가 높아지고, 모든 언덕과 산이 낮아지고, 울퉁불퉁한 곳이 평지가 되고, 굽은 곳이 곧아지고, 하나님의 영광이 드러나게 되고, 그리고 모든 사람이 다 함께 그것을 보게 될 것이라는 꿈 말입니다. …"

이 연설을 한 후 얼마 되지 않아 루터 킹 목사는 암살되었다. 그러나 그의 죽음이 인종 차별을 종식했고, 미국 역사상 처음으로 흑인 대통령 오바마(제44-45대, 2009년-2017년)가 탄생하는데 마중물이 되게 했다.

16절을 보면 "다윗이 말하기를 마치매 사울이 내 아들 다윗아 이것이 네 목소리냐 하고 소리를 높여 울었다"라고 했다. 다윗이 예의를 갖추어 말을 하였으나, 그 말이 비수가 되어 사울의 무딘 양심을 일깨웠다. 사울은 다윗에게 "나는 너를 학대하되 너는 나를 선대하니 너는 나보다 의롭도다." 사울은 다윗의 선함을 인정했고 하나님이 자신을 다윗의 손에 넘겨주었으나 다윗이 죽이지 않았다고 했다. 그리고 하나님이 다윗이 자신을 선대한 것을 선으로 갚아주시기를 원하고(19절), 다윗이 반드시 왕이 될 것이고, 이스라엘 나라가 견고하여질 것이라고 했다. 그

때 자신의 후손들을 선대하여 줄 것을 부탁했다.

사울이 다윗을 축복하거나 자신의 악행에 회개의 눈물을 흘릴 사람이 아니었지만, 다윗이 준 "용서"라는 선물 앞에 회개와 함께 다윗을 축복했다. 이렇게 용서는 전혀 칼을 쓰지 않고도 원수를 감동하게 하고, 원수로부터 축복을 받게 한다.

경남 함안군 칠원에 있는 손양원 목사 기념관에 갔었는데, 그 기념관을 안내했던 목사가 "저의 아버지가 손양원 목사님의 두 아들을 죽였던 안재선입니다. 손 목사님이 아버지를 용서하시지 않았다면, 아버지는 살 수 없었고, 저도 이 세상에 태어나지 못했을 것입니다. 그러나 손 목사님이 저의 아버지를 용서하시고 양아들을 삼으셨기에 아버지가 회개하고 예수님을 구주로 영접하였고, 저도 세상에 태어나서 목사가 되었고 지금 손양원 목사님의 일대기를 안내하는 일을 하게 되었습니다"라고 했다. 미움과 보복은 계속 원수를 만들지만, '용서'는 원수를 내 편으로 만들어서 그의 후손까지 용서의 위대함을 알리게 한다.

30 다윗이 나발을 죽이려 하다
(삼상 25:1-14)

핵심 말씀

"다윗이 자기 사람들에게 이르되 너희는 각기 칼을 차라 하니 각기 칼을 차매 다윗도 자기 칼을 차고 사백 명 가량은 데리고 올라가고 이백 명은 소유물 곁에 있게 하니라"(13절)

이스라엘의 큰 별(國父)이 지다(1절, 44절)

국가를 위해 지대한 공을 세웠거나 사회 각 분야에서 탁월한 업적을 남긴 분이 죽으면 "큰 별이 지다"라는 말을 한다. 작년에 연세대학교 12대 총장을 지냈던 송자(1936-2019) 총장이 83세의 나이로 별세했을 때 그의 죽음을 애도하는 사람들이 '한국 교육계의 큰 별이 지다'라고 했다. 또 미국 야구계의 큰 별 테드 윌리엄스(1918-2002)가 83세를 일기로 별세했을 때 '야구계의 큰 별이 졌다'고 했다. 테드 윌리엄스는 미국의 메이저리그(1939년-1960년) 선수로 활약하면서 타율 4할 6리(.406)로 시즌을 끝낸 마지막 야구 선수였다. 물론 1930년에 빌 테리라는 선수가 4할 1리(.401)로 시즌을 마친 기록이 있지만, 테드 윌리엄스는 현재까지 최후의 4할 타자로 그보다 높은 타율로 시즌을 마감한 선수가 전무후무하다. 야구의 전설적인 타자는 "타자가 되는 유일한 방법은 타석에 가서 미치는 것이다. 자신에게 미치고, 투수에게 미쳐라"는 말을 남기고 세상을 떠났으나 그가 남긴 수많은 기록과 일화는 만인의 전설이 되어 여전히 회자되고 있다.

본문 1절은 "사무엘이 죽으매 온 이스라엘 무리가 모여 그를 두고 슬피 울며 라마 그의 집에서 그를 장사한지라"로 시작한다. 사무엘은 역사적인 격동기에 태어나서 파란만장한 삶을 살았다. 그의 청소년기에 이스라엘이 블레셋과의 전쟁에 패배하여 법궤를 빼앗겼다. 또 엘리와 두 아들 홉니와 비느하스의 죽음으로 이스라엘에 영적 지도자가 부재했다. 그는 이스라엘이 블레셋의 지배를 받는 총체적인 난국인 '이가봇 시대'에 영적 지도자가 되었다. 사무엘은 이스라엘 백성들을 전심으로 여호와께로 돌아오게 했다. 그는 미스바 기도를 통해 난적 블레셋을 물리쳐서 이가봇 시대를 마감하고 하나님이 도와주시는 에벤에셀 시대를 열었다. 또 이스라엘의 초대 왕 사울과 두 번째 왕 다윗을 기름 부어 세웠고, 사울의 불순종을 보고 가슴 아파했다. 그가 은퇴할 때 고별사를 통해 밝혔듯이 사사로 재직할 동안 뇌물을 받고 부당한 재판을 하지 않았으며 부정한 돈으로 사리사욕을 채우지 않았다. 사무엘의 중심에 늘 하나님이 계셨고, 하나님을 높이고 섬기는 데 최선을 다했다. 그는 은퇴해도 이스라엘을 위해 기도하기를 쉬는 죄를 범하지 않겠다고 했다. 이런 영적 거장인 큰 별이 졌을 때 이스라엘은 적지 않은 충격을 받았다. 더 이상 사무엘을 의지할 수 없다는 허탈감에 "온 이스라엘 무리가 모여 그를 두고 슬피 울었다"고 했다. 다윗도 적지 않은 충격을 받고 거처를 남쪽에 있는 바란(מָעוֹן, 동굴들의 곳) 광야[1]로 옮겼다.

사무엘의 죽음은 생명은 내 것이 아니라 하나님의 주권 안에 있다는 것을 보여준다. 하나님이 한 사람을 불러 가실 때는 그의 시대와 사명이 끝났기 때문이다. 이런 의미에서 연세 드신 분들이 버릇처럼 "빨리 죽었으면 좋겠다. 빨리 천국에 가야 하는데"라는 말을 많이 하는데, 하나님 앞에 바른 믿음을 가졌다면 이런 넋두리를 해서는 안 된다. 왜냐하면 하나님이 주신 사명을 다해야 데려가시기 때문이다. 나이 먹어 병들고 인생살이가 힘드니까 죽는 게 낫겠다고 할 것이 아니라 맡은 사명 잘 감당하고, 천국에서 주님을 뵐 소망을 가져야 한다.

사무엘의 죽음은 힘든 다윗에게 또 다른 사건이 그의 가슴을 아프게 했다. 그것은 **"사울이 다윗의 아내 미갈을 갈림에 사는 라이스의 아들 발디에게 아내로 준 것이다"**(44절). 사울은 정치적인 목적을 충당하기 위해 딸의 인생을 마음대로 바꾸었다. 다윗은 사무엘의 죽음과 미갈이 다른 사람에게 시집간 것을 두고 마음이 힘들었는데 그때 다윗의 가슴에 분노의 불을 붙이는 사건이 발생했다. 그것은 나발이 다윗을 무시하고, 푸대접을 한 것이다.

나발이 다윗을 푸대접하다(2-11절)

다윗의 휘하에 남자만 600명이라면(13절) 그들의 가족까지 합하

---

[1] 바란은 애굽과 미디안 사이, 시내 반도 중앙 동쪽에 있는 광야이다(왕상 11:18). 아브라함의 서자 이스마엘이 쫓겨난 후 살 곳을 이곳으로 찾았다(창 21:21). 이스라엘이 시내 산을 떠나 처음 이른 곳이다(민 10:12).

면 약 2,000명이 되었다. 2,000명은 다윗에게 큰 힘이 되었지만, 그들을 먹일 책임도 있었다. 사무엘상 22:2은 이들의 성향이 "환난 당한 모든 자와 빚진 모든 자와 마음이 원통한 자"라고 했다. 다들 마음에 상처가 많은 사람으로 다윗이 잘 먹이고 대우를 잘해 주면 순종을 하겠지만, 그렇지 않으면 언제든지 불만을 토하거나 비수를 다윗에게 꽂을 수 있었다.

배고픈 인간은 언제나 야수로 변하기 때문에 국가 최고 지도자의 최우선 과제는 국민이 먹고사는 데 불편함이 없도록 해야 한다. 미국 대통령을 지냈던 빌 클린턴은 백악관의 인턴 직원이었던 르윈스키와의 성 추문으로 정치적 위기를 맞이했다. 그런데도 연임으로 성공한 대통령이 된 것은 재정 지표의 흑자, 즉 경제 정책을 잘 시행하여 미국인이 사는 데 지장이 없도록 했기 때문이다. 클린턴의 대선 슬로건은 "문제는 경제야, 바보야"이다. 클린턴은 이 단순한 슬로건을 가지고 아버지 부시 대통령과의 대선에서 이겼다.

농경 문화는 농사를 지어 곡식을 저장하기에 식량 조달이 원활했다. 그러나 유목민은 풀을 따라 이동을 해야 하고, 또 다른 부족과 좋은 목초지를 차지하기 위해 싸워야 하기에 먹을 것을 구하기가 쉽지 않았다. 그러니 매우 건조하고 황량한 바란 광야에서 2,000명을 먹여야 하는 다윗의 부담이 클 수밖에 없었다. 그때 마온에 사는 갑부 나발(נָבָל, 어리석음)이 갈멜[2]의 목초지에서 양털을 깎고 있다는 소식을 들었다. 가나안에서는 보통 봄과 가을에 한 차례씩 양털을 깎았다. 양

---

2 엘리야가 바알과 아세라 선지자와 영적 싸움을 하였던 갈멜산이 아니라, 사울이 자신을 위해 기념비를 세웠던 또 다른 지역의 갈멜이다.

털 깎는 날은 목축업자의 세계에서 축제일이다(8절, 삼하 13:23-24). 이 때는 주인이 큰 이익을 거두기에 수고한 모든 사람이 풍성하게 먹고 즐길 수 있도록 축제를 벌였다. 또 불우한 이웃을 향해 흘러넘치는 자애로운 부자의 인심이 사회 복지 차원에서 표출되기도 했다. 그 당시는 이스라엘의 치안이 좋지 않아 곳곳에서 도적 떼들이 출현하여 가축들을 도적질하고 약탈해 갔다. 다윗은 자체 순찰대를 조직하여 도적들로부터 가축과 사람을 보호하였고(15-16절), 좋은 목초지를 두고 목자들 간에 다툼이 일어났을 때 중재까지 했다. 이런 일을 하였기에 소년 10명을 나발에게 보내어 음식을 달라고 요청했으나 나발은 다윗의 정중한 요청을 단호하게 거절했다. "나발이 다윗의 사환들에게 대답하여 이르되 다윗은 누구며 이새의 아들은 누구냐 요즈음에 각기 주인에게서 억지로 떠나는 종이 많도다 내가 어찌 내 떡과 물과 내 양 털 깎는 자를 위하여 잡은 고기를 가져다가 어디서 왔는지도 알지 못하는 자들에게 주겠느냐 한지라"(10-11절).

나발의 성격이 완고하고 행실이 악해서 그의 종들도 그를 '불량한 사람'(3절, 17절)으로, 나발의 아내였던 아비가일도 남편을 '미련한 자'라고 했다(25절). 나발이 다윗이 요청한 음식을 주면서 다윗과 친구가 될 수 있는데도 거절하므로 원수가 되었다. 다윗이 도적 떼처럼 무조건 음식을 내놓으라고 하지 않고 평소에 그의 재산을 보호하여 주었고, 그에게 평안을 빌면서 정중히 요청했으나 그는 요청을 무시했다. "다윗은 누구며 이새의 아들은 누구냐 요즈음에 각기 주인에게서 억지로 떠나는 종이 많도다"(10절). 나발은 다윗을 사울에게 불만을 품고 도망 나온 사람으로 보았고, 다윗의 일행을 동족의 재산을 훔치는 도적 떼로 보았다.

잠언 15:1-2에 "유순한 대답은 분노를 쉬게 하여도 과격한 말은 노를 격동하느니라 지혜 있는 자의 혀는 지식을 선히 베풀고 미련한 자의 입은 미련한 것을 쏟느니라"는 말씀은 나발을 두고 한 말이다. 그가 다윗에게 거친 언사를 내뱉었다면 평소에 그의 아내와 종들에게는 더 심한 폭언을 했을 것이다. 그는 부자였으나 자기만 아는 졸부로 다윗이 마음만 먹으면 얼마든지 그의 재산을 빼앗아 갈 수 있다는 것을 알지 못했다.

우리 주변에 나발처럼 단순하고 무식한 부자들이 있다. 그들은 모으기만 할 뿐 나눌 줄 모른다. 주님은 이들을 가리켜 어리석은 부자라고 했다(눅 12:13-21). 세상에서 어리석은 부자가 가장 불쌍한 존재이다. 왜냐하면 애써 모은 재물을 써 보지도 못하고, 죽을 때 가져가지도 못하기 때문이다. 그가 죽으면 자녀들이 재산을 온전히 지키지 않고 마구 써 버린다. 자녀들은 피눈물을 흘리며 돈을 벌어보지 않았기에 돈의 가치를 모르고 마구 쓰다가 결국은 망한다. 그래서 부의 세습이 3대까지 가지 못하는 것이다.

서양에서 부자의 개념은 재산이 많은 것에 있지 않고, 그 재산을 나누는데 둔다. 이런 개념은 특권층은 그 사회에서 특권을 누리는 만큼 더 많은 의무를 져야 한다는 '노블레스 오블리주'(Noblesse Oblige)의 정신 때문이다. 노블레스 오블리주는 귀족은 더 많은 의무를 진다는 뜻의 프랑스어 표현이다. 이 말은 프랑스 작가 겸 정치가인 레이 공작 피에르 가스통 마르크가 『격률과 교훈』이라는 책에서 처음 썼다. 부와 권력은 그에 따른 책임과 의무를 수반한다는 의미가 있으며, 사회 지도층 또는 상류층이 사회적 지위에 걸맞은 모범을 보이는 행위를 해야 할 의무가 있다고 하면서 이 말을 사용했다. 그동안 서양은 노블레스 오블리주를 사회 계층 간 대립을 해결할 수 있는 최고의 수

단으로 간주해 왔으며, 특히 전쟁과 같은 총체적 국난을 맞이하였을 때 기득권층의 사람들이 솔선수범(率先垂範)으로 참여하여 국민 통합과 역량을 극대화하는 도구로 사용해 왔다. 그 예로 제1차 세계 대전과 제2차 세계 대전 때 영국 고위층 자제가 다녔던 이튼칼리지 출신 중 2,000여 명이 전사했고, 포클랜드 전쟁 때는 영국 여왕의 둘째 아들 앤드루가 전투 헬기 조종사로 참전하였다. 또 6·25전쟁 때에도 미군 장성의 아들이 142명이나 참전해 35명이 목숨을 잃거나 부상을 입었다. 우리 사회는 이런 '노블레스 오블리주'의 정신이 희박하여 운항 중인 항공기를 회항시킨 땅콩 사건이나 특권을 가진 자들이 약자를 괴롭히는 갑의 횡포가 심하다.

다윗이 나발을 죽이려고 했다(12-14절)

다윗은 나발의 모욕적인 언사에 분개하여 그를 따르는 400명에게 칼을 차고 나발의 집의 남자를 한 명도 남기지 말라고 했다. 34절에 "과연 나발에게 한 남자도 남겨두지 아니하였으리라 하니라"에서 '남자'란 '서서 오줌을 누는 자'란 뜻으로 나발의 집에 있는 모든 남자를 죽이겠다는 뜻이다. 다윗이 나발에 대해 분노한 것은 영적 스승 사무엘이 죽었고, 사울에게 계속 쫓기는 상황에서 심적으로 지쳤던 것이 분노로 표출되었다. 이런 상태인데 평소 도움을 주었던 나발까지 심하게 모욕하자 분노가 하늘까지 치솟았다. 고양이에게 쫓기던 생쥐도 막다른 골목에서는 뒤돌아서 고양이를 무는 것처럼 인생의 막다른 궁지에 몰린 사람들을 더 내몰지 말고 따뜻한 말로 위로하고 용기를 주어 궁지에서 벗어날 수 있도록 해야 한다.

채의숭 장로님은 살아 생전에 100개의 교회를 세우겠다는 일념으로 명절이나 휴가도 없이 여러 나라를 다니면서 교회를 세우고 있다. 그의 간증 중에 인천시 부평구 부평동에 있는 공장이 홍수로 잠겨서 사업이 망했다고 한다. 그때 한 친구가 조건 없이 1,000만 원을 주어 사업을 재기했고, 그 돈이 지금의 기업을 만드는데 종잣돈이 되었다고 했다. 그 친구의 은혜가 고맙고 하나님이 복을 주신 것에 감사하여 살아생전에 100개 이상의 교회를 세우겠다고 다짐했고, 그것을 실천하여 70여 개를 세웠다고 한다. 사람이 극한 상황에 가면 무슨 짓을 할 줄 모르니 그가 지은 죄가 미워도 용서하고 넓은 마음으로 끌어안는 것이 필요하다.

13절에 다윗과 400명의 사람이 '칼을 차다'는 말이 세 번 나온다. 또 다윗이 나발의 집에 있는 남자들을 죽이지 않는다면 여호와께서 벌을 내리시고 또 내리시기를 원한다고 맹세했다(22절). 이런 다윗의 모습은 사울을 죽일 수 있었으나 살려준 것과는 정반대이다. 나발은 다윗에게 아무런 해를 끼치지 않았지만, 다윗은 무시당한 것 때문에 그를 죽이려고 했다. 왜 나발을 사울처럼 선대하지 못하고 분노의 칼을 들었을까? 그 이유는 다윗이 습관처럼 해 왔던 '여호와께 묻고 또 물었던 기도'가 없었기 때문이다. 어떤 상황에서도 하나님의 뜻을 묻는 기도를 하지 않자 분노의 종이 되어 사람을 학살하려고 했다. 우리가 한번 영적 싸움에서 승리했다고 해서 계속 승리가 보장되지 않는다. 그러니 또 다른 영적 싸움을 위해 하나님의 뜻을 묻는 기도를 계속해야 한다.

31 다윗이 아비가일과 결혼하다
(삼상 25:15-44)

핵심 말씀

"다윗이 아비가일에게 이르되 오늘 너를 보내어 나를 영접하게 하신 이스라엘의 하나님 여호와를 찬송할지로다 또 네 지혜를 칭찬할지며 또 네게 복이 있을지로다 오늘 내가 피를 흘릴 것과 친히 복수하는 것을 네가 막았느니라"(32-33절)

여자는 남자보다 강하다

옛날 페르시아의 한 왕이 현명한 신하 세 사람에게 '이 세상에서 가장 강한 것을 알아 오면 상급을 내리겠다'고 했다. 첫 번째 신하는 '왕'이 제일 강하다고 했다. 그 이유는 왕 앞에 모든 사람이 고개를 숙이고 순종하기 때문이라고 했다, 두 번째 신하는 '술'이 제일 강하다고 했다. 천하를 호령하던 장수도, 온 천하를 다스리던 왕도 술에 취하면 비틀거리고 술에 굴복하기 때문이다. 그런데 마지막 신하는 '여자가 제일 강하다'고 했다. 왕은 '왕과 술'이 제일 강한 것은 이해가 되는데 여자가 강한 것이 이해되지 않아서 그 이유를 물었더니 신하는 왕도 여자에게서 나오고, 술도 여자가 있어야 맛이 있고, 천하를 호령하는 왕과 술도 여자의 손에 움직이기에 여자가 제일 강하다고 했다. 왕은 그

견해에 동의하여 큰 상급을 내렸다고 한다.

셰익스피어가 쓴 햄릿의 독백 중에 "약한 자여 그대의 이름은 여자이니라, Frailty, thy name is woman!"고 했지만, 어떤 사람은 "세계를 움직이는 것은 남자이나 그 남자를 움직이는 것은 여자다"라고 했다. 예로부터 '베개 밑 송사'라고 해서 아무리 어려운 문제라도 여자의 말 한마디에 쉽게 성사되는 때도 있으므로 여자는 약한 존재가 아니라고 했다. 여자는 남자처럼 힘과 완력이 없으나 때로는 눈물로 맹수 같은 남자를 온순한 양으로 만들고, 지혜로 위기에 빠진 남자에게 용기를 주어 위기를 극복하게 하므로 결코 약한 존재가 아니다.

미국 헌법은 대통령직을 중임까지 하도록 했으나 미국 역사상 제32대 루스벨트(Franklin Delano. Roosevelt)는 최초로 4선까지 대통령을 지냈다(1933년 3월 4일-1945년 4월 12일). 루스벨트 재임 기간 중 국내적으로 1930년대 발생한 경제 대공황을 타개하기 위해 뉴딜 정책을 추진했고, 대외적으로는 제2차 세계 대전 때 연합국을 도와 미국을 최강대국의 반열에 올려놓았다. 그런데 루스벨트가 4선까지 대통령을 할 수 있었던 것은 그의 아내 '앤나 엘리너'(Anna Eleanor Roosevelt) 여사의 헌신적인 내조 때문이다. 루스벨트가 정치 활동을 왕성하게 하던 39세 때 갑자기 소아마비로 인해 보행이 곤란해져서 다리를 쇠붙이에 고정하고 휠체어를 타고 다녔다. 절망에 빠진 루스벨트가 방에서만 지내는 것을 말없이 지켜보던 엘리너가 비가 그치고 맑게 갠 어느 날 남편의 휠체어를 밀며 정원으로 산책하러 나갔다. 그녀는 "비가 온 뒤에는 반드시 이렇게 맑은 날이 옵니다. 당신도 마찬가지예요. 뜻하지 않은 병으로 다리는 불편해졌지만 그렇다고 당신 자신이 달라진 건 하나도 없어요. 여보, 우리 조금만 더 힘을 냅시다." 그때 루스벨트는 "하지만 나는 영원한 불구자요. 그래도 나를 사랑하겠소?" 묻자 "아니 여보, 그럼 내가 지금까지는 당신의 두 다리만을 사랑했나요? …" 아내의 재치 있는 말에 용기를 얻은 루스벨트는 장애인으로 대통령이 되어 미국 경제 공황을 극복했고, 제2차 세계 대전을 승리로 이끌었다.

아내의 지혜로운 말 한마디가 남편의 운명을 바꾸어 놓기에 잠언 31:10-12은 "누가 현숙한 여인을 찾아 얻겠느냐 그의 값은 진주보다 더 하니라 그런 자의 남편의 마음은 그를 믿나니 산업이 핍절하지 아니하겠으며 그런 자는 살아 있는 동안에 그의 남편에게 선을 행하고 악을 행하지 아니하느니라"고 했다. 루스벨트만 지혜로운 아내를 얻은 것이 아니었다. 사울 왕에게 쫓겨 도망 다녀야 했던 다윗도 지혜로운 여인 아비가일을 아내로 얻는 기회가 생겼다. 그 기회는 아이러니하게도 다윗이 나발을 죽이러 온다는 소식을 듣고, 아비가일이 다윗을 직접 찾아가므로 시작되었다.

아비가일의 지혜(14-32절)

아비가일의 지혜로운 것은 나발이 다윗을 모욕했다는 말을 듣고 문제의 심각성을 받아들여 급히 하인들에게 다윗에게 줄 음식물을 준비하게 했다. 그 당시는 가부장적인 사회로 아내가 어떤 일을 할 때는 반드시 남편의 허락을 받아야 하지만 아비가일은 사태의 심각성 때문에 독자적으로 행동했다. 소년들에게 음식물만 보내지 않고 그녀가 직접 다윗에게로 갔다. "아비가일이 급히 떡 이백 덩이와 포도주 두 가죽 부대와 잡아서 요리한 양 다섯 마리와 볶은 곡식 다섯 세아와 건포도 백 송이와 무화과 뭉치 이백 개를 가져다가 나귀들에게 싣고 소년들에게 이르되 나를 앞서가라 …"(18-19절). 아비가일이 다윗에게 갈 때 불안하고 초조한 마음을 상상해 보라. 그녀는 어떻게 다윗의 분노를 잠재울까 하는 생각으로 머리가 복잡했을 것이다.

성경에서 아비가일처럼 문제의 심각성을 깨닫고 신속하게 행동을 한 여성은 '에스더'이다. 에스더는 하만이 전 유대인을 학살할 계획을 세웠다는 말을 듣고 즉시 금식 기도를 했다. 그녀는 금식 기도를 하면서 아하수에로 왕 앞으로 나갈 계획과 왕이 그녀를 받아주면 어떻게 말을 해야 할지를 생각했다. 그녀가 아하수에로 왕 앞으로 나갔을 때 왕이 금 홀을 내밀면서 그녀에게 '나라의 절반까지도 줄 수 있다'고 했다. 에스더는 왕과 하만을 위하여 잔치를 배설하고 싶은 것이 소원이라고 하면서 하만을 초대했다. 하만은 왕도 자신을 총애하는데, 이제는 왕비마저 자신을 좋아한다는 생각에 교만이 하늘 높은 줄 모르고 치솟았다. 에스더는 왕과 하만을 위해 온갖 정성을 다해 잔치를 배설하자 기분이 좋은 아하수에로 왕이 그녀가 소원을 말하면 '나라의 절반까지 준다'고 했다. 그때 에스더는 왕이 허락하신다면 왕과 하만을 위하여 또다시 잔치를 배설하고 싶다고 하면서 두 남자의 애간장이 타게 했다. 두 번째 잔치에 초대받은 하만은 왕비님이 나를 이렇게 좋아하실까? 본인이 이 세상에서 가장 행복한 사람이라는 착각에 빠져 있었다. 그러나 잔치가 끝난 후 에스더가 왕에게 자신의 목숨을 구해 달라고 하면서 하만이 그녀와 그녀의 동족을 학살할 계획을 세웠다고 폭로하므로 하만의 목숨이 추풍낙엽이 되었다. 왕의 분노가 최고조에 도달하여 하만을 죽이기로 하므로 유대인들은 학살을 면하게 되었다.

아비가일은 지혜를 가지고 그녀의 가정에 몰아친 학살의 태풍을 잠재웠다. 나의 아내가 아비가일 같고, 혹은 며느리나 주변에 그녀와 같은 사람이 있다면 험한 인생길에 광풍처럼 몰아치는 수많은 위기를 지혜롭게 극복하는 것을 보게 될 것이다.

아비가일이 지혜로운 것은 먼저 나발의 잘못을 그녀 탓으로 돌렸기 때문이다. "그가 다윗의 발에 엎드려 이르되 내 주여 원하건대 이 죄악을 나 곧 내게로 돌리시고 여종에게 주의 귀에 말하게 하시고 이 여종의 말을 들으소서"(24절). 오만한 사람은 잘못해 놓고도 잘못을 인정하지 않는다. 많은 사람이 그렇게 살아가고 있어서 갈등이 봉합되지 않는 것이다. 어쩌면 이것이 우리의 모습이다. 신앙인은 책임질 것은 책임지고, 책임에 필요한 일을 해야 한다.

다윗을 찾아가는 아비가일

두 번째, 아비가일은 자기 남편이라고 무조건 감싼 것이 아니라 남편의 잘못을 솔직히 인정하는 분별력이 있었다. "원하옵나니 내 주는 이 불량한 사람 나발을 개의치 마옵소서 그의 이름이 그에게 적당하니 그의 이름이 나발이라 그는 미련한 자니이다 여종은 내 주께서 보내신 소년들을 보지 못하였나이다"(25절). 분별력이란 상황을 객관적으로 판단할 줄 알고, 어떤 것이 옳은지 그른지를 분별하여 파악하는 것이다. 요즘 한국 사회는 내 편이면 무조건 옳고, 내 편이 아니면 무조건 그르다는 사고가 팽배하다. 그 누구도 완벽하지 않고 실수를 할 수 있다. 그래서 아비가일처럼 내 편이 잘못한 것을 분명히 잘못되었다고 말해야 한다. 세 번째, 아비가일은 다윗과 그의 사람들에게 먹고 마실 것을 제공하므로 나발을 죽일 구실을 찾지 못하게 했다. "여종이 내 주께 가져온 이 예물을 내 주를 따르는 이 소년들에게 주게 하시고"(27절). 네 번째, 아비가일은 다윗에게 원수를 직접 복수하거나 앙심을 품지 말라는 율법의 명령을 상기시켜서 다윗이 율법 범하는 것을 막았다(30절). "너는 네 형제를 마음으로 미워하지 말며 네 이웃을 반드시 견책하라 그러면 네가 그에 대하여 죄를 담당하지 아니하리라 원수를 갚지 말며 동포를 원망하지 말며 네 이웃 사랑하기를 네 자신과 같이 사랑하라 나는 여호와이니라"(레 19:17-18). 다섯 번째, 아비가일은 다윗이 하나님에 의해 이스라엘 왕으로 기름 부은 자임을 일깨워주었다. 사무엘이 죽은 후 광야로 도피한 다윗은 하나님의 약속은 희미해지고 소망이 끊어진 상태였다. 이런 다윗에게 이스라엘 왕이라는 정체성을 일깨워주는 동시에 나발 죽이는 것이 왕이 되는데 걸림돌이 된다고 했다. 국회에서 인사청문회를 할 때 어떤 후보자의 과거 잘못된 행적이 문제 되어 낙마하는 예도 있다. 만약 다윗이 나발과 그의 하인들을 죽이게 되면 학살자로 오명을 얻게 되고, 대적자들이 다윗이 나발의 남자들을 학살한 것을 문제 삼아 이스라엘 왕이 될 자격이 없다고 비난하는 빌미를 제공할 수 있다. 아비가일은 이것을 막기 위해 다윗이 직접 나발을 죽여서는 안 된다고 했다(31절). 사태가 매우 급하게 돌아갔기 때문에 다윗을 설득시키는 말을 준비할 시간적인 여유가 없었다. 그런데도 조리 있는 말로 다윗을 설득시킨 것은 평소 그녀의 지혜가 깊었음을 엿볼 수 있다.

아비가일에 대한 다윗의 평가(32-44절)

다윗은 아비가일이 아니었으면 미련한 행동을 할 뻔했다는 것을 깨닫고 아비가일을 자신에게 보내주신 하나님을 찬양했다(32절). 또 아비가일을 만나게 된 것이 하나님의 섭리였다고 고백했다. 동시에 아비가일의 지혜를 칭찬하면서 그녀 때문에 사람을 죽여 보복하는 일을 피할 수 있었다고 했다(33절). 다윗은 그녀가 가져온 선물을 받고 평안의 인사를 건넨 후 그녀를 돌려보냈다(35절). 잠언 15:1은 **"유순한 대답은 분노를 쉬게 하여도 과격한 말은 노를 격동하느니라"**는 말로 시작하여 **"온순한 혀는 곧 생명 나무이지만 패역한 혀는 마음을 상하게 하느니라"**(4절), **"지혜로운 자의 입술은 지식을 전파하여도 미련한 자의 마음은 정함이 없느니라"**고 했다(7절). 아무리 극한 상황이라도 상대방을 자극하지 않고 조리 있게 말하기는 쉽지 않다. 그러니 평소에 조리 있게 말할 수 있는 논리를 개발해야 한다. 특히 우리의 말속에는 상대방의 분노를 자극하는 말투가 많은데, 말투를 고치고 상대방의 의견을 존중한다면 우리도 유순한 대답으로 분노를 쉬게 하는 지혜로운 말을 할 것이다.

아비가일이 다윗을 설득시키는 동안 나발은 왕의 잔치와 같은 잔치를 배설하여 술에 취해 있었다. 자신이 죽을 뻔했다는 것도 모른 채 먹고 마시는 데 열중했으니 정말 미련한 자이다. 이튿날 아비가일은 나발에게 그동안 있었던 일을 이야기했다. 그때부터 나발은 다윗이 자신을 죽이지 않을까 하는 공포에 사로잡혀 두려움에 떨다가 열흘 후에 심장 발작으로 죽었다. 그런데 성경은 **"여호와께서 나발을 치시매"**(38절)라는 표현을 통해 하나님이 나발을 죽여서 하나님의 기름 부음 받은 자를 모독한 것에 대해 심판하셨음을 말한다.

다윗은 나발이 죽자 아비가일에게 청혼하여 두 사람이 결혼했다 (40-42절). 아비가일은 다윗의 세 번째 아내가 되었다. 첫 번째는 사울의 딸 미갈이고, 두 번째는 아히노암으로 유다 지파에 속한 헤브론 근처 이스르엘 출신이다. 아히노암과 아비가일이 유다 지파 출신이었기에 다윗이 헤브론에서 왕으로 세워질 때 이들의 존재가 상당히 도움이 되었다. 다윗은 나발의 재산을 확보하므로 먹는 문제가 해결되었고, 안정적인 거주지를 확보하였다. 아비가일은 헤브론에서 두 아들 길르압과 다니엘을 낳았다(삼하 3:3, 대상 3:1).

32 다윗이 두 번째로 사울을 살려주다
(삼상 26:1-25)

핵심 말씀
"내가 손을 들어 여호와의 기름 부음 받은 자를 치는 것은 여호와께서 금하시나니 너는 그의 머리 곁에 있는 창과 물병만 가지고 가자 하고"(11절)

또 십(Ziphites)이고 또 사울이가

우리는 좋은 일이나 나쁜 일을 반복적으로 하는 사람을 가리켜 '또 그 사람이가'라는 말을 한다. 예를 들면, 평소에 기부를 많이 하였던 사람이 큰일을 앞두고 통 큰 기부를 했다면 '또 그 사람이 기부를 많이 했어!'라고 할 것이다. 이것은 그의 선행을 좋게 평하는 말이지만, 나쁜 짓을 습관적으로 했던 사람이 나쁜 짓을 하였다면 '또 그 사람이가! 나 그럴 줄 알았지!'라고 빈정거릴 것이다.

사무엘상 26장을 보면 다윗이 사울을 두 번째로 죽일 수 있었으나 또 살려주는 내용이다. 26장에 가장 적합한 말은 '또 십이고, 또 사울이가'이다. 사울이 다윗 잡는데 집착한 것은 십 사람[1]들의 역할이 컸

---

[1] '십(זיף)'은 '지피(Ziphi)'에서 유래되었으며 '십의 거주민'을 의미한다. 십 사람은 헤브론 남동쪽의 십 성읍 주민을 가리킨다(삼상 23:19, 삼상 26:1).

다. **"십 사람이 기브아에 와서 사울에게 말하여 이르되 다윗이 광야 앞 하길라 산에 숨지 아니하였나이까"**(1절). 십 사람의 제보를 받은 사울이 상비군 3,000명을 이끌고 다윗을 잡기 위해 하길라 산으로 갔다. 예전에도 십 사람들이 기브아로 와서 다윗이 하길라 산에 숨었다는 것을 가르쳐 주었다. 그들은 사울에게 언제든지 다윗이 숨은 곳을 가르쳐 주겠다고 했다(삼상 23:30). 십 사람으로 인해 다윗의 은신처가 밝혀졌고 사울이 출정을 했으므로 다윗의 입장에서 "또 십 사람이가, 또 십 사람이 고자질했어"라는 말이 나올 만했다.

십 사람은 유다 지파에 속했기에 같은 지파 사람 다윗에게 호의적으로 대해 주어야 하는데, 왜 사울의 첩자 노릇을 하였을까? 만약 사울이 다윗을 지명수배자로 공고했고, 신고자에게 막대한 현상금을 준다고 했다면 십 사람들이 현상금을 타기 위해 다윗의 은신처를 가르쳐 주었을 것이다. 또 도엑처럼 출세를 하고 싶어서 사울 왕의 편에 섰거나, 다윗을 도왔던 제사장 가문이 사울에게 학살당하는 것을 보고 사울의 보복이 두려워서 제보할 수도 있었다. 또 다윗이 이스라엘 왕이 되면 사울을 도운 것에 보복을 당하지 않을까 하는 염려 때문에 사울을 도왔을 것이다. 그렇지 않아도 이스라엘에 숨을 곳이 마땅치 않았던 다윗은 사울의 첩자들로 인해 계속 도망 다니면서 새로운 도피처를 찾아야 했다.

예전에 다윗이 엔게디 광야 한 동굴에 들어왔던 사울을 죽이지 않고 살려준 적이 있었다. 그때 사울이 감동을 받고 눈물을 흘리면서 다윗에게 용서를 빌었고, 다윗을 축복하면서 장차 이스라엘 왕이 될 것이고 왕이 되면 후손을 선대하여 달라고 부탁하기도 했다. 이렇게 사울은 다윗에게 파격적인 은혜를 입었으나 금세 그것을 잊어버리고 또 다윗을 잡으러 왔기에 "또 사울이가"라는 말이 나올 만하다. 그의 악한 행동을 선으로 갚아주었는데도 이것을 깨닫지 못하고, 오직 권력욕에 사로잡혀 끝까지 다윗을 죽이려고 한데서 어리석음을 발견할 수 있다.

우리가 나이가 어렸을 때는 상대방이 나쁜 짓을 해도 나만 착하게 살면 세상이 변한다고 생각한다. 그러나 내가 착하게 살아도 세상이 변하지 않는다. 그 이유는 우리 주변에 사울처럼 악한 망상에 사로잡혀 자기 위주로 생각하고, 행동하는 자들이 있기 때문이다. 그들은 자기 허물과 행실을 보지 않고 늘 남의 허물과 실수를 보고 험담한다. 또 무조건 자기 생각과 말이 옳고 무엇을 하든지 자기 방식대로 일하려고 하므로 착한 사람만 손해를 본다.

잠언 2:21-22은 "정직한 자는 땅에 거하며 완전한 자는 땅에 남아 있으려니와 악인은 땅에서 끊어지고, 간사하는 자는 땅에서 뽑힌다"라고 했다. 악한 자들이 판을 치고 있는데도 이 세상에 악한 자가 아닌 선한 사람 중심으로 돌아가는 것은 하나님이 악한 자의 혈통을 심판하시기 때문이다.

다윗이 두 번째로 사울을 살려주다(6-16절)

다윗도 오랜 추격을 받다 보니 정예화된 조직으로 곳곳에 정찰병을 세워 놓고 사울의 동태를 살폈다. 달빛이 없는 광야의 밤은 칠흑 같은 어둠으로 곳곳에 횃불을 켜 놓아야 주변을 볼 수 있다. 정상적인 군대라면 횃불을 켜 놓고 보초를 세워 왕과 사령관을 보호해야 하는데 사울과 3,000명의 군사가 이런 조치 없이 모두 깊은 잠에 빠졌다. 12절에 "여호와께서 그들을 깊이 잠들게 하셨으므로 그들이 다 잠들었

다"라고 했지만, 병사들이 더운 날씨에 며칠 동안 다윗을 추격하다 지쳐서 깊은 잠에 빠졌다.

다윗과 아히멜렉과 아비새가 사울이 잠자는 막사 안으로 들어갔다. 세 사람은 사울 머리 곁에 창이 땅에 꽂혀 있는 것을 보았다. 사울이 그 창으로 두 번이나 다윗을 죽이려고 했다. 다윗이 그 창을 보고 어떤 생각을 하였을까? 또 잠자고 있는 사울을 보고 어떤 생각을 하였을까? 한번 살려 주었으면 다시는 추격하지 말아야 하는데, 또 추격했어! 지금 사울을 죽이면 도망 다니지 않아도 된다는 등 생각이 복잡했을 것이다. 아비새가 그 복잡한 생각에 더 불을 붙였다. 그는 다윗에게 **"하나님이 오늘 당신의 원수를 당신의 손에 넘기셨으니 명령만 내리시면 단 한 번의 창으로 사울을 찔러 죽이겠다"**고 했다(8절). 아비새가 사울을 죽이는 것이 하나님의 뜻이라고 했다.

우리는 이 세상의 모든 것을 하나님이 주관하고 계심을 믿는다. 왜 하나님이 다윗을 잠자는 사울 곁으로 가게 하셨을까? 왜 다윗에게 유리하도록 환경을 만드셨을까? 다윗이 무방비 상태로 잠자는 사울을 죽이는가 아니면 그 상황에서도 하나님의 뜻을 존중히 여겨 그를 살려 주는가를 시험하기 위해서였을 것이다. 하나님이 우리 믿음을 향상시키기 위해 시험(Test)을 하시는데, 그 내용은 아브라함에게 사랑하는 독자 이삭을 번제물로 바치라고 한 것처럼 내가 가장 사랑하고 아끼는 것을 하나님을 위해 버릴 수 있는가? 혹은 나를 가장 괴롭혔던 원수를 하나님의 사랑으로 용서할 수 있는가?를 보신다. 하나님이 다윗을 무방비 상태인 사울 앞에 세워 인간적인 감정을 앞세워 보복할 것인가? 아니면 어떤 상황에서도 하나님의 뜻을 우선으로 여겨 사울을 죽이지 않는가를 지켜보셨다. 다윗은 이런 하나님의 뜻을 알고 있었기에 단호하게 여호와의 기름 부음을 받은 왕을 죽일 수 없다고 했다. 이것으로 하나님의 시험에 통과했고, 하나님의 마음에 합한 사람이 되었다. 다윗이 성숙한 결정을 내린 데에는 하나님이 나발을 심판하시는 것을 보았기 때문이다.

하나님이 나의 믿음을 시험하시기 위해 다윗과 비슷한 상황을 만들어 놓고 내가 가장 아끼는 것을 하나님을 위해 포기할 수 있는가? 혹 나를 가장 괴롭힌 사람을 하나님의 주권과 심판을 믿고 용서할 수 있는가?를 보신다. 이런 시험을 통과하기란 결코 쉽지 않다. 말씀 앞에 나를 복종시키는 훈련과 기도로 성령 충만해야 시험을 통과할 수 있다.

다윗이 사울을 살려주므로 또 승리했다(13-25절)

'크리스 캐리어'는 10살이 되던 해 학교를 마치고 집으로 돌아가던 길에 유괴를 당해 숲에 버려졌다. 그가 발견되었을 때 머리는 피범벅에다 눈은 멍들어 있었다. 그 일로 크리스는 한쪽 시력을 잃었고, 몸을 움직이는 운동을 하지 못했다. 각종 매스컴이 크리스가 살아남은 것을 '기적'이라고 떠들었지만, 크리스는 자신을 이렇게 비참하게 만들어 놓은 것이 무슨 '기적'이냐며 분개했다. 그러다가 13살이 되던 해에 그는 부상이 훨씬 심했을 수도 있었다는 것을 깨닫고 악몽 같은 지난 사건을 저주가 아닌 은혜로 보고 가해자에 대한 적개심이나 복수심을 버리기로 했다. 더 많은 시간이 흐른 뒤에야 '데이빗 맥일리스터'란 사람이 그를 유괴한 것이 밝혀졌다. 유괴범은 한때 크리스의 집에 고용되었다가 음주 문제로 해고된 것에 대한 보복으로 크리스를 유괴했다. 크리스는 다음날 데이빗을 찾아갔다. 병들어 앙상하게 뼈만 남은 노인이 되어 외롭게 죽음만을 기다리는 데이빗을 크리스는 용서한다고 했다. 얼마 후 크리스는 "내게 잘못을 저지른 사람에게 복수를 선택했다면 내 삶은 분노로 타오를 것이고, 설령 앙갚음했다고 해도 남는 것은 공허함뿐일 것입니다. 그러나 용서하면 이것들로부터 자유함을 누리는데, 그것은 용서는 하나님의 선물이며 은총이기 때문입니다. 저는 이번 용서를 통해 정말 삶의 만족을 누리고 있습니다"라는 말을 했다.[2]

다윗은 사울의 진영에서 나와 건너편 산꼭대기로 올라갔다. 동이 트기 직전 다윗은 잠을 자는 아브넬을 향하여 "왕을 경호하는 책임자가 경호하지 않고 잠만 잔다고" 질책했다. 다윗이 아브넬을 향하여 말을 했지만, 실상은 사울 들으라고 한 말이었다. 잠에서 깬 사울이 다윗의 음성을 듣고 "내 아들 다윗아 이것이 네 음성이냐"고 했다(17절). 그때 다윗은 "제가 왕께 지은 죄가 없는데 왜 저를 죽이려고 하십니까? 왕이 저를 죽이는 것이 하나님의 뜻이라면 어쩔 수 없지만, 왕이 저를 모함하는 나쁜 사람들의 말만 듣고 죽이려고 한다면, 모함한 사람들에게 하나님의 저주가 내릴 것입니다. 저는 메추라기와 벼룩과 같은 초라한 존재인데, 이런 나를 추격하기 위해서 왕이 군대를 동원한 것이 이해되지 않습니다. 저는 오늘 왕을 죽일 수 있었지만, 죽일 생각이 없기에 왕의 창과 물병을 가져왔습니다"라고 하면서 창과 물병을 보여주었다. 말은 부드럽고 예의를 갖추었지만 말 한마디 한마디가 사울의 어리석음을 책망하는 것이었다. 사울은 양심의 가책을 받고 다윗에게 "네가 오늘 내 생명을 귀하게 여겼은즉 내가 다시는 너를 해하려 하지 아니하리라, 내가 어리석은 일을 하였으니 대단히 잘

---

2 생명의 삶, 2004년 11월호, 131에 나오는 예화를 인용.

못되었도다"(21절)는 말을 하고 그 자리를 떠났다.

다윗은 선으로 악을 이기므로 승리자가 되었고, 성령의 사람이 악을 이길 수 있다는 것을 보여주었다. 그러나 악령에 사로잡힌 사울은 회개하였으나 여전히 다윗을 죽여야 한다는 생각을 버리지 않았다. 그의 잘못된 집착을 끝내 버리지 않다가 다윗이 없는 블레셋과의 전쟁에서 죽고 말았다. 이렇게 허무하게 끝날 왕권인데 무엇 때문에 왕권에 집착했을까? 다윗을 죽이려고 했고, 또 다윗을 도와주었다는 제사장들을 학살할 정도로 왕권이 가치가 있었을까? 누구나 한 번뿐인 인생인데 사울의 죽음 앞에 어떻게 사는 것이 바른 삶이며, 어떻게 사는 것이 성공적인 삶인가를 배워야 한다.

다윗과 사울의 참모들(6, 14절)

사전에서 참모(staff)를 상관(上官)이나 어떤 일의 주도자의 측근에서 활동하는, 지략이 뛰어난 사람으로 정의한다. 훌륭한 지도자 배후에는 그를 보좌하는 참모들이 있었다. 모세에게는 여호수아가 있었고, 여호수아에게는 갈렙이 있었다. 다윗이 사울에게 쫓길 때 그와 생사고락을 같이했던 참모들이 있었다. 6절은 다윗이 사울의 막사로 갈 때 "헷 사람 아히멜렉(אֲחִימֶלֶךְ, 왕의 형제)과 스루야의 아들 요압의 아우 아비새(אֲבִישַׁי, 나의 아버지는 선물이다)와 함께 갔다. 이들이 자원해서 다윗을 따른 것으로 보아 충성스러운 참모들인 것을 알 수 있다.

헷 사람 아히멜렉: 헷 사람은 창세기 때부터 가나안 땅에 거주하였다(창 10:15). 헷 사람으로 아히멜렉 외에 다윗을 섬긴 또 한 사람은 '우리아(אוּרִיָּה, 여호와의 불꽃)'이다(삼하 11:6-7). 그는 밧세바의 남편

으로 사명에 투철한 군인이었으나 다윗이 밧세바와 간음한 것을 은폐하려는 계략의 희생양이 되어 암몬과의 전쟁에서 전사했다(삼하 11:39).

아비새와 요압: 스루야의 아들이요 요압의 아우인 '아비새'는 다윗의 조카이다. 역대상 2:16에는 스루야는 다윗의 누이로, 그녀에게 세 아들 '아비새, 요압, 아사헬'이 있었는데 3형제 모두 열렬한 다윗의 추종자였고, 다윗의 측근이 된 용맹한 전사였다(삼하 16:9-11). 요압은 다윗의 군대 장관으로 오랫동안 섬겼고, 막내 아사헬은 사울의 군대 장관 아브넬을 쫓다가 아브넬의 손에 죽자(삼하 2:12-23), 요압이 앙심을 품고 있다가 아브넬이 다윗과 정치적인 협상을 하려고 왔을 때 죽였다(삼하 3:22-30). **"아브넬이 헤브론으로 돌아오매 요압이 더불어 조용히 말하려는 듯이 그를 데리고 성문 안으로 들어가 거기서 배를 찔러 죽이니 이는 자기의 동생 아사헬의 피로 말미암음이더라"** (삼하 3:27). 요압이 동생의 원수를 갚기 위해 아브넬을 죽였으나 그 이면에는 다윗이 사울 집안과 통합하여 통일 왕국의 왕이 되면 아브넬로 인해 요압이 군대 장관직을 잃게 될 것을 염려하여 미리 제거한 것이다. 다윗은 요압이 아브넬을 죽였다는 소식을 듣고 대노했다. 왜냐하면 아브넬을 통해 사울 집안과 전쟁을 그치고, 이스라엘을 통일하려고 한 계획이 수포가 되었기 때문이다. 또 아브넬의 죽음으로 인해 이스라엘 전역에 다윗이 아브넬과 정치적인 협상을 한다고 불러들인 후 죽였다는 소문이 퍼지면 이스라엘의 민심이 다윗에게서 멀어질 것이다. 그러면 왕이 되는 데 지장이 많다. 다윗은 이런 우려를 잠재우기 위해 아브넬의 죽음이 자신과 무관한 것을 강조하였고, 그의 죽음을 애도하면서 장례식을 성대하게 치러 주었다. 그런데 다윗도 막강한 요압의 세력을 어

떻게 할 수가 없어서 **"내가 기름 부음을 받은 왕이 되었으나 오늘 약하여서 스루야의 아들인 이 사람들을 제어하기가 너무 어려우니 여호와는 악행한 자에게 그 악한대로 갚으실지로다 하니라"**(삼하 3:39)는 말로 한탄했다. 나중에 다윗은 왕권을 물려받은 솔로몬에게 요압을 죽이라는 유언을 남겼다(왕상 2:5-6).

다윗이 70세의 나이로 죽기 직전에 아도니야가 요압과 제사장 아비아달의 지원을 받고 스스로 왕이라고 선포했다. 그때 밧세바와 나단 선지자가 다윗을 설득시켜 솔로몬이 왕이 되게 하였다. 솔로몬이 정적들을 제거하는 가운데 아버지의 유언을 따라 요압을 죽이므로(왕상 2:28-35), 요압의 권력 투쟁이 막을 내렸다. 다윗과 생사고락을 같이했던 요압의 지나친 권력욕이 그의 인생을 망하게 했다. 누구나 인생 말년이 추하면 실패한 삶을 산 것이다.

아브넬: 사울의 참모 중에 '넬의 아들 아브넬(אבנר, 나의 아버지는 등불이시다)'이 있다(14절). 아브넬은 사울의 숙부 넬의 아들이기 때문에 촌수로 사울과 사촌이다. 아브넬은 사울의 군사령관으로(삼상 14:50), 사울이 전쟁에서 죽자(삼상 31장), 그는 사울의 아들 이스보셋을 왕으로 세웠다(삼하 2:8-10). 그때부터 유다 지파와 이스라엘과 내전이 일어났다. **"사울의 집과 다윗의 집 사이에 전쟁이 오래매 다윗은 점점 강하여지고, 사울의 집은 점점 약하여 가니라"**(삼하 3:1). 아브넬은 다윗과의 승산 없는 싸움을 중단하고 타협하기 위해 다윗에게로 갔다가 요압에게 살해 당하자, 아브넬이 없는 이스라엘은 주인 없는 땅과 같았다. 곧 이스보셋은 두 명의 군 지휘관에게 암살되었다. 그들이 다윗에게 투항했을 때 다윗은 군주를 암살한 두 사람을 죽였다. 그 후 이스라엘 지파 지도자들이 헤브론에 모여 다윗을 이스라엘 왕으로 추

대함으로, 다윗은 30세에 제2대 통일 왕국의 왕이 되었고, 헤브론에서 7년 6개월을, 예루살렘에서 33년 동안 이스라엘을 다스렸다(삼하 5:4-5).

33 다윗이 블레셋으로 망명하다
(삼상 27:1-28:2)

핵심 말씀
"다윗이 일어나 함께 있는 사람 육백 명과 더불어 가드 왕 마옥의 아들 아기스에게로 건너가니라"(2절)

국제 관계는 영원한 친구도 적도 없다

국제 관계는 각국의 이익에 따라 늘 변하기 때문에 '영원한 친구도 적도 없다'는 말이 생겼다. 미국은 제2차 세계 대전 때 일본을 상대로 태평양 전쟁을 했으나 일본이 1945년 8월 15일에 미국에 항복하므로 전쟁이 끝이 났다. 전후 처리를 할 때 대체로 전승국이 패전국에 막대한 전쟁배상금을 부과하는데 미국은 일본에게 전쟁배상금을 요구하지 않고, 오히려 전후 복구에 최선을 다했다. 그 이유는 곧바로 냉전 시대가 되어 연합국이었던 구소련의 공산주의를 견제하기 위해서이다. 미국은 구소련을 견제한다는 목적으로 1960년 1월 19일 워싱턴 D.C에서 '미일 안전보장 조약'을 체결했다. 그런데 구소련이 붕괴하자 미국은 일본과 손을 잡고 중국의 팽창 정책을 저지하려고 했다. 일본의 아베 총리는 이 기회를 활용하여 일본도 전쟁 가능한 나라가 되려고 평화 헌법을 개정하려고 했다. 주변국은 이것을 일

본 군국주의의 부활로 본다.

　　베트남 전쟁(Vietnam War)은 베트남이 남북으로 분단된 1955년 11월 1일-1975년 4월 30일까지 일어났다. 처음에는 내전으로 시작되었으나 곧 냉전 시대에 자본주의 진영과 공산주의 진영이 대립하는 대리전이 되었다. 1964년 8월-1973년 3월까지 미국 등 외국 군대가 개입하고 캄보디아, 라오스로 전선이 확대되어 국제전으로 치러졌다. 미국은 월맹군과 승산 없는 전쟁을 포기하고 평화 조약을 맺고 철수했으나 곧 월맹군이 월남의 수도 사이공을 함락시키므로 월남전의 막을 내렸다. 그 후 냉전 시대의 영향으로 미국과 베트남이 원수처럼 지냈다. 그런데 중국이 남중국해의 여러 섬에다 비행장을 비롯하여 군사 기지를 세워 주변국들을 위협하자 베트남은 중국을 견제하기 위해 미국과 손을 잡고 자국에다 해군 기지를 제공하므로 '어제의 적이 오늘의 친구'가 되는 예를 보여주었다.

이런 예가 다윗이 사울을 피해 적진 블레셋으로 망명하므로 일어났다. 다윗은 사울을 두 번이나 살려 주었으나 여전히 사울이 자기를 추격할 것을 염려하여 블레셋으로 망명했다. "**다윗이 그 마음에 생각하기를 내가 후일에는 사울의 손에 붙잡히리니 블레셋 사람들의 땅으로 피하여 들어가는 것이 좋으리로다**"(1절). 예전에 다윗이 가드 왕 아기스 앞에서 미치광이 흉내를 내므로 아기스를 속였다. 그러나 지금은 다윗이 사울에게 쫓기고 있다는 것을 온 천하가 알고 있었다. 가드 왕 아기스는 이런 다윗을 용병(用兵)으로 쓰기 위해 받아들였다. 다윗이 골리앗을 죽였고, 여러 번 블레셋을 친 것을 생각하면 반드시 죽여야 하지만, 블레셋도 자신들의 힘으로는 이스라엘을 정복할 수 없다는 것을 알고 사울의 정적 다윗을 용병으로 써서 이스라엘을 정복하려고 했다. 다윗과 아기스는 어제의 적이었으나 각자의 이해관계가 맞아떨어져 오늘의 친구가 되었다.

다윗이 여호와께 묻지 않은 이유(1-4절)

이전에 다윗이 혼자 블레셋으로 갔다가 거의 죽을 뻔했다. 그런데도 그를 따르는 사람들과 함께 블레셋으로 간 이유를 1절이 이렇게 말한다. "**다윗이 그 마음에 생각하기를 내가 후일에는 사울의 손에 붙잡히리니 블레셋 사람들의 땅으로 피하여 들어가는 것이 좋으리로다.**" 다윗도 사람인지라 오랫동안 도망 다니느라 지쳤을 것이다. 사울에게 쫓기는 것이 이골이 나서 단 하루라도 좋으니 사울의 통치력이 미치지 못하는 곳에서 편하게 지내고 싶었다. 누구나 다윗처럼 좋지 않은 악재를 계속 만나게 되면 '지긋지긋하다, 더는 못 참겠다'라는 말을 할 것이다.

이것을 보면 다윗도 우리처럼 지치기도 하고, 힘든 생활에서 벗어나 편히 살고 싶어 하는 사람임을 알 수 있다. 사울은 다윗이 가드로 도망갔다는 소식을 듣고는 더 이상 추격하지 않았다(4절).

그런데 다윗이 사울을 피해 블레셋으로 간 것은 결코 하나님의 뜻이 아니었다. 예전에 다윗이 아둘람 동굴에 모인 사람들과 함께 사울을 피해 모압 왕에게 갔을 때 갓 선지자가 다윗에게 유다 땅으로 돌아가라고 해서 유다 땅 헤렛 수풀에서 머문 적이 있었다(삼상 22:5). 비록 사울에게 쫓기는 중에도 여전히 이스라엘 왕으로 하나님의 백성을 보호할 책임이 있었기에 하나님은 안정된 모압 대신 유다로 가라고 했다. 다윗도 이런 하나님의 뜻을 알고 있었음에도 불구하고 왜 블레셋으로 갔을까? 그는 큰일 작은 일을 앞두고 하나님께 묻는 기도의 습관이 있었다. 혼자 묻기도 하고, 어떤 때는 제사장의 흉패에 있는 우림과 둠밈(the Urim and Thummim, 레 8:8)으로 하나님의 뜻을 물었다. 이런 다윗이 하나님께 블레셋으로 가는 문제를 가지고 묻지 않은 것이 이해되지 않는다. 어쩌면 다윗이 블레셋으로 가는 문제를 가지고 기도해야 한다는 것을 알면서도 하나님께서 가지 말라고 할까 봐 일부러 기도하지 않은 것은 아닐까? 우리도 기도로 하나님의 뜻을 묻고 일을 해야 한다는 것을 알면서도 하나님의 뜻이 내 뜻과 대치될 때 일부러 기도하지 않고 내 마음대로 해 버린 경우가 있다.

김하중 선교사가 쓴 '하나님의 대사'라는 책을 보면 김 선교사가 아들을 결혼시키기 위해 하나님께 기도했더니, 하나님께서 청첩장을 돌리지 말고, 가족끼리 결혼식을 하라고 하시어 그렇게 했더니 사돈댁이 하객이 적은 것을 이상하게 생각했다고 한다. 사위의 아버지가 서울대학교를 졸업한 후 평생 외교관으로 봉직했고 6년간 중국 대사를 재직하여 최장수 중국 대사라는 별명을 얻었다. 아버지가 대사였기 때문에 지인들이 상당히 많았을 것이고, 그동안 축의금과 조의금을 하였기에 아들 결혼식에 하객이 많을 것으로 생각했는데, 너무 적어서 이상하게 생각한 것이다. 김 대사는 하나님의 뜻에 순종한다고 청첩장을 보내지 않았지만, 이것을 모르는 사람들은 의아하게 생각했다. 그런데 딸을 결혼시킬 때 김 선교사의 부인이 "여보! 이번에는 하나님께 묻지 말고, 사람들에게 청첩장을 보냅시다. 우리가 그동안 축의금과 조의금 한 것이 얼마입니까? 이번만큼은 하나님께 묻지 말고 청첩장을 보냅시다." 믿음이 없어서 이런 말을 한 것이 아니라, 평생 공직자로 지냈기에 결혼 준비와 결혼식에 목돈이 없었다. 그것을 축의금으로 충당하지 않으면 결혼 비용이 모자랐기에 이전에 축금을 준 사람에게만 청첩장을 보내자고 한 것이다. 김 대사는 다시 하나님의 뜻을 물었고, 하나님이 청첩장을 보내지 말라고 해서 보내지 않았다고 한다.

우리도 김 대사 부인과 같은 마음을 가지고 있다. 내 이익과 관계되는 일에는 하나님의 뜻보다 내 뜻을 우선으로 하여 하나님이 좀 모른 척 봐주기를 원한다. 그래서 요나처럼 니느웨로 가야 한다는 것을 알면서도 다시스를 선택할 때가 많다. 다윗도 하나님께 물으면 계속 이스라엘 땅에 남아 있으라고 할 것이 두려워 하나님께 묻지 아니하고 블레셋으로 망명한 것이 아닐까?

만약 내가 다윗이었다면 어떻게 하였을까? 우리도 다윗과 같은 선택을 했을 것이다. 이것은 믿음이 없다기보다 눈앞에 보이는 편한 길만 우선으로 선택하는 것이 사람이기 때문이다. 하나님은 내 인생의 전체를 보시지만, 사람은 눈앞에 있는 것만 본다. 그러니 하나님의 생각과 우리의 생각이 다르고 하나님의 방법과 우리의 방법이 다를 수밖에 없다. 이것 때문에 이사야 55:8-9에서는 "이는 내 생각이 너희의 생각과 다르며 내 길은 너희의 길과 다름이니라 여호와의 말씀이니라 이는 하늘이 땅보다 높음 같이 내 길은 너희의 길보다 높으며 내 생각은 너희의 생각보다 높음이니라"라고 했다. 믿음의 눈이란 항상 하나님의 길이 옳다는 것을 인정하면서 내 생각과 의지를 포기하는 것이다. 이것은 말씀으로 자신을 쳐서 복종시키는 훈련을 할 때만 가능하다.

블레셋에서 다윗의 생활(5-28:2)

다윗이 유다에서 도망을 다녔어도 거주와 행동에는 자유가 있었으나 블레셋에서는 그렇지 못했다. "다윗과 그의 사람들이 저마다 가족을 거느리고 가드에서 아기스와 동거하였는데"(3절). 그런데 이 동거는 결코 편한 동거가 아니었다. 다윗이 아기스와 동거한 것은 한 집에서 다른 가족과 같이 사는 것과 같다. 내 식구만 있으면 말과 행동과 옷을 입는데 자유가 있으나 다른 가족과 함께 살면, 주인이라도 늘 조심해야 한다. 음식 먹는 것과 수도와 전기 쓰는 것, 화장실을 사용하는 것 등 불편한 것이 한 두 가지가 아니다.

다윗이 아기스와 동거하므로 불편했던 것을 몇 가지로 정리할 수 있다. 첫 번째, 다윗은 매사에 아기스의 눈치를 살펴야 하기에 참으로 불편했다. 아기스도 다윗을 받아주기는 하였으나 예전에 다윗이 골리앗을 죽인 적이 있었기 때문에 또 무슨 일을 저지를지 알 수 없어서 늘 감시를 하였다.

삼국지를 보면 조조에게 '사마위(司馬懿)'라는 전략가가 있었다. 제갈공명은 완벽주의자라 사마위는 제갈공명을 지치게 하는 전략을 썼다. 결국 제갈공명이 죽어서 전쟁이 끝나자 사마위가 군 최고사령 관직에서 은퇴하여 집에 칩거하고 있었으나 여전히 조조의 아들과 손자들은 사마위가 반란을 일으키지 않을까 늘 감시를 하였다. 이 사마위처럼 다윗도 블레셋의 감시 대상이 되자 아기스에게 지방의 어느 한 곳이라도 좋으니 그곳을 달라고 하여 '시글락(צִקְלַג, **'꼬불꼬불함, 구부러짐'**)에 거주하는 것을 허락받았다.

시글락은 가드에서 남서쪽으로 약 40km 떨어진 곳에 있었다. 원래 시글락은 가나안 정복 때 유다 지파에게 할당된 땅이었는데(수 15:31) 나중에 시므온 지파가 차지했으나(수 19:5) 그 당시는 블레셋의 영토가 되었다. "시글락이 오늘까지 유다 왕에게 속하니라"(6절) 고 한 것으로 보아 사무엘서가 분열 왕국 이후에 기록되었다는 것을 알 수 있다.

두 번째, 다윗이 아기스에게 원치 않는 거짓말을 자주 했다. 다윗은 시글락 근처에 있었던 '그술 사람(the Geshurites)과 기르스 사람(the Girzites), 아말렉 사람(the Amalekites)'을 쳐서 남녀를 모두 죽이고 가축들을 빼앗아 아기스의 환심을 사기 위해 바쳤다. 다윗은 자신의 행위가 탄로 날까 봐 약탈지 사람들을 모두 죽인 후 아기스에게 거짓말로 이스라엘 땅을 약탈했다고 하여 자신이 아기스 편이라는 확신을 심어주었다. 1년 4개월 동안 이런 생활을 하였기에 늘 불안했을 것이다.

세 번째, 다윗의 애로점은 블레셋의 5개의 도시 국가가 연합하여 이스라엘과 전면전을 펼칠 때 아기스가 다윗을 용병으로 이스라엘 전쟁에 참여시키려고 했다(28:1-2). 아기스가 다윗에게 이스라엘과의 전쟁에 참여 여부를 물었을 때 다윗은 가고 싶지 않았지만, 참여하겠다고 했다. 만약 다윗이 블레셋의 용병으로 이스라엘과의 전쟁에 참여하면 매국노로 낙인이 찍혀 결코 이스라엘 왕이 되지 못할 것이다. 이스라엘 백성들은 적과 한편이 되어, 우군을 치는 다윗을 왕으로 받아들일 만큼 어리석지 않았다.

네 번째, 다윗의 애로점은 30장에 나온다. 다윗이 블레셋을 따라 이스라엘과 전쟁을 하기 위해 3일 동안 시글락을 비운 사이에 아말렉 족속들이 시글락을 약탈하고 가족들을 모두 잡아갔다. 그때 흥분한 사람들이 다윗을 돌로 쳐서 죽이려고 했다. 이런 이유로 다윗이 블레셋에 가지 말아야 하는데, 기도 없이 가므로 화를 자초했다.

사기(史記) 유후세가(留侯世家)를 보면 양약고어구(良藥苦於口), '좋은 약은 입에 쓰다'라고 했다. 좋은 충고는 귀에 거슬리고, 충언(忠言)은 귀에 거슬리나 결국은 자신에게 이롭다는 말이다. 부모와 스승, 그리고 친구가 나의 잘못된 행실에 대해 직언을 할 때 듣기는 거북해도 그것을 받아들여야 나를 성장시킬 수 있다. 사울처럼 주변 사람의 충고를 무시하여 인생을 망친 사람이 많다. 사람의 충고를 무시하여 인생을 망쳤다면, 나의 생사화복을 주관하시는 하나님의 말씀을 무시할 때 더 큰 화를 입는다는 것은 자명한 이치다. 그러니 하나님의 말씀과 뜻이 내 생각과 맞지 않아도 하나님의 지혜로우심을 인정하고 그것을 받아들여야 한다.

34 사울이 무당을 만나다(삼상 28:1-25)

핵심 말씀
"여호와께서 이스라엘을 너와 함께 블레셋 사람들의 손에 넘기시리니 내일 너와 네 아들들이 나와 함께 있으리라 여호와께서 또 이스라엘 군대를 블레셋 사람들의 손에 넘기시리라 하는지라"(19절)

무당에게 들린 귀신을 쫓아내다

16년 전 여름 휴가 때 밀양 표충사 근처에 있는 식당에 저녁을 먹기 위해서 들어갔다. 절 근처에 있는 식당이라 그런지 유난히 불교 색채가 풍기는 그림과 장식물이 많았다. 할머니가 밥을 갖다주어 식사 기도를 하였는데 할머니가 "선상님! 교회 다니는교"라는 질문에 목사라고 했더니 "아이고 잘됐십니다. 우리 딸이 무당인데 귀신 좀 쫓아 주이소." 제가 지금 쫓아 줄까요? 했더니 할머니는 "지금은 손님이 있어서 안 되니, 내일 저녁에 와 달라"고 했다. 그다음날 저녁에 갔더니 50대 중반쯤 되는 무당이 소복을 입고 있었다. 그녀는 귀신이 어제부터 나를 만나지 말라고 송곳으로 심장을 쿡쿡 찌르고 조여서 무척 힘들었다고 했다. 찬송을 몇 곡 부른 후 예수님이 가버나움 회당에서 더러운 귀신을 쫓아내신 것과 요한복음 8:44에 나오는 마귀의 정체와 사탄이 예수님의 십자가를 통해 완전히 패배했다는 것을 선포했다. 그 후 예수님의 이름으로 그녀 속에 있는 더러운 귀신을 저주하면서 그녀에게 따라 하라고 했다. 그녀는 사시나무 떨듯이 떨면서 진액 같은 땀을 흘려 옷이 다 젖었다. 한동안 그녀와 함께 귀신을 저주하여 쫓아내었다. 그녀는 신당을 뜯어 달라고 해서 신당으로 갔더니 염라대왕 그림부터, 굿할 때 쓰는 각종 소품으로 가득 찼다. 나는 신당을 정리한 후 그림은 태웠고 양초 1박스는 기도원에 갖다주었다. 또 굿을 하는데 필요한 각종 도구와 그릇들은 고물상에 갖다주었고, 징과 꽹과리와 무당이 굿할 때 양손에 청색과 백색 깃발을 들고 위아래로 흔드는 것은 교회 행사 때 사용하기 위해 신당을 뜯은 전리품으로 가져와서 잘 사용하고 있다.

그녀는 30년 이상 귀신에게 사로잡혀 무당짓을 하였는데, 10년 전에 귀신을 쫓아내고 무당을 그만두었다고 한다. 그런데 표충사(表忠寺) 근처에서 식당을 하다 보니, 절에 갔던 사람들이 식당에 들어오면 그들의 나쁜 행위가 다 보였다고 한다. 어떤 남자는 첩과 이중 살림을 하고 있었고, 어떤 남자는 아내가 바람을 피워 가정불화가 심했고, 돈 문제로, 자녀 문제, 막대한 빚과 우환 질고 등이 보여 그것을 해결하는 방법을 가르쳐 주었더니 금세 용한 무당으로 소문이 나서 돈을 많이 벌었다고 한다. 그런데 굿을 하고 나면 몸의 기가 빠져 며칠 동안 누워있었는데 이런 생활을 청산하려고 하다가 나를 만난 것이다. 나는 그녀에게 꼭 교회 출석하여 신앙 지도를 받으라고 했다.

사울이 신접한 여인을 찾아가다(3-10)

우리 주변에는 하는 일마다 복 받을 일만 하는 사람이 있고, 하는 일마다 미운 짓만 골라서 하는 사람이 있다. 전자는 지혜로운 사람이라면 후자는 어리석은 사람이다. 다윗과 사울의 행위를 비교하면 다윗은 전자이고 사울은 후자에 해당한다. 사울은 하는 일마다 미운 짓만 골라서 했다.

사울은 그의 최고 도움이신 하나님과의 관계를 중요하게 생각하지 않았다. 그래서 하나님의 말씀을 무시하다 보니 사무엘과의 관계도 좋지 않았다. 이것만 해도 엄청난 손실인데, 시기가 가득 차서 이스라엘을 위기에서 구한 충신 다윗을 정적으로 생각하고 죽이려고 했다. 다윗을 활용하여 국가 기틀을 마련하고, 주변 대적들을 쳐서 부국강병을 이룰 수 있는데 그 힘을 다윗을 잡는 데 허비했다. 게다가 다윗을 도왔다는 이유만으로 놉의 제사장의 가족 85명을 학살했으니 사울을 좋아 할리가 없다.

이런 사울이 블레셋이 이스라엘과 전면전을 벌이려고 군대를 모집함으로 큰 위기를 만났다(1절). 사울은 블레셋의 대군을 보고 두려워하여 하나님을 찾았으나 하나님이 꿈이나 우림으로나, 선지자로도 그에게 말씀하시지 않았다(6절). 사울이 하나님을 버리자 하나님도 그를 버린 것이다. 만약 사울이 정상적인 믿음을 가졌다면 자신의 죄를 회개하고 하나님께 도움을 청했을 것인데, 오히려 점을 치기 위해 엔돌(Endor)의 신접한 여인(무당)을 찾아가는 망령된 일을 행했다(8절).

엔돌(עֵין דּוֹר, 거주지의 샘)은 블레셋 군이 주둔한 수넴에서 북쪽으로 약 7km 떨어진 곳에 있었다. 당시 블레셋은 아벡에 진을 쳤고, 이스라엘은 이스르엘에 있었던 샘 곁에 진을 쳤다(삼상 29:2-2). 사울이 변장을 하고 신하 두 사람만 동행한 채 무당이 있는 엔돌까지 가려면 반드시 블레셋 군대가 주둔한 지역을 통과해야만 했다. 한 나라의 왕이 이런 위험을 감수하고 무당을 찾아간 것은 얼마나 절박했는가를 보여준다. 사울은 반드시 섬겨야 할 하나님을 배척하고, 반드시 처단해야 할 무당에게 전쟁의 승패에 관해서 묻는 잘못을 범했다.

무당은 귀신의 힘을 빌려 앞날의 운명에 대해 말을 하므로 창조자 하나님만이 사람의 생사화복과 운명을 결정지을 수 있는 것에 역행하는 짓을 하고 있다. 무당이 하나님의 주권을 무시하고, 더럽고 사악한 거짓의 영인 귀신을 통해 미래의 운명을 알려고 했기에 하나님은 무당을 반드시 죽이라고 했다. **"남자나 여자가 접신하거나 박수무당이 되거든 반드시 죽일지니 곧 돌로 그를 치라 그들의 피가 자기들에게로 돌아가리라"**(레 20:27). **"그의 아들이나 딸을 불 가운데로 지나게 하는 자나 점쟁이나 길흉을 말하는 자나 요술하는 자나 무당이나 진언자나 신접자나 박수나 초혼자를 너희 가운데에 용납하지 말라"**(신 18:10-11).

사람들은 자신의 미래에 대해 알고 싶어 하지만, 하나님은 사람들에게 미래의 구체적인 상황을 알려 주거나 성공할 수 있는 구체적인 길을 제시하지 않는다. 그 이유는 개인의 실패나 성공보다 그 사람이 하나님을 지속적으로 신뢰하는 것을 더 중요하게 생각하시기 때문이다. 하나님의 사람이지만 사울에게 쫓겼던 다윗처럼 하나님을 신뢰해도 때로는 힘겨운 삶을 살 수 있다. 그러나 이것은 실패가 아니라 하나님의 더 큰 목적을 이루기 위한 연단의 과정이다. 그래서 성도들은 오직 하나님만 믿고, 하나님의 인도하심을 따라 살아야 한다.

사무엘의 모습을 한 영(靈)의 실체는(10-19절)

신접한 여인이 굿을 통해 사무엘의 영을 불러내었고, 사무엘의 영은 사울이 블레셋과 싸움에 패배하여 죽을 것이라고 했다. **"네가 여호와의 목소리를 순종하지 아니하고 그의 진노를 아말렉에게 쏟지 아니하였으므로 여호와께서 오늘 이 일을 네게 행하셨고 여호와께서 이스라엘을 너와 함께 블레셋 사람들의 손에 넘기시리니 내일 너와 네 아들들이 나와 함께 있으리라 여호와께서 또 이스라엘 군대를 블레셋 사람들의 손에 넘기시리라 하는지라"** (18-19절).

신접한 여인이 불러낸 사무엘의 영(靈)이 과연 죽었던 사무엘의 영일까? 그렇지 않다. 귀신이 사무엘의 영을 가장하고 나타나서 사무엘의 흉내를 낸 것이다. 죽은 자의 영혼을 섬기거나 그들과 접촉하는 행위는 무당의 존재만큼이나 오래되었다. 오늘날 과학을 신봉하면서도 여전히 무당을 통해 죽은 영과 접촉하거나, 죽은 자를 위로하기 위해 굿과 제사나 고사를 지낸다. 그러나 죽은 자의 영혼은 하나님의 주권 아래 있으므로 무당이 결코 불러낼 수 없다. 예수님께서 부자와 나사로의 비유(눅 16:19-31)에서 죽은 자의 영혼이 천국에 가든지 아니면 지옥에 가든지 결정된다고 했다. 예수님은 함께 십자가에 달린 한 강도에게 그가 예수님과 함께 낙원에 있게 될 것이라고 하셨다(눅 23:43). 이것은 사람이 죽으면 곧바로 다른 영적 세계로 이동하는 것을 보여준다. 사람의 죽음은 영이 육신으로부터 분리되는 것이다. 그 영이 하나님의 판단에 따라 천국과 지옥이 결정된다. 따라서 영의 세계에 있는 죽은 자의 영혼이 이 땅에 사는 사람들과 접촉하거나 관계를 맺을 수 없다. 굿을 통해 죽은 조상을 만나고, 남편과 어머니, 딸을 만났다고 하는 것은 다 귀신이 죽은 조상의 영을 가장해서 나타나기 때문이다. 그래서 제사나 초혼 의식 등을 통해 죽은 자의 영혼과 접촉하거나 그들을 위로하는 것은 결국 귀신과 접촉하고 관계를 맺는 것이다. 이것 때문에 성도들은 절대로 굿이나 점을 해서는 안 되고, 무당을 통해 미래의 운명을 알려고 하지 말아야 한다.

사울이 엔돌의 신접한 여인을 찾아간 것은 하나님으로부터 얼마나 멀어져 있는가를 보여준다. 한때 사울은 사무엘의 권고에 따라 무당과 점쟁이를 이스라엘 밖으로 쫓아내었다. 그런데 블레셋과의 전쟁이 두려워서 무당을 찾아간 것은 하나님에 대해 얼마나 무지했는가를 보여준다. 아무리 높은 권력을 가지고 있어도, 하나님의 인도를 받지 못하면 불확실한 미래에 대한 두려움 때문에 쉽게 요동하고 온갖 미신적인 방법을 동원한다.

지난해 다니엘 기도회에 간증 강사로 나온 무속인 신 씨는 자기 고객 중에서 30%가 기독교인이라고 했다. 요한일서 3:8에 **"죄를 짓는 자는 마귀에게 속하나니 마귀는 처음부터 범죄함이라 하나님의 아들이 나타나신 것은 마귀의 일을 멸하려 하심이라."** 마귀는 예수님의 십자가를 통해 완전히 패배하였기 때문에, 사탄은 예수님의 능력을 의지하는 성도를 두려워한다. 예수님을 구주로 영접한 성도라면 무당이 두려워하고 굿을 해도 점괘가 나오지 않는다. 이런 성도가 무당을 찾아가서 굿을 하는 것은 바른 믿음을 가진 것이 아님을 보여준다. 몸만 교회를 다녔지 하나님과 예수 그리스도의 십자가의 은혜를 체험하지 않아 영적으로 무지한 것이다. 그래서 예수 그리스도의 십자가를 통해 사탄을 이기셨고, 주님께서 그 승리를 우리에게 주셨다는 사실을 바로 알아야 무당에게 든 귀신을 쫓아낼 수 있다.

영적 전쟁에서 승리하려면

에베소서 6:11-12은 **"마귀의 간계를 능히 대적하기 위하여 하나님의 전

신 갑주를 입으라 우리의 씨름은 혈과 육을 상대하는 것이 아니요 통치자들과 권세들과 이 어둠의 세상 주관자들과 하늘에 있는 악의 영들을 상대함이라"고 한다. 이 말씀은 우리가 싸워야 할 대상이 마귀(διάβολος)[1]라는 것을 가르쳐 준다. 구약에서 마귀를 사탄(שָׂטָן)이라 칭했고, 그 뜻은 **'대적자'** 이다. 사탄이라는 단어에 정관사를 붙이면, **'대적하는 인격체, 곧 반대하는 사람, 송사하는 사람을 가리킨다'**(욥 1-2장, 슥 3:1-3).

　신약에서 사탄은 **'시험하는 자, 악한 자, 마귀, 형제를 참소하는 자, 온 천하를 꾀는 자, 거짓의 아비, 이 세상의 임금, 공중의 권세 잡은 자, 시험하는 자'**로 불렸다. 사탄의 명칭이 다양한 것은 그의 활동이 다양하고 변화무쌍하다는 것이다(요 8:44, 요1서 3:8). 사탄은 겉으로 드러내지 않고, 은밀하게 하나님의 일을 방해한다. 그의 최우선의 목표는 하나님의 말씀 곧 복음을 듣지 못하도록 훼방하기 위해 광명한 천사(고후 11:14)나 의의 일꾼으로 가장한다(고후 11:15). 사탄이 선악과를 가지고 하와를 유혹한 것처럼 지금도 과학적 합리성을 도구로 삼아 창조주 하나님에 대한 존재를 믿지 못하도록 한다. 또 사탄은 믿음의 사람들을 괴롭히기를 좋아한다(요 11:10-12). 사탄은 거짓의 아비이기 때문에 사람들에게 거짓말하도록 하여 진리를 왜곡하고, 온갖 오해를 불러일으키게 한다(요 8:44). 그리고 사탄은 늘 사람을 위하는 척하면서 그의 영혼과 육신을 파멸의 길로 인도하기 위해 심한 경련과 거품을 흘리며 발작을 하게 한다(마 17:15).

　어떻게 하면 사탄을 이길 수 있을까? 먼저 사탄은 우리 대장 예

---

[1] '중상자, 비방자, 마귀'라는 뜻으로, 신약 성경에서 37회 나온다. 사탄은 히브리어, 마귀는 헬라어로서 같은 존재를 지칭한다.

수 그리스도의 십자가를 통해 완전히 패배했다는 것을 믿어야 한다. 두 번째, 사탄의 시험과 유혹은 하나님의 말씀에서 벗어나거나 왜곡하는 데서 생기기에 시험을 이기기 위해서는 말씀의 의미를 바로 알고, 그 말씀을 적극적으로 사용해야 한다. 예수님께서 마귀의 시험을 받았을 때, 구약 말씀을 적절하게 사용하셨다(신 8:3, 시 91:11-12, 신 6:13). 그러니 예수님의 이름으로 사탄을 대적하고, 그를 물리쳐야 한다(엡 6:11-18). 특히 사탄과의 싸움에서 승리하기 위해서는 계속 기도해야 한다. 예수님께서 변화산에서 모세와 엘리야를 만날 때 산 아래에 있었던 아홉 명의 제자가 아이에게 든 벙어리 귀신을 쫓아내지 못했다. 그래서 주님께서 귀신을 쫓아내신 후 제자들에게 **"기도 외에 다른 것으로는 이런 종류가 나갈 수 없느니라"**(막 9:29)는 말씀을 하셨다. 영적으로 깨어 있으면 사탄의 시험을 분별할 수 있고, 사탄의 유혹을 물리칠 수 있다.

35 하나님이 다윗을 도와주시다
(삼상 29:1-30:31)

핵심 말씀

"백성들이 자녀들 때문에 마음이 슬퍼서 다윗을 돌로 치자 하니 다윗이 크게 다급하였으나 그의 하나님 여호와를 힘입고 용기를 얻었더라"(30:6)

진퇴양난에 빠진 다윗(29:1-11)

진퇴양난(進退兩難, On the horns of a dilemma)은 매우 곤란한 상태에 빠져 이러지도 저러지도 못할 때를 말한다. 본문을 보면 다윗이 진퇴양난에 빠진 것을 볼 수 있다. 블레셋이 이스라엘을 상대로 전쟁을 하려고 할 때 아기스가 다윗에게 "너는 밝히 알라 너와 네 사람들이 나와 함께 나가서 군대에 참가할 것이니라"(28:1)는 제안을 했는데, 이것이 다윗에게 진퇴양난이었다. 만약 다윗이 블레셋의 편이 되어 이스라엘과 싸운다면 그의 동족을 죽이므로 이스라엘의 원수가 된다. 이런 사람이 어떻게 이스라엘의 왕이 되겠는가? 사울이 아무리 백성들에게 인기가 없어도 적군과 한패인 다윗을 왕으로 받아들이지 않을 것이다. 그러니 다윗이 왕의 직분과 이스라엘 백성들을 생각하면 전쟁에 참여하지 않아야 하지만, 전쟁에 참여하지 않으면 아기스가 다윗의 거짓된 충성을 알게 되고 다윗과 600명의 용사, 그리고 가족들 모두를 죽일 수 있다. 그러니 이스라엘과의 전쟁에 참여할 수밖에 없었기에 아기스의 제안을 거부하지도 못했다. 문제는 왜 다윗이 진퇴양난에 빠졌을까? 비록 다윗이 사울에게 쫓겨도 하나님의 뜻은 유다 땅에 머무는 것이었다. 하나님의 뜻대로 했다면 좀 고생을 해도 진퇴양난에 빠지지 않았을 것이다. 좀 편하고 눈앞에 있는 위기를 모면하기 위해서 블레셋으로 간 것이 외통수에 빠진 것이다. 이것은 잠시 위기를 모면하기 위해 하나님의 뜻을 저버리고 죄와 타협을 하게 되면, 어려움을 당할 수 있다는 교훈을 준다. 그러니 힘들어도 하나님의 인도하심을 믿고, 성령의 인도하심을 받아야 한다.

다윗은 아기스의 출정 제안에 쉽게 간다고 했지만, 속으로는 고민을 많이 했다. 그 고민을 해결하기 위해 수없이 기도했다. 아기스의 이목이 두려워 속으로 기도하였지만, 필사적으로 기도했다. 시편 139편을 통해 하나님의 속성 중에 전지(全知)하심에 대해 이렇게 말했다.

"여호와여 주께서 나를 살펴보셨으므로 나를 아시나이다 주께서 내가 앉고 일어섬을 아시고 멀리서도 나의 생각을 밝히 아시오며 나의 모든 길과 내가 눕는 것을 살펴 보셨으므로 나의 모든 행위를 익히 아시오니 여호와여 내 혀의 말을 알지 못하시는 것이 하나도 없으시니이다"(1-4절).

다윗의 사정을 아시는 하나님이 진퇴양난에 빠진 다윗을 돕기 위해 블레셋의 방백(סַר, 우두머리, 방백, 두목)을 사용하셨다. 블레셋은 다섯 개의 도시로 되어 있는데, 여러 방백이 수넴에 진을 치기 전에 아벡에 모였다(29:1). 그들은 아기스가 다윗을 데리고 이스라엘과의 전쟁에 출정하는 것을 거세게 반대했다. 그들은 다윗이 이스라엘 사람이고, 한때 가드 사람 골리앗을 죽여서 사울이 죽인 자는 천천이요,

다윗이 죽인자는 만만이라는 노래의 주인공이라는 것이다. 이런 사람이 블레셋이 이스라엘과 전면전을 벌일 때 이스라엘의 편이 되어 블레셋을 친다면 블레셋이 치명적인 손실을 볼 수 있으니 다윗을 데리고 가면 안 된다고 했다. 아기스는 방백들의 거센 항의에 그렇지 않다고 변호했지만(3, 6, 9절), 워낙 거세게 항의를 하니까 블레셋 연합이 깨어질 것을 염려하여 다윗을 그일라로 돌아가라고 했다(6절). 다윗은 속으로 하나님이 그의 기도에 응답하신 것에 쾌재(快哉)를 하면서도 겉으로는 능청스럽게 꼭 전쟁에 참여하여 자신의 원수를 갚겠다고 항의하여 완벽하게 아기스를 속였다. 이전에 사울이 마온 황무지에서 다윗을 포위하여 거의 잡을 뻔했을 때도 블레셋이 이스라엘을 침범하므로 사울이 다윗을 포위했던 것을 풀 수밖에 없었다(삼상 23장). 그것 때문에 다윗이 살 수 있었는데, 이번에는 블레셋의 방백들의 거센 항의로 이스라엘과 싸우지 않아도 되었다. 블레셋은 자신들이 모르는 사이에 위기에 빠진 다윗을 두 번이나 구해 주는 데 결정적인 역할을 했다.

    누가 블레셋의 방백들을 움직였을까? 바로 하나님이시다. 하나님이 블레셋의 방백들을 이용하여 진퇴양난에 빠진 다윗을 구해 주셨다. 그 하나님이 내가 시험에 빠질 때도 피할 길을 주시기에 고린도전서 10:13은 "사람이 감당할 시험 밖에는 너희가 당한 것이 없나니 오직 하나님은 미쁘사 너희가 감당하지 못할 시험 당함을 허락하지 아니하시고 시험당할 즈음에 또한 피할 길을 내사 너희로 능히 감당하게 하시느니라"고 했다.

다윗이 아말렉을 치다(30:1-6)

잠언 21:1에 "왕의 마음이 여호와의 손에 있음이 마치 봇물과 같아서 그가 임의로 인도하시느니라"는 말씀처럼 하나님이 다윗을 구하기 위해 적들을 이용하셨다. 그런데 하나님께서 다윗만 구해 주시는데 만족하지 않고, 위기에 빠진 그의 가족을 구출하는 일을 하게 하려고 블레셋의 전쟁에 가지 못하도록 하셨다.

다윗이 블레셋을 따라 3일 동안 시글락을 비운 사이 아말렉 사람들이 시글락에 쳐들어와 방화와 약탈을 하고, 거기에 있었던 사람들을 모조리 잡아갔다(1-2절). 다윗 일행이 시글락에 돌아왔을 때 이미 불에 탄 마을과 사랑하는 가족들이 모두 잡혀간 것을 발견했다. 사울 왕에게 쫓겨 이방 땅에 나그네로 사는 것도 억울한데 가족들이 끌려가서 아내들은 남정네들의 성적 노리개로 전락하고 자녀들은 노예로 팔려 가 온갖 고생을 한다고 생각하니 가슴이 아파서 울 기력이 없을 때까지 소리 높여 엉엉 울었다"(5절). 그런데 설상가상으로 다윗에게 충성을 맹세했던 부하들의 가족들이 붙잡혀 간 책임을 물어 돌로 다윗을 쳐서 죽이려고 했다. 다윗도 힘든 상태에 있었는데 부하들은 자신의 힘든 심정도 모르고 돌로 쳐 죽이려고 하자, 눈앞이 깜깜했다. 6절은 그 절박한 심정을 표현하고 있는데 "다윗이 크게 다급하였다, David was greatly distressed"고 했다. 다급은 "괴롭다, 누르다, 난처하다"는 뜻으로 엄청난 불안에 사로잡혔다는 뜻이다. 지금까지 자신을 믿고 따랐던 부하들이 흥분하여 죽이려고 하자 큰 충격을 받은 것이다.

이 부하들의 행위는 누구나 위기를 만나면 야수가 된다는 교훈을 준다. 사람은 참 간사하다. 좋을 때는 목숨 바쳐 충성하겠다고 맹세하지만, 막상 위기를 당하면 모든 책임을 지도자나 동료에게 전가한다. 분명 자기 잘못도 있는데 일이 잘못된 책임, 사업 실패의 책임, 돈이 모자라는 책임을 전부 남 탓으로 돌리고, 자기 유익만 찾는다. 이것 때문에 예수님께서 "네 원수가 집 안에 있다"고 하셨다. 나의 최고의 적은 멀리 있는 것이 아니라 항상 가까이 있다는 것을 염두에 두어야 한다. 그러기에 사람을 하나님처럼 믿지 말아야 하며, 친할수록 가끔은 거리를 둘 필요가 있다.

위기에 빠진 다윗을 도우시는 하나님(30:7-31)

하나님께서 두 번이나 블레셋 사람들을 통해 위기에 빠진 다윗을 구해 주셨는데, 이번에도 변함없이 다윗을 도와주셨다. 하나님의 도움이 2절에 나온다. "거기에 있는 젊거나 늙은 여인들은 한 사람도 죽이지 아니하고 다 사로잡아 끌고 자기 길로 갔더라." 아말렉 족속들이 다윗에게 보복 차원에서 가족들을 모두 죽였다면 더 이상 볼 수가 없다. 죽은 사람을 살리는 것은 다윗의 영역이 아니기 때문에 가족들의 시체를 묻는 일밖에 다른 할 일이 없었다. 그러나 하나도 죽이지 않았기 때문에 다시 찾으면 된다. 이것이 하나님이 하시는 일이다.

우리가 무슨 일을 하다가 망할 수도 있다. 그러나 하나님은 망하는 과정을 통해 내가 다시 회복할 수 있는 작은 불씨를 남겨두신다. 요셉이 애굽으로 노예로 팔려 가 온갖 고생을 하고, 보디발의 아내의 모함으로 억울하게 감옥에 갇혔는데도 그것을 극복할 수 있었던 것은 어렸을 때 꾸었던 꿈이었다. 그 꿈이 요셉이 위기를 극복하게 하는 희망의 불씨였다. 그 희망의 불씨가 나에게도 있다. 그것이 나의 믿음과 건강이 될 수 있고, 적은 액수의 돈과 내 가족과 나를 도와주는 사람이 될 수 있다. 그러니 실패한 자리에서나 무엇이 안 될수록 하나님이 나를 회복시키기 위해서 남겨두신 작은 불씨를 찾아야 한다. 불씨만 찾는다면 얼마든지 위기를 역전시킬 수 있다.

하나님이 다윗을 도우셨던 또 다른 증거를 6절 하반절에서 찾을 수 있다. 그것은 다윗이 "그의 하나님 여호와를 힘입고 용기를 얻었더라"는 말이다. 다윗은 자신을 죽이려는 부하들과 싸우기보다 평소 그가 믿고 의지했던 하나님을 바라보았다. 그러자 하나님께서 다윗에게 힘과 용기를 주셨다. 다윗은 위기를 타파하기 위해 하나님의 뜻을 물었다. "다윗이 여호와께 묻자와 이르되 내가 이 군대를 추격하면 따라잡겠나이까 하니 여호와께서 그에게 대답하시되, 그를 쫓아가라 네가 반드시 따라잡고 도로 찾으리라"(8절). 그런데 하나님의 응답을 받았지만, 시간이 늦을수록 여자들이 곤경을 당하고, 자녀들이 노예로 팔려 갈 수 있었기에 한시가 급했으나 문제는 누가 어디로 잡아갔는지 행방을 모른다는 것이다. 그때 다윗을 돕는 손길이 나타났다. 한 애굽 소년이 한때 아말렉 족속의 종이었는데, 그가 병이 들자 주인이 쓸모없다고 길에 내버렸다. 아말렉 주인이 쓸모없다고 버린 소년이 다윗에게 가족의 행방을 찾는데 결정적인 제보를 했다. 하나님께서 절묘하게 역사하시는 것을 볼 수 있다. 그 하나님께서 내가 위기에 처했거나 누구의 도움이 필요할 때 절묘하게 역사하신다.

나오미가 모압 땅에서 남편과 두 아들이 죽는 큰 비극을 만났을 때 하나님은 베들레헴으로 돌아오는 그녀에게 효성이 지극한 룻을 붙여 주었다. 오늘도 그 하나님께서 위기에 빠진 나를 돕기 위해 돕는 자를 붙여 주신다.

다윗이 애굽 소년이 안내하는 곳으로 갔더니 아말렉 사람들이 여러 지역을 탈취하고 난 후에 잔치를 열어 대부분이 인사불성이 될 정도로 술에 취해 있었다. 다윗이 기습 공격을 하자 낙타를 타고 도망간 400명 외에는 모두 죽였는데, 그 결과를 19-20절은 "그들이 약탈하였던 것 곧 무리의 자녀들이나 빼앗겼던 것은 크고 작은 것을 막론하고 아무 것도 잃은 것이 없이 모두 다윗이 도로 찾아왔고 다윗이 또 양 떼와 소 떼를 다 되찾았더니 무리가 그 가축들을 앞에 몰고 가며 이르되 이는 다윗의 전리품이라 하였더라"고 전한다. 하나님이 다윗에게 약속한 대로 아무것도 잃은 것 없이 모두 찾았다(18절). 동시에 아말렉이 여러 지역에서 약탈한 것들이 이제 다윗의 것이 되어 엄청난 전리품을 확보했다. 다윗은 이것을 아말렉을 친 사람이나, 도중에 피곤해서 쉬었던 사람을 구분하지 않고 공평하게 분배하여 전리품 분배에 대한 잡음을 없앴다(24-25절). 또 유다 장로들에게 전리품을 나누어 주어 이스라엘의 민심을 다윗 편으로 돌려놓았다.

다급한 문제를 만났을 때 대처하는 방법들

찬송가 549장 '내 주여 뜻대로'의 가사가 작사 된 배경은 다음과 같다. 독일의 위대한 설교가요, 경건한 루터교의 '시몰크' 목사가 1704년 어느 날 심방을 마치고 돌아오니 집에 불이 나 전소되어 시커먼 연기가 났다. 시몰크 목사는 집에 있는 형제들을 찾았으나 보이지 않아서 잿더미를 헤치니 거기에 두 형제가 숯덩이가 되어 있었다. 두 아들의 시체를 보자 심장이 멎는 듯했고, 본능적으로 두 아들의 시체를 붙잡고 "내 주여 뜻대로 행하시옵소서. 온 몸과 영혼을 다 주께 드리니 이 세상 고락 간 주 인도하시고, 날 주관하셔서 뜻대로 하소서"라고 땅을 치면서 통곡했는데, 그 통곡을 베버라는 분이 듣고 곡을 붙였다.

살다 보면 누구나 이와 비슷한 일을 만난다. 그때 우리는 다양하게 행동할 수 있는데, 먼저, 요나처럼 모든 것을 포기하고 도피처를 찾아 도망을 갈 수 있다. 만약 이렇게 하면 무거운 짐을 벗을 수 있어도 다시 일어나 재기할 수 없다. 두 번째는, 무거운 짐을 홀로 지고 가슴에 삭힐 수 있다. 그러나 가슴에 삭히기만 하고 아무에게 말하지 않으면 화병이 커지고, 심한 우울증에 빠진다. 세 번째는, 일이 잘못된 것을 다른 사람에게 전가하고, 책임을 회피할 수 있다. 그러나 회피하면 할수록 무거운 짐이 부메랑처럼 되돌아와 나를 괴롭힐 것이다. 네 번째는, 내 기분대로 분노를 폭발하는 것이다. 그러나 분노를 가라앉히고 주변을 살펴보면 나의 분노로 상처받은 사람들이 다 떠나는 것을 발견할 수 있다. 마지막은 다윗처럼 문제 있음을 인식하고, 하나님께 지혜를 구하면서 해결하는 것이다. 하나님을 의지한다고 해도 문제가 순식간에 해결되거나 다 해결되지 않는다. 내가 원하는 대로 문제를 다 해결할 수 없어도 나를 도우시는 하나님의 은혜를 체험할 수 있다. 그 은혜가 다윗처럼 크게 다급하였으나, 하나님 여호와를 힘입고 용기를 얻게 한다.

36 사울과 요나단의 죽음 (삼상 31:1-13)

핵심 말씀

"사울이 죽은 것은 여호와께 범죄하였기 때문이라 그가 여호와의 말씀을 지키지 아니하고 또 신접한 자에게 가르치기를 청하고 여호와께 묻지 아니하였으므로 여호와께서 그를 죽이시고 그 나라를 이새의 아들 다윗에게 넘겨 주셨더라"(대상 10:13-14)

독재자들의 최후

2010년 12월 17일에 튀니지 남동부 지방 도시인 '시디 부지드' 시청 앞에서 26세의 청년 '무함마드 부아지자'가 분신을 했다. 그는 대학을 졸업하고도 취직을 못 해 무허가 청과물 노점상을 하다가 경찰의 단속으로 과일과 좌판을 빼앗기자 시청에 항의하였지만 받아들여지지 않자 분신을 했다. 당시 튀니지는 엘 아비디네 벤 알릴(74세) 대통령이 1987년부터 23년간 장기 집권하면서 부정부패와 14%가 넘는 높은 실업률, 물가 폭등 등으로 국민의 불안이 높았을 때였다. 그의 분신 소식은 트위터와 페이스북, 블로그 등을 통해 전국으로 퍼져 나가 대규모 시위로 번졌다. 튀니지의 시위가 재스민 혁명(Jasmine Revolution)이 되어 곧 아랍 전체로 퍼져서 알제리와 바레인, 이집트, 요르단, 리비아 등 북아프리카와 중동 지역에서 대규모 반정부 민주화 시위가 연달아 일어났다. 이를 '아랍의 봄(Arab Spring)'이라 부른다. 이 나라들은 독재 정권의 장기 통치하에 극심한 경제난을 겪고 있었는데, 아랍의 봄의 영향으로 튀니지, 리비아, 이집트, 예멘 등에서 장기 집권을 했던 독재자들이 물러났다.

리비아의 카다피는 28살에 대위 계급으로 쿠데타에 성공하여 42년(1969~2011) 동안 철권 통치를 하였다. 그는 반정부 시위를 하는 사람들을 무자비하게 살상하다가 결국 권력을 잃고 쫓기다가 하수구에 숨어 있다가 발각되었다. 분노에 찬 사람들이 그를 무자비하게 폭행했고 동물처럼 끌고 다녔다. 피투성이가 된 카다피가 제발 때리지 말라고 하소연하는 장면은 온 국민 앞에 제왕처럼 군림했던 그의 모습과는 대조적이었다. 군중들은 분이 풀리지 않았는지 카다피를 자동차 범퍼 위에 눕혀 놓고 총을 난사했다. 총에 맞은 카다피의 시체와 그의 얼굴은 죽은 하이에나의 사체와 같았다. 그 모습을 보면서 결국 비참하게 끝나는 권력인데 왜 물러날 때를 대비하지 못했을까? 왜 선한 정치를 하지 않고 사리사욕을 채우는 데 혈안이 되었을까?라는 질문을 하게 되었다.

독재자 사울의 최후(1-10절)

31장의 전쟁은 28장과 연결된다. 다윗이 블레셋 땅에서 아말렉과 전투를 치르는 동안 이스라엘 땅에서는 블레셋과 이스라엘 간에 전투가 벌어졌다. 결국 이스라엘은 패배하고 사울과 그의 세 아들은 죽임을 당했는데, 이것은 당연한 일이었다. 왜냐하면 블레셋은 오랫동안 전쟁 준비를 하였지만 이스라엘은 블레셋의 침입을 대비하지 않고 다윗을 쫓는데 국력을 허비했기 때문이다. 다윗이 없는 이스라엘은 임진왜란 때 왜군을 격파한 이순신 장군이 없는 조선과 같았다. 이순신 장군은 1595년 왜군의 간계와 조정의 모함으로 '삼도수군통제사'의 직위를 박탈당했다. 그때 원균이 조선군을 지휘하였으나 왜군에게 대패하여 겨우 13척의 배만 남았다. 이순신은 이 배를 가지고 백의종군(白衣從軍)하여 다시 왜군을 물리쳤다.

이스라엘의 패배는 사무엘상 초창기에 나오는 블레셋과의 전쟁 양상과 비슷하다. 이스라엘이 블레셋에 패배하여 홉니와 비느하스를 비롯하여 3만 명이 전사했고, 법궤를 빼앗겼고, 블레셋의 지배를 받는 총체적인 위기를 당했다. 그 위기를 비느하스의 아내가 아들을 낳다 난산으로 죽으면서 하나님의 영광이 떠났다는 뜻에서 '이가봇'이라고 했다. 그 장면이 31장에서 비슷하게 재연되었다. 사울과 그의 아들들을 비롯하여 많은 군인이 죽었다. 특히 사울은 블레셋 군인이 쏜 화살에 맞아 중상을 당하여 옆에 있는 병사에게 죽여달라고 했지만, 병사가 거절하자 스스로 목숨을 끊었다.

고대에는 전쟁에 패배한 왕은 고문을 당하거나 온갖 수치와 모욕을 준 후 처형시키는 전통이 있었다. 사울은 이것을 두려워서 자살했다. 사울이 죽자 이스라엘 백성들은 블레셋의 보복과 약탈이 두려워서 도망가기에 바빴다. 블레셋 군인들은 죽은 적의 시체에서 무기와 갑옷, 그리고 장신구를 탈취하였다. 특별히 왕족의 갑옷과 무기는 귀한 전리품이었고, 왕의 시체는 승리를 확정 짓는 중요한 징표였기 때문에 사울과 세 아들의 시체는 적장을 죽인 전승 기념으로 삼으려고 했다. 블레셋 사람들은 사울의 갑옷은 그들이 섬기는 신 '아스다롯'의 도움으로 전쟁에 이겼다는 것을 기념하기 위해 아스다롯 신전에 봉헌했다. 사울의 목을 베어 다섯 개의 도시로 보내 이스라엘을 이긴

증표와 홍보용으로 사용했고, 목이 없는 사울의 시체는 벧산 성벽에 못 박아 매달므로 죽은 사울을 모욕했다.

사울은 블레셋의 침입을 막기 위해 백성들의 요청으로 왕이 되었으나 하나님께 불순종하여 자기 사명을 감당하지 못하다가 결국은 블레셋에게 패배하여 시체마저 전리품이 되었다. 이렇게 끝날 왕직인데, 그 왕직을 지키기 위해 무죄한 다윗을 추격하는데 국력을 허비하고, 무죄한 제사장 가족을 85명이나 학살했으니 어리석다는 것밖에는 할 말이 없다. 하나님의 법칙은 심은 대로 거두기 때문에 살아가면서 타인에게 모질게 굴지 말아야 한다. 오히려 잘 도와주어 내가 어려울 때 도움을 받을 수 있도록 해야 한다.

어떻게 하면 자살을 막을 수 있을까?(4절)

사울이 적군에게 포로가 되는 것이 두려워 자기 칼을 뽑아 그 위에 엎드러지자 그 옆에 있었던 병사도 사울처럼 자살했다(4절). 이러한 일이 지금도 많이 일어나고 있다.

얼마 전 유명 가수 '설리' 씨와 인기 연예인 '구하라' 씨가 극단적인 선택을 하면서 자살에 대한 국민적인 경각심이 높아지고 있다. 우리나라는 2008년 10월 탤런트 '최진실' 씨와 2017년 12월 남성 아이돌 그룹 '샤이니' 멤버 종현, 2018년 3월 배우, '조민기', 2018년 7월 정치인 '노회찬'의 극단적인 선택 이후, 또다시 자살률이 가파른 상승세를 보인다. 2018년 통계청은 13,670명이 자살하여 인구 10만 명 당 자살자는 26.6명으로 전년 대비 2, 3명 증가하여 자살률 세계 1위 국가가 되었다.

2019년 8월부터 3개월간 국회자살예방포럼이 전국 229개 지자체를 전수조사한 결과 지난해 평균 인구 10만 명당 자살률이 3년 평균 대비 140개(61%), 지자체에서 증가했다. 그러나 인구 10만 명당 자살 예방 담당업무와 관련 있는 공무원은 1,02명에 불과하다. 게다가 이 가운데 정규직은 고작 0.71명 선이다. 그러기에 교회도 자살하려고 하는 사람들에 대해 관심을 가져야 한다.

자살을 죄로 여기는 신학을 정립한 사람은 어거스틴(Augustine of Hippo, 354-430)이다. 그는 신국론에서 신분을 막론하고 누구든지 범죄자 조차 개인적으로 죽을 권리를 가지고 있지 않다며 자기를 죽이는 사람은 누구나 명백한 살인자이며, 자신을 죽음으로 내모는 비난에 대하여 스스로 결백하면 결백할수록 자살을 통해 죄를 더 한다고 했다.

첫 번째, 자살이 죄가 되는 것은 자살은 하나님의 주권을 침해하기 때문이다. 로마서 14:8에 "우리가 죽으나 사나 주의 것이다"라고 했다. 다른 모든 것도 다 하나님께 속한 것이지만, 특히 생명은 하나님께 속한 것이기에 하나님이 주신 생명을 우리 마음대로 할 수 없다. 두 번째, 자살은 출애굽기에 살인하지 말라고 한 계명을 어기는 것이다. 자살은 자기 생명을 죽이는 것이기에 죄가 된다. 세 번째, 자살은 극도의 불신앙을 나타내기 때문이다. 우리가 자살하는 여러 가지 이유가 있겠지만 결국은 하나님을 믿지 못하기 때문이다. 네 번째, 자살은 극도의 이기주의다. 자살은 자기만 생각하지 자살자로 인해 충격과 상처와 고통받는 사람들을 생각하지 않는다. 자신의 자살로 인해 고통받는 가족들을 생각한다면 결코 자살을 못 할 것이다. 다섯째, 자살은 마귀의 역사다. 요한복음 13장에 "마귀가 가룟 유다의 마음에 예수를 팔려는 생각을 넣었더니"라고 했는데, 예수님을 판 것도 마귀의 뜻을 따른 것이고, 자살한 것도 마귀의 역사이다. 여섯째, 우리가 다른 죄를 짓고 실수하면 회개할 기회가 있지만, 자살은 본인이 죽는 것이기 때문에 회개할 수가 없다. 회개하면 하나님은 미쁘시사 우리의 모든 불의에서 깨끗하게 해 주시지만, 회개를 못 하니 용서를 못 받는 것이다. 그래서 교회는 성도들에게 자살이 죄라는 것을 분명하게 말해야 한다.

어떻게 하면 성경적으로 자살하려고 하는 사람들을 돕고 치유할 수 있을까? 먼저, 말씀과 기도에 집중하도록 해야 한다. 예수님도 마귀가 시험할 때 "하나님이 가라사대"라고 하면서 성령의 검, 곧 말씀으로 물리치셨다. 아무리 힘들어도 말씀을 붙잡고 끝까지 참고 견디도록 가르쳐야 한다. 두 번째, 소망의 하나님을 바라보도록 해야 한다. 특히 시편 27:1은 **"여호와는 나의 빛이요, 나의 구원이시니 내가 누구를 두려워하리요, 여호와는 내 생명의 능력이시니 내가 누구를 무서워하리요"**라고 말씀하고 있기 때문에 절망에 빠져 있는 자들에게 이 말씀을 기억하도록 해야 한다. 여호와가 나의 빛이고 생명이요, 구원이시기 때문에 죽을 이유나 두려워할 이유도 없다. 세 번째, 예수님께서 주신 보혈의 능력을 의지하도록 하자. 가룟 유다는 죄책감을 이기지 못해 마귀에게 속아 자살했다. 그러나 우리는 자신의 어떤 죄라도 다 씻을 수 있고, 용서받을 수 있는 보혈의 능력을 의지하도록 하고 자살의 유혹을 떨쳐 버리도록 도와야 한다. 마지막으로 자살한 사람이나 자살을 예방하지 못한 가족과 주변인에 대한 비난과 편견도 2차 피해를 낳는 요인임을 간과해서는 안 된다. 따라서 우리는 그들을 주목하고 도와야 한다.

은혜 갚은 길르앗 야베스 사람들(11-13절)

복음송 "은혜 아니면 살아갈 수가 없네"라는 가사의 내용은 참 위로를 준다.

"은혜 아니면 살아갈 수가 없네 호흡마저도 다 주의 것이니 세상 평안과 위로 내게 없어도 예수 오직 예수뿐이네 …." 이 가사가 유난히 우리의 심금을 울리는 것은 지금까지 살아온 것이 다 은혜이기 때문이다. 하나님의 파격적인 은혜부터, 부모, 가족, 친척, 친구 주변 사람을 통해 무수한 은혜를 받았다. 이런 은혜를 기억하면 감사의 사람, 은혜를 보답하는 사람이 되고, 기억 못 하면 은혜를 저버리는 사람이 된다.

사울이 완악하게 된 것은 '은혜'를 망각했기 때문이다. 하나님이 그를 이스라엘 왕으로 세워 주신 은혜, 다윗이 골리앗을 죽이고 위기에 빠진 이스라엘을 구해 준 은혜를 망각했다. 은혜를 망각하자 폭군으로 살았다. 그런데 본문에 나오는 길르앗 사람들은 그렇지 않았다. 사울이 처음 왕이 되었을 때, 길르앗 야베스 백성을 암몬 사람 나하스의 위협과 공격에서 구해냈다(11:1-11). 이 사건이 일어난 지 40년이 지났는데도, 이들은 여전히 사울에게 큰 빚을 지고 있다고 생각했다. 그들은 그 빚을 갚기 위해 목이 없는 사울의 시체와 사울 아들의 시체를 가져와서 불사른 후에 뼈를 야베스 에셀 나무 아래에 장사하고 칠일 동안 금식했다(13절). 길르앗 사람들이 벧산 성벽에 걸려 있는 사울의 시체를 가져오기 위해 목숨을 건 모험을 감행했다. 왜냐하면 길르앗에서 벧산으로 가기 위해서는 블레셋이 점령하고 있는 지역을 지나가야 했기 때문이다. 그들은 사울에게 진 빚을 갚기 위해 목숨을 건 모험을 감행하므로 사울에게 받은 은혜를 갚았다. 이들처럼 우리도 하나님과 주변 사람에게 받은 은혜에 감사하고, 은혜에 보답하는 삶을 살아야 한다.

한편 사울이 자신의 왕권을 과시했던 에셀 나무(상수리) 밑에 그의 뼈가 묻혔다는 것은 그의 왕권이 철저히 몰락했음을 의미한다(22:6). 고사성어 중에 끝마무리를 잘한다는 뜻에서 '유종의 미'(有終-美)란 말이 있다. 그 반대의 말이 '용두사미'(龍頭蛇尾)이다. 사울은 이스라엘의 왕이 되기 전에 무척 겸손했고 왕이 될 수 없다고 스스로 숨기까지 했다(10:22). 그런 사울이 왕이 되자 점점 교만해져서 결국 하나님을 저버리는 행위를 하다가 자살로 생을 마쳤다. 이 사울의 말로는 "육체를 좇는 자는 육신의 일을, 영을 좇는 자는 영의 일을 생각하나니"라는 말씀이 생각나게 한다(롬 8:5). 시작이 좋으면 끝도 좋아야 한다. 교회 일이든지 직장과 국가의 일이든지 시작보다 마무리가 중요하다. 그래서 사울을 탓하기 전에 나는 마무리를 잘하고 있는가를 살펴보자. 좋은 마무리는 하나님의 나라와 의를 구하는 삶이 우선이 되어야 하고, 지금 하고 있는 일에 빈틈없이 최선을 다 할 때 온다.

부록

나의 목회를 통해 역사하신 하나님

'2013년도 월간 고신 생명나무
신앙 간증 수기 금상 수상작'

박재수 목사(제7영도교회 시무)

수상 소감문: 저의 간증이 모든 분들에게 위로와 힘이 되기를

먼저 금상을 차지할 수 있도록 인도하여 주신 하나님께 영광을 돌립니다. 저는 제7영도교회 담임 목사로 오기 전 규모가 있는 교회에서 봉사를 하였기에 개척 교회나 미자립 교회에서 목회하는 목사님과 가족들의 수고와 아픔, 갈등, 그리고 외로움을 피부로 느끼지 못했습니다. 그저 '힘들겠구나?' 하는 정도로 생각했지, 매일 치열하게 영적 전쟁을 하고 있는 것을 알지 못했습니다. 이곳 제7영도교회에서의 사역은 저를 겸손하게 만들었고, 열악한 교회를 섬기는 목사님과 그의 가족들을 되돌아 볼 수 있게 하였습니다. 동시에 비록 소수의 사람이 모이고, 재정과 예배당의 시설이 미비해도 주님께서 함께 하시면, 하나님께서 영광을 받으시고 지옥 갈 영혼을 구원하는 일을 할 수 있다는 것을 배웠습니다. 이런 의미에서 저의 간증이 열악한 환경에서 목회하시는 분들에게 위로와 힘을 줄 것입니다. 저는 수상의 기쁨을 제7영도교회 성도들에게 돌리고 싶습니다. 바울이 자신의 선교 여행을 도왔던 동역자들에게 문안 인사를 하면서 '브리스가와 아굴라'는 바울을 위하여 자기들의 목까지도 내 놓아 바울뿐 아니라, 이방인의 모든 교회도 그들에게 감사한다고 했습니다(롬 16:4). 바로 제7영도교회 성도들이 브리스가와 아굴라 부부와 같은 분들이기에 진정 이 상을 받아야 될 주인공들입니다. 감사합니다. 저의 간증이 모든 분들에게 위로와 힘이 되기를…

무너진 교회를 다시 세우다.

느헤미야가 무너진 예루살렘 성벽을 재건했던 경험담을 간증 형식으로 기록하였듯이, 나도 한때 무너졌던 제7영도교회를 다시 세웠던 간증을 하려고 한다. 나는 2002년 4월 19일에 제7영도교회 담임목사로 부임했다. 그 전까지 좀 규모 있는 교회 부목사로 봉사하면서 교육 부서와 성도들을 양육하고 심방하는 사역을 했다. 이런 내가 제7영도교회로 올 줄은 꿈에도 생각지 않았다. 처음 청빙 제의가 왔을 때 자신이 없어서 친구 목사를 소개했는데 그도 거절하는 바람에 다시 청빙 제의가 왔다. 신학대학을 다닐 때 "부름받아 나선 이 몸 어디든지 가오리다"는 찬송을 많이 부른 터라 거절하지 못하고 교회를 개척하는 마음으로 청빙을 허락했다. 작은 교회에서 봉사한 경험이 전무했기 때문에 모든 것이 두려웠다. 교회 재정과 부채를 점검하였더니 기업체로 비유하자면 부도 직전이었다. 아파트 상가에 위치한 교회는 부채가 1억 5000만 원에 이자가 월 130만 원 이상 나갔으나, 성도들이 많이 떠나고 교인이 적다보니 부채를 갚지 못해 계속 연체 이자가 쌓여갔다. 부채를 갚지 않으면 상가를 공매 처분한다는 도시개발공사에서 온 독촉장과 다른 독촉장이 당회실 구석에 잔뜩 쌓여 있었지만 빚을 갚기는 고사하고 더 많은 부채를 내야 할 형편이었다. 처음에는 집사님 네 분의 아파트를 담보로 은행 대출을 하려고 했으나 담보 설정이 되지 않아 제1금융권에 찾아가서 대출을 해 달라고 했더니 이구동성으로 "은행 규정상 종교 기관에는 대출을 해 줄 수 없다"고 했다. 특히 우리처럼 교회가 상가에 있고 등기가 도시개발공사 명의로 된 경우는 대출이 불가능하다고 했다. 부채를 갚을 길은 없는데 계속 연체 이자만 늘어나니 답답했다. 나는 부임 첫날부터 서재에

다 전기장판을 펴 놓고 철야 기도를 했다. 매주 월요일은 서울에 있는 숭실대학교 기독교학 대학원에서 공부하러 갔기에 경제적으로 어려웠고, 몸도 많이 피곤했다. 그러나 여전도회 회원들과 함께 화·수·목요일에 노방 전도와 결석자들과 교회를 떠났던 사람들에게 편지를 썼다. 교회는 예배드릴 공간만 있었지, 복사기나 교육 시설이 전무하여 이것들을 구입하는데 많은 돈이 필요했다. 교회를 살리겠다는 일념으로 한 달 동안 철야를 했으나 부채를 해결할 길은 보이지 않고 오히려 아파트 사람들과 상가 사람들에게 많은 괴롭힘을 당했다. 상가에 입주한 학원이 교회 전기를 1년 동안 쓰고 있었고, 멀쩡한 화장실을 어린이용으로 개조한다고 깨는 바람에 지하에 있는 예배당으로 물이 누수 되었다. 이것을 오랫동안 방치하다 보니 곳곳에 곰팡이가 피워 고약한 냄새가 났다. 이런 냄새 때문에 목사인 나도 예배당으로 들어가기 싫은데 어느 누가 들어오려고 하겠는가? 기도하다가 잠이 들면 달마대사를 따라 온 회색 옷을 입은 아주머니들이 이곳은 자기들의 건물이니 나가라고 했다. 그때마다 나는 이 건물은 우리 교인들의 헌금으로 구입한 것이기 때문에 나갈 수 없다고 하는 꿈을 자주 꾸었다. 그 외에도 사탄은 여러 가지 방법으로 시험을 하였으나 나는 철야 기도를 계속하였다. 두 달 동안 철야를 했는데도 한 푼의 부채를 갚지 못했다. 하지만 곧 하나님께서 조금씩 역사하시기 시작했다. 우리 교회는 제3영도교회에서 개척했다. 그래서 제3영도교회 정우진 목사님을 찾아가

교회 사정을 말씀드린 결과 월 20만 원씩 후원 받을 수 있었다. 2002년 6월 13일 전국 지방자치 선거날 해동중학교 앞에서 투표하러 오는 사람들을 전도하다가 제3영도교회 강희영 집사님을 만났다. 그 집사님의 도움으로 제3영도교회 안수 집사회에서 월 10만 원씩 1년간 후원받을 수 있었다. 또 부산노회 주일 학교 연합회에서 교사강습회 때 교사들에게 저녁밥을 해 주면 좋겠다는 제안이 왔다. 새벽 기도를 마친 후에 나는 아내와 함께 새벽 시장에 가서 찬거리를 산 후, 여전도회 회원들과 저녁 식사와 김밥을 만들어 교사들에게 팔았다. 이렇게 해서 160만 원을 벌어 교회 빚을 갚는데 사용했다. 그러나 이런 돈은 잡다한 부채를 정리할 뿐 큰 부채와 연체 이자를 갚는데 도움이 되지 않았다. 이때 우리 교회 집사님 한 분이 중앙동에 있는 우리은행 대출계를 찾아가 대출을 요청했더니 이 차장이라는 분이 "은행 규정상 종교 기관에는 대출해줄 수 없다"면서 고등학교 동기가 교회를 다니는데 그 친구와 의논을 하겠다는 말을 했다고 한다. 나중에 안 일이지만 이 차장의 친구는 내가 잘 아는 부산노회 주일 학교 연합회 회장을 지냈던 하단교회 최훈석 장로님이다. 나는 그 장로님이 부산노회 주일 학교 연합회 회장을 할 때 교육부장으로 교사강습회와 어린이대회 등 여러 행사를 도와주었다. 그 장로님의 도움으로 우리은행이 규정에도 없는 종교 기관에다 1억 원을 대출해 주었다. 부족한 부분은 사채를 빌려 도시개발공사에 부채를 갚자 월 130만 원이었던 연체 이자가 90만 원으로 줄어들었다. 부임한지 두 달 반만에 연체 이자를 정리하고 상가 130평을 제7영도교회 이름으로 등기를 했다. 등기서를 들고 교회로 왔을 때 한 연세 많은 여집사님께서 "하나님 아버지! 우리 목사님을 통해서 제7영도교회를 살리게 해 주셔서 감사합니다.

어서 교회가 회복될 수 있도록 많은 일꾼을 보내주십시오"라고 기도하신 내용은 지금도 잊을 수 없다. 그 후 불교 신자인 이 차장이 다른 지점으로 전근을 가서도 교회가 또 다른 대출금을 필요로 할 때 대출을 받을 수 있도록 주선해 주었다. 나는 이 체험을 바탕으로 더욱 철야 기도에 매진했다. 밤새도록 철야한 것이 아니라, 잠이 오면 자고, 깨어 있으면 기도하면서 기도의 자리를 지켰다. 교회는 시간이 갈수록 부흥하여 부채를 정리하고 자립을 했다. 상가 3개를 구입했고, 각종 시설을 구비하고 교육 기자재와 승합차 2대를 구입했다. 한때는 도움을 받았는데, 이제는 은혜를 갚기 위해 선교사와 미자립 교회와 어려운 분들을 돕는 교회가 되었다.

십자가를 세우다.

제7영도교회에 부임하면서부터 상가 지붕에다 십자가를 세우려고 기도를 많이 했다. 교회 부채로 연체 이자가 나가는 것도 문제였으나 그것보다 더 심각한 것은 십자가를 세우는 것이었다. 상가가 비탈진 곳에 있다 보니 십자가를 세우지 않으면 외부에서 쉽게 교회를 찾지 못했다. 여름에 울창한 가로수가 상가를 덮으면 더욱 보이지 않았다. 대부분의 상가에 있는 교회들은 십자가를 세우는데 왜 제7영도교회는 세우지 못했을까? 아파트 주민들이 반대했기 때문이다. 전임 목사님께서 지금 있는 아파트 상가로 교회를 옮기려고 할 때 아파트 주민들이 교회가 들어오면 아파트 값이 떨어지고 시끄럽다며 반대를 했다. 특히 불교 신자였던 아파트 관리위원장이 거칠게 반대를 해서 교회와 아파트 측이 다음과 같은 약정을 맺었다고 한다. 첫째는 상가 밖에 돌출 간판을 달지 않는다. 둘째는 상가 옥상에다 십자가를

세우지 않는다. 셋째는 아파트 주차장에 담임 목사 차와 교회 차만 주차하고 성도들의 차는 주차하지 않는다. 넷째는 방음 시설을 하여 소음을 방지한다. 다섯째는 아파트 내에 전도를 하지 않는다. 그 당시 약정을 맺었던 교인들이 다 나가고 없어서 내용을 정확하게 알 수 없으나 아파트 관리소장에게서 들은 내용이다. 이 약정서 때문에 제대로 된 간판과 십자가를 세우지 못했다. 다른 상가는 간판을 아무렇게나 달고 손님들이 차를 타고와도 제재를 하지 않는데 유독 교회가 무엇을 하려고 하면 방해를 했다. 십자가를 세워야 사람들이 쉽게 교회를 찾을 수 있고, 성탄절 트리를 멋지게 장식할 수 있는데, 십자가가 없으니 목이 부러진 사람처럼 지붕에다 트리를 걸쳐 놓아 멋이 없었다. 나는 성도들과 함께 두 주 동안 특별 새벽기도회를 한 후, 어린이로부터 노인에 이르기까지 액수에 관계없이 십자가를 위해 헌금하라고 했다. 그 전에 이미 전박자 권사님께서 2백만 원을 헌금하셨지만, 그 돈은 부채를 갚는데 사용하고, 성도들이 헌금한 돈으로 십자가를 세우려고 했다. 업자를 선정하여 상가 지붕에다 깔끔하고 아담하게 십자가를 세웠다. 그 전부터 한 2년 동안 경로잔치를 해서 아파트 노인들에게 교회가 인심을 얻도록 했고, 성도들로 하여금 일주일에 한 번씩 상가 청소를 하고, 아파트 주변에 쓰레기를 줍도록 해서, 교회가 있으므로 환경이 깨끗해진다는 것을 보여주었다. 그러나 십자가를 세운 후부터 마치 벌집을 쑤셔 놓은 것처럼 아파트 측에서 교회를 핍박했다. 아파트 소장이 경비를 아파트 입구에 세워 주일날 성도들의 차를 몰고 오면 아파트 주차장에 주차를 못하도록 했다. 게다가 소장은 자신이 알고 있는 아파트 관리지침을 가지고 주민들을 선동했다. 십자가 때문에 아파트 관리위원들과 부녀회가 연속회의를 한 후 아파트 내에서 교회 다니는 집만 빼고 서명을 받아 구청에 민원을 제기했다. 또 소장은 상가는 근린 생활 시설인데 교회가 불법적으로 종교 시설로 개조했다고 민원을 제기하여 그것도 해결해야 했다. 교회가 약 350세대를 상대로, 개인적으로는 목사인 내가 아파트 측과 영적 싸움을 하여 수적으로 중과부적이었다. 나는 건축사에게 의뢰하고 구청에 행위 신고를 하여 종교 시설로 허락받았다. 원래 9m였던 십자가 높이를 구청의 요구대로 6m로 낮추어 십자가 탑 위에 십자가를 걸쳐 놓았다. 민원을 해결하는데 약 2달이 걸렸는데 십자가 때문에 신경을 많이 써서 그런지 몸무게가 5kg 정도 빠졌다. 그러나 그 일을 통해 하나님은 합력하여 선을 이루셨다. 상가는 좁은 공간에 여러 사람들이 사용하다보니 공유 면적 때문에 늘 민원거리가 생긴다. 이전에도 몇 번 민원을 제기하여 구청 직원들이 교회를 왔다갔고 그때마다 멀쩡한 문을 뜯었다. 이번 기회에 상가 사람들이 교회가 사용하는 공유 면적에 대해 더 이상 민원 제기를 하지 않겠다는 동의서를 받아 구청에 제출하여 민원을 해결했다. 교회가 상가 공용 전기를 부담하고 청소와 여러 가지 일을 도와주어서 신뢰 관계가 형성돼 동의를 해 준 것이다. 십자가를 세우면서 외부로부터 핍박을 받았지만 그것 때문에 전 성도가 하나 되었다. 타 교회에 다니는 성도가 우리를 돕기 위해 헌금 100만 원을 해 주었다. 십자가를 세울 때부터 나는 집중적으로 기도를 하였는데, 그때마다 성령께서 "아무것도 염려하지 말고 너희 구할 것을 감사하므로 하나님께 아뢰라"(빌 4:6)는 말씀을 주셨다. 그 말씀이 생각날 때마다 아멘으로 화답했다. 민원이 해결되었는데도 아파트 주민들 중 일부는 교회에서 나는 소음 때문에 시끄러워서 잠을 잘 수 없다고 했다. 주차장이 비어 있는데도 예수쟁이들 때문에 주차를 할 수 없다, 예수 믿는 사람들은 보기 싫다는 등의 말을 했다. 소장은 자신이 아파트를 관리하는 총책임자인데 본인 허락 없이 십자가를 세웠다고 방해를 해서 늘 교회가 피해를 당하고 아파트 쪽이 이기는 것 같았다. 그러나 그들은 복음 전도를 방해하는 죄를 짓고 있었다. 아파트 측이 교회를 괴롭힐 때마다 우리는 기도를 했고, 그 기도를 들으신 하나님께서 아파트 주민들이 충격을 받을 만한 사건을 일으키셨다. 십자가를 세운지 8개월이 지났을 때, 아파트 소장이 심한 우울증에 걸려 잠을 자지 못했다. 날로 얼굴이 수척해 지더니 한 달 정도 되었을 때 밤새도록 잠을 못 잔 소장이 추운 겨울 새벽에 집을 나서다가 눈길에 미끄러져 아파트 모퉁이에서 동사(凍死)를 했다. 오후 12시쯤 눈 속에 덮여 있는 시체가 발견되었다. 그 소식을 들었을 때 소장의 영혼이 불쌍해서 마음이 아팠다. 나는 아파트 주민들이 오해할 수 있으니 성도들에게 소장의 죽음에 대해 언급하지 말라고 했다. 그러나 아파트 주민들의 입에서 "소장이 교회와 목사를 괴롭히다가 죽음을 당했다고 하면서 교회를 괴롭히면 큰 일 난다"는 말을 하였다고 한다. 특히 교회가 입주할 때 심하게 반대했던 불교 신자인 아파트 관리위원장도 중병에 걸렸다. 그러니 한때 상가 슈퍼에 모여 교회를 비방하고 욕을 했던 사람들이 두려워 떨 수밖에 없었다. 소장의 죽음으로 하나님께서 살아계심을 확인한 주민들은 더 이상 교회를 괴롭히지 않았다. 다시 십자가를 탑 위로 세운 후 성탄절 트리를 멋있게 장식했다. 예전에는 성도들이 아파트 주차장에 주차를 마음대로 못했는데 지금은 우리 교인들과 타 교회 성도들이 교회 행사가 있을 때 마음 놓고 주차를 한다. 주님께서 "의를 위하여 핍박받는 자는 복이 있다"고 하신 말씀처럼 십자가를 세우므로 고생은 좀 했어도 이전에 체험하지 못했던 새로운 은혜를 체험하였다.

교회 일꾼들을 세우다.

내가 부임했을 때 어린아이들과 노인들을 포함해서 약 30명이 있었다. 그 중 일부는 오랫동안 교회 나가는 것이 습관화 되어 약간만 마음이 상해도 교회를 떠났다. 목사들은 이런 아픈 경험을 다 가지고 있을 것이다. 남자 중에서 정신장애자 1명을 빼면 10명이었다. 그 중 4명은 교회 생활을 잘 했고 나머지 6명은 취미로 다녔다. 예배를 마친 후 어딘가에 모여 포커를 치거나 술을 먹었다. 어느 수요일 예배 시간에 누구 집에 모여 포커를 친다는 말을 듣고 가슴이 아팠다. 목사는 무너져 가는 교회를 살리기 위해 백방으로 뛰어다니는데 헌금은 고사하고 술을 먹고, 포커를 치고 있으니 말이다. 그 집의 어린아이들이 "목사님! 어제 우리 아빠가 누구의 집에서 술을 먹었어요." 성령 체험이 없으니 교회가 계모임이나, 동창회 모임으로 전락한 것이다.

　　여자 성도들은 남자들보다 숫자가 많았는데 약 2년 동안 교회 문제로 시끄럽다 보니 연합회 회비를 낼 돈이 없어 가지 않았다. 나는 연합회 회장에게 우리 교회는 회비를 받지 않는다는 조건으로 연합회에서 좋은 것을 많이 배워 오라고 승합차에 태워 주었다. 여전도회 연합회에 중요한 행사가 있을 때 우리 교회가 참여할 수 있는 행사는 꼭 참여시켰다. 합창처럼 많은 인원과 고도의 연습을 필요로 하는 경우는 참가할 수 없어도 3명이 한 조가 되어 진행하는 성경 퀴즈는 참가할 수 있었다. 나의 아내가 고신대학교 도서관에서 성경 퀴즈 문제를 복사하여 3명이 열심히 공부한 후 성경 퀴즈 대회에 나가 대상을 받았다. 상금으로 받은 7만 원을 교회 건축 헌금으로 바쳤다. 쟁쟁한 교회들을 재치고 1등을 하므로 우리도 할 수 있다는 자부심은 7만 원 이상의 효과를 내었다. 부산노회 여전도회 연합회 합창대회 때 우리 교회 여전도회 회원 전체가 오페라 형식으로 성극을 만들어 참가하여 특별상을 받았다. 우리 교회가 성극을 마쳤을 때 연합회 회원들이 우레와 같은 박수를 쳤다. 왜냐하면 한때 폐쇄 직전이었던 교회가 회복되어 여전도회 연합회에서 감동적인 오페라를 하였기 때문이다. 나는 성도들을 교회 일꾼으로 만들기 위해 성경 공부를 시작했다. 매주 점심을 먹고 당회실에서 모여 새가족 성경 공부를 6주, 일대일 제자양육을 16주, 좋은 제직 만들기를 10주 과정을 개설했다. 술을 먹든지 안 먹든지 남자들은 주일 낮 예배 대표 기도를, 여성도들은 오후 예배 대표 기도를 시켰다. 금요일은 기관과 구역별로 기도회를 주관하게 한 후 요구르트를 간식으로 준비하게 했다. 술을 먹지 않고 교회 생활을 하는 분들도 대표 기도가 부담이 되어 못하겠다고 했다. 나는 술을 먹는 분들이 기도할 수 있도록 A4용지 1장에다 기도 내용을 적어 그들에게 준 후, 집에서 다섯 번 정도 연습하라고 했다. 또 기도를 못 하겠다는 것을 막기 위해 주보에 다음 주 낮예배 기도 누구라고 예고한 후에 기도문을 주었다. 아무리 믿음이 없다고 해도 낮 예배 때 대표 기도를 하는데 편하게 술을 마시겠는가? 나와 기도자만 알 수 있도록 5명에게 기도문을 적어 3번 이상 대표 기도를 시켰더니 두 가지 반응이 나왔다. 하나는 성도들이 깜짝 놀랐다. 평소에 술꾼이라고 생각했던 사람이 어떻게 기도를 저렇게 유창하고 내용 있게 할 수 있을까? 다른 반응은 대표 기도를 한 당사자가 그것을 계기로 술을 끊게 되었다. 술 먹던 사람에게 믿음이 들어가니 이런 말을 했다. "목사님! 대표 기도 한 번 하는 것도 이렇게 신경이 쓰여 잠이 오지 않는데, 목사님은 일주일에 10번 이상 설교를 하셔야 하는데 그 많은 설교를 하시는 목사님의 고충을 이해하게 되었습니다." 교회를 새로 출석한 사람들은 한 구역으로 만들어 아내에게 관리하게 했다. 매주 우리 집에서 구역예배를 드리면서 저녁 식사를 했다. 그리고 다과를 나누며 밤 10시까지 친교를 했더니 다들 헤어지기가 싫다고 했다. 구역원들이 맛있게 먹는 것을 볼 때마다 오늘은 무슨 요리를 할까 고민을 하면서 충무동 새벽 시장에 찬거리를 사러갔다. 비록 돈은 많이 들어갔지만 전혀 아깝지가 않았다. 새로 온 사람들이 점차적으로 많아져서 구역을 쪼개 3개 구역으로 만들었다. 제자양육의 과정을 마쳤을 때 수료식을 성대하게 했다. 새가족에게 줄 꽃다발을 구역과 기관에서 준비케 했다. 제자반 수료식을 할 때 고신대학교에서 졸업 가운을 빌려 입고 기념촬영을 했다. 연세 많은 성도님들은 사각모를 쓰고 수료식을 하니 너무 좋아 대학생이 된 기분이라고 했다. 이렇게 해서 3년 동안 열심히 하였더니 160명이 출석했다. 갑자기 모여들었기 때문에 부작용도 많아 일부는 교회를 떠났고, 일부는 천국에 가셨다. 그 외 이사 간 사람을 제외하고는 모두 정착을 했다. 누구나 조직이 갖추어진 교회에서 목회하기란 쉽다. 그러나 나처럼 돈 없고 사람도 적고 영적으로 어린 성도들을 데리고 교회를 부흥시키기 위해서는 조직된 교회 목사님들보다 이중삼중의 노력이 필요하다. 철새 정치인들처럼 철새 교인들이 교회로 왔다가 마음이 들지 않으면 다른 교회로 옮기는데, 내가 양육을 했고 기도문을 적어 대표 기도를 했던 분들은 나의 신실한 동역자가 되었다. 지금 우리 교회는 장로님이 1분, 집사님이 6명, 권사님이 9명, 타 교회에서 오신 은퇴권사님을 합하면 13명이다. 대부분의 항존직분자들은 내가 양육하여 세운 분들이다. 다들 어려운 과정을 거치면서 동고동락을 한 터라 목회에 협조를 잘 하고 있다. 매주 귀한 성도들과 함께 예배드리면서 하나님께서 주시는 은혜를 나누고 있다.